Tentamen Novae Theoriae Musicae... - Primary Source Edition

Leonhard Euler

TENTAMEN
NOVAE THEORIAE
MVSICAE

EX
CERTISSIMIS
HARMONIAE PRINCIPIIS
DILVCIDE EXPOSITAE.
AVCTORE
LEONHARDO EVLERO.

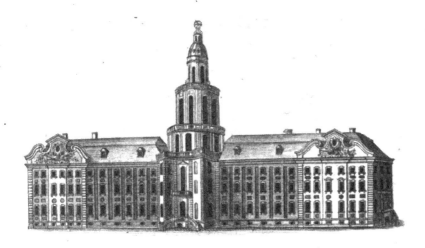

PETROPOLI, EX TYPOGRAPHIA ACADEMIAE SCIENTIARVM.
ↄbↄↄccxxxix.

EAs res, quibus muſica auditui grata redditur, animosque voluptate
afficit, neque in arbitrio hominum poſitas eſſe, nec a conſuetudine
pendere, iam primis temporibus, quibus Muſica excoli coepit, ſatis luculen-
ter intelligebatur. Pythagoras enim,
qui primus muſicae fundamenta poſuit,
iam agnouit rationem conſonantiarum,
quibus aures deleƈtentur, in proportionibus perceptibilibus latere, etiamſi ipſi
nondum conſtaret, quo paƈto hae rationes ab auditu percipiantur. Quoniam
autem vera harmoniae principia minus
diſtinƈte perſpexerat, proportionibus ſuis
nimium tribuerat, neque ipſis debitos
limites conſtituere nouerat; quam ob
cauſam ab Ariſtoxeno merito eſt repre-
henſus: qui vero vt Pythagorae doƈtri-

nam

nam infringeret, in alteram partem con-
trariam nimium receffit, dum omnem
numerorum et rationum vim ex mufica tollere eft annifus. Interim tamen
nec hic Ariftoxenus afferere aufus eft,
melodiam bene compofitam auribus temere ac fine vlla ratione placere: fed
tantum voluptatis caufam in proportionibus a Pythagora ftabilitis fitam effe ne-
gauit; atque dum totum de confonantiis iudicium auribus relinquendum pu-
tauit, ipfum fontem ignorare maluit,
quam doctrinam Pythagorae infufficien-
tem multisque erroribus adhuc inuolu-
tam admittere. Hoc quidem tempore
multo maiori iure dubitandum videatur,
an vlla omnino detur theoria mufica,
per quam, cur melodia quaepiam placeat displiceatue, explicari queat? non
folum enim nos barbarorum muficam,
quae ipfis mirifice placere folet, abomi-
namur, fed hi viciffim in noftra mufica
nihil

nihil omnino fuauitatis inueniunt. Quod
fi autem quis hinc inferre velit, nullam
prorfus dari rationem eius fuauitatis,
quam ex mufica percipimus, is profecto
nimis praecipitanter iudicaret. Cum enim
hoc quidem tempore compofitio mufica
maxime fit complexa et fere innume-
rabilibus partibus complicata; neque de
noftra probatione nec de barbarorum
auerfatione ante iudicium integrum fer-
re licet, quam fingulae partes compo-
nentes attente fint confideratae et exa-
minatae. Quando autem a fimpliciffi-
mis confonantiis, ex quibus omnis mufica componitur, initium iudicandi fumi-
mus, cuiusmodi funt octaua, quinta,
quarta, tertiae et fextae tam maiores
quam minores, nullum omnino diffenfum
inter omnes nationes deprehendimus;
quin potius omnes haec interualla vna-
nimi confenfu auditui magis grata aefti-
mant, quam diffonantias, tritonum fci-

licet, feptimas, fecundas, innumerasque
alias, quae effici poffunt. Cuius con-
fenfus cum neque nulla detur ratio, neque
foli confuetudini adfcribi queat, vera
caufa merito inueftigatur. Similis deinceps fere eft ratio duarum pluriumue
confonantiarum fefe fucceffiue infequentium, quarum confecutio fine ratione neque placere neque displicere
poteft. Maior autem attentio ac facultas requiritur ad voluptatem ex pluribus confonantiis fucceffiuis capiendam,
quam ex folitariis: vt enim fingulae
confonantiae placeant, fufficit, fi eae
agnofcantur, atque ordo, qui in ipfis
ineft, percipiatur; at fi plures confonantiae fucceffiue efferantur, ad placendum
infuper neceffe eft, vt etiam ordo, qui
in ipfa confecutione continetur, intelligatur. Quod fi ergo harum rerum, in
quibus certus ineft ordo, multiplicitas tantopere augeatur, vt omnia quae ordi-

men

nem conſtituunt, non niſi ab acutiſſimis
auribus percipi queant, mirum non eſt,
ſi hebetiores aures nullam penitus ſuauitatem inueniant. Cum igitur barbari ex
noſtra muſica parum aut nihil voluptatis capiant, eius rei cauſa minime in hoc
verſatur, quod vel reuera nihil prorſus in-
ſit ſuauitatis, vel nobis ſolum ob conſue-
tudinem placeat: ſed potius iudicandum
eſt, tam multiplicem ordinem ac ſuauitatem in noſtra muſica ineſſe, cuius minima pars tantum a barbaris percipiatur.
Hoc autem in negotio conſuetudo plurimum valet, non quidem ad ſibi perſua-
dendum, compoſitionem quandam muſicam eſſe gratam, quae aliis ingrata videatur, ſed ad ipſum ſenſum auditus ex-
ercendum atque exacuendum, vt omnes
ordines, quibus talis muſica eſt repleta,
percipere poſſit. Qui igitur aures ſuas
hoc modo nondum exercerunt ac perfecerunt, iis muſica planiſſima, qua nos

ob

ob fummam fimplicitatem faftidio afficimur, quia copiofioribus compofitioni-
bus affuefacti multo plus ordinis requirere folemus, eft relinquenda. Cum
itaque ex his memoratis tam rectis iu-
diciis quam peruerfis clare fequatur,
dari omnino theoriam muficam, in
qua ex certiffimis atque indubitatis
principiis ratio eorum, quae tam placent quam difplicent, explicari queat,
in praefenti opere haec principia inueftigare, iisque theoriam muficae fuper-
ftruere conftitui. Quanquam enim iam
multi hunc laborem fufceperunt, tamen
omnes vltra doctrinam de confonantiis
non funt progreffi, et ne hanc quidem
ita abfoluerunt, vt in mufica practica ad
vfum perduci poffet: quantum autem in
hoc libro fit praeftitum, etfi totum ne-
gotium non abfoluimus, aliis relinqui-
mus iudicium: interim praecepta ex noftra theoria nata cum mufica maxime
proba-

probata tam egregie confentiunt, vt de
foliditate et veritate huius theoriae dubitare omnino nequeamus Officium
enim Phyfici in hoc inftituto potiffimum
fumus fecuti, atque in veras caufas in-
quifiuimus earum rerum, quae in mufica cum placere tum etiam displicere ob-
feruantur; quod fi ergo theoria cum experientia confentiat, officio praefcripto
rite functi iure nobis videmur.

Primum igitur doctrinam de fonis
ex ipfis fontibus repeti conueniebat,
quam non folum accuratius, quam adhuc
factum eft, expofuimus, fed etiam quod
praecipuum erat, ad muficae fundamenta conftituenda accommodauimus. Di-
lucide fcilicet oftendimus, in qualipar-
ticularum aerearum motu vibratorio
omnis fonus confiftat, et quonam pacto
ifte motus fenfum auditus afficiat, vt inde perceptio foni exfurgat. Ita inotuit

):():(

au-

auditionem soni simplicis nil aliud esse,
nisi perceptionem plurium pulsuum aequalibus temporis interuallis se inuicem
infequentium, atque discrimen grauitatis
et acuminis sonorum in frequentia isto-
rum pulsuum ita esse positum, vt quo
plures pulsus eodem tempore aures per-
cutiant, eo sonus acutior aestimetur.
Deinde varios modos sonos efficiendi sumus perscrutati, quos ad tria genera reuocauimus, atque a priori celeritatem
pulsuum, quos datum corpus sonorum
in aerem transfert, determinauimus; ex
quo adeo numerum pulsuum, quem
quisque sonus in musica receptus interuallo vnius minuti secundi edit, definire licuit. Atque in hac tractatione no-
uam omnino theoriam sonorum, quos fistulae seu tibiae inflatae reddunt, exhibuimus, cuius cum experientia confen-
sus est tantus, vt ea necessario pro vera
habenda videatur. Praeterea quoque
vim

vim ac vehementiam fonorum diligenter inueftigauimus, atque modum ape-
ruimus fingula inftrumenta mufica ita
conficiendi, vt omnes foni, ratione grauitatis vtcunque diuerfi, aeque tamen
fortes efficiantur, ex quo non parum
fubfidii in fabricationem inftrumentorum
muficorum redundare videtur.

Duplici autem Theoria mufica nititur fundamento, quorum alterum in
accurata fonorum cognitione continetur, id quod ad fcientiam naturalem
proprie pertinet, ac primo capite fatis
fuperque eft expofitum. Alterum vero
principium ex metaphyfica potius eft petendum; quippe per quod definiri oportet, quibus rebus efficiatur, vt plures foni tam fimul quam fucceffiue ab auditu
percepti placeant difpliceantue; quam
quaeftionem cum ratione tum experientia ducti ita refoluimus, vt binos pluresue

fonos tum placere ftatueremus, cum ratio, quam numeri vibrationum eodem
tempore editarum, inter fe tenent, percipiatur: contra vero displicentiam in
hoc confiftere, quando vel nullus ordo
fentiatur, vel is qui adeffe debere videatur, fubito perturbetur. Deinde expofuimus, quomodo ordo fonorum, qui ratione vibrationum fimul vel aequalibus
temporibus editarum continetur, diftin-
éte percipiatur; ex quo mox colligere
licebat, alias rationes perceptu effe faciliores alias difficiliores: atque in caufam
huius discriminis inquirentes facultatem
percipiendi ad gradus perduximus; qui
non folum in mufica maximi funt momenti, fed etiam in aliis difciplinis et ar-
tibus, quibus venuftas eft propofita, ingentem vtilitatem afferre queant. Gradus autem ifte fecundum fimplicitatem
rationum percipiendarum funt dispofiti,
atque ad eundem gradum omnes eae ra-
tio-

tiones relatae, quae aequali facultate percipi poſſunt: ita ad primum gradum vnica pertinet ratio omnium ſimpliciſſima
aequalitatis, quae vbicunque adeſt mox
facillime animaduertitur, eamque duo
ſoni aequales conſtituunt. Hunc excipit
gradus ſecundus ad quem pariter plus
vna ratione referri non licet, quae eſt
ratio dupla; haec enim facilius percipitur quam omnes aliae praeter rationem
aequalitatis, atque in ſonis interuallum,
quod diapaſon ſeu octaua vocatur, comprehendit. Ad tertium vero gradum
duas rationes triplam ſcilicet et quadruplam referre eſt viſum, cum hae duae
rationes aequali facultate percipiantur:
atque hoc modo reliquos gradus ordine
ſumus perſecuti, vnicuique rationibus
perceptu aeque facilibus tribuendis.
Ipſos veros hos gradus ſuauitatis ap-
pellamus, eo quod ex iis intelligatur,
quantam quaeque conſonantia ſuaui-

)‍:()‍:(3   tatem

tatem in fe habeat, feu quod eodem
redit, quanta facultas ad eam percipiendam requiratur: vnde intelligitur quanto
aliae rationes aliis facilius, vbicunque affuerint, animaduerti queant. Perfpicuum
praeterea erit discrimen hoc rationum
non in nominibus, quae veteres ipfis im-
pofuerunt, effe fitum, neque vti Pythagoreis vifum eft, rationes multiplices facilius percipi, quam fuperparticulares,
neque has facilius quam fuperpartientes:
fed criterium ex longe alio fonte effe
petendum, ex quo multo folidior et experientiae maxime conueniens cognitio
ac diiudicatio confonantiarum nafcatur.
Atque his duobus principiis phyfico altero, altero metaphyfico totam theoriam .muficae fuperftruximus.

Quod ad ipfam pertra&tionem operis
attinet, ante omnia notandum eft muficam duabus potiffimum abfolui partibus
quibus

quibus ipsi gratia et lepos concilietur:
quarum altera discrimini inter grauitatem atque acumen sonorum innititur,
altera vero in duratione sonorum consistit. Hodierna quidem musica vtroque
suauitatis genere maxime solet esse con-
dita: interim tamen etiamnunc exempla
conspicere licet, in quibus alterutrum
genus tantum gratiam excitat. In hoc
vero tractatu eam praecipue suauitatem
euoluere constituimus, quae ex discrimine sonorum ratione grauitatis et acuminis nascitur; cum alterum genus tractatu minus sit difficile, atque ex altero explicato facile conficiatur. Quemadmodum enim in discrimine grauitatis
et acuminis aliae proportiones locum adhuc non inueniunt, nisi quae numeris
2, 3 et 5 constituantur, ita in discrimine durationis ne hucusque quidem musici pertigerunt, sed omnem huius generis suauitatem ex solis numeris 2 et 3
traxe-

traxerunt, neque etiam auditus in hoc
genere rationes tam compofitas comprehendere valet, quam in altero. In ipfa
igitur compofitionis muficae, quae ad differentiam inter fonos graues et acutos
tantum refpicit, explicatione initium fa-
&um eft a confonantiis feu pluribus fonis fimul fonantibus; vbi non folum
omnes confonantiae, quae quidem in mufica occurrere poffunt, funt recenfitae,
fed etiam fecundum genera fuauitatis
dispofitae, ex quibus ftatim diiudicari
poteft, quanto aliae confonantiae aliis
facilius percipi queant. Deinde ad fucceffionem duarum confonantiarum fumus
progreffi, atque oftendimus, quomodo
duas confonantias comparatas effe oporteat, vt ipfa etiam fucceffio auditui grata reddatur. Tum vero idem inftitutum
extendimus ad plurium confonantiarum
feriem; atque adeo ad opera mufica quaecunque, quandoquidem durationis fonorum

rum nulla ratio habetur. Iudicium autem harum fingularum rerum ad exponentes numericos reuocauimus, in quibus
omnis vis ac natura tam confonantiarum
fingularum quam binarum pluriumue fucceffionis contineatur; ex quo nati funt
primo confonantiarum fimplicium exponentes, deinde exponentes fucceffionis
duarum confonantiarum, tertioque exponentes ferierum confonantiarum plurium fe inuicem infequentium, quibus
tribus rebus vniuerfa mufica in genere
confiderata abfoluitur. Hinc porro fumus deducti ad varias compofitionum
muficarum fpecies, ac primo quidem fe
obtulit doctrina de generibus muficis;
ita definito genere mufico, vt fit com-
plexio variorum fonorum ad harmoniam
producendam idoneorum; cuius pertra-
ctationem pariter ad confiderationem exponentium reduximus. Enumerauimus
itaque omnia genera mufica initio a fim-

):():():(pli-

pliciſſimis facto vsque ad maxime compoſita, qualia quidem auditus adhuc tolerare poteſt: atque in hac enumeratio-
ne mox incidimus in genera tam anti-
quiſſimis quam recentioribus temporibus
vſu recepta, cuiusmodi erant genus Mercurii ſimpliciſſimum, diatonicum, chromaticum atque enharmonicum veterum,
quorum bina priora quidem apprime
cum iis, quae harmonia nobis ſuppe-
ditauit, congruebant; at reliquorum
chromatici ſcilicet et enharmonici ſimi-
litudo tantum conſpicitur. Cum enim
veteres partim ſolo auditu partim ratione confuſa ducti eo pertigerint, mirandum non eſt, ſi tantum ſimulacra
verae harmoniae ſunt nacti; interim tamen iam ipſos defectum horum ſuorum
generum agnouiſſe palam eſt. Circa genus etiam diatonicum diu fuerunt occupati, antequam id verae harmoniae con-
ſentaneum eſſet redditum, quippe quod
Pto-

Ptolemaeo demum acceptum eſt refe-
rendum. Noſtrum denique genus decimum octauum mirifice cum eo, quod
nunc maxime eſt in vſu et diatonico-
chromaticum appellari ſolet, congruit:
continet namque in vna octaua duodecim ſonos aequalibus fere interuallis a ſe
inuicem diſtantes, hemitoniis ſcilicet et
limmatis ſiue maioribus ſiue minoribus.
Quamuis autem hoc genus iam pridem
ſit vſu receptum, tamen perpetuo muſici nouas emendationes, quibus id auditui
gratius efficeretur, intulerunt, quod ne-
gotium ipſis quoque tam proſpere ceſſit,
vt ea ſonorum diſpoſitio, quae nunc
quidem muſicis maxime probatur, vnico ſono *B* ſignato a vera harmonia diſ-
ſentiat, quantus conſenſus a ſolo auditu
vix ſperari potuiſſet.

Hoc igitur genus diatonico - chromaticum cum veris harmoniae princi-

piis perfectissime conciliatum fusius sumus persecuti, atque ad quam varios
componendi modos id sit accommodatum, exposuimus: nonnulla tamen etiam
genera magis composita exhibuimus, vt
appareat, quantae amplificationis musica
etiamnum sit capax. Deinde ad genus
diatonico - chromaticum reuersi omnes
consonantias enumerauimus, quae in hoc
genere locum inuenire possunt, et quo
pacto quaeque suauissime sit efferenda,
indicauimus. Denique doctrinam de
modis musicis accuratius, quam adhuc
fieri licuit, pertractauimus, singulosque
modos in suas species ac systemata sub-
diuisimus, quibus rebus compositioni musicae non parum lucis accedere videtur.
Haec autem omnia tanquam prima tantum fundamenta, quibus completa musicae theoria sit superstruenda, proponi-
mus, atque vlteriorem euolutionem et
ad praxin accommodationem expertis
mu-

muficis committimus, minime dubitantes, quin tam mufica theoretica quam practica ex his principiis tandem ad fummum perfectionis faftigium perduci poffit.

INDEX

INDEX CAPITVM.

CA-

CAPVT PRIMVM.
DE
SONO et AVDITV.

CVm muſicam nobis propoſitum ſit ad modum philoſophicarum diſciplinarum pertractare, in quibus nihil, niſi cuius cognitio et veritas ex praecedentibus explicari poſſit, proferre licet: ante omnia eſt exponenda doctrina de ſonis et auditu, quorum illi materiam, in qua muſica verſatur, conſtituunt, hic autem ſcopum et finem eius, qui eſt delectatio aurium, complectitur. Docet enim muſica varios ſonos ita efficere et ſcite coniungere, vt grata harmonia ſenſum auditus ſuauiter afficiant. Quae itaque de ſonis exponere inſtitutum noſtrum requirit, ſunt eorum natura, productio et varietates; quarum rerum ſufficiens cognitio ex Phyſica et Matheſi eſt petenda. Deinde vero ſi cum his praecipua auditus organa conſiderentur, audiendi rationem ac ſonorum perceptionem intelligemus. Quae autem quantam vtilitatem allatura ſint ad muſicae fundamenta ſtabilienda et confirmanda, cuique ex eo perſpicuum erit, quod ſuauitas ſonorum a perceptionis ratione pendeat, ex eaque debeat explicari.

Tr. de Muſ.   **A**   §. 2

§. 2. Statuunt omnes, qui hac de re probabilia saltem scripserunt, sonum in aëre consistere, huncque eius quasi vehiculum esse, quo a fonte quaquauersus circumferatur. Neque vero aliter res se habere potest, cum nihil nisi aer existat, quod aures nostras circumdet, in iisque mutationem efficere possit. Nam quamuis obiiciatur, auditus rationem fortasse eodem modo comparatam esse, quo olfactus et visus, qui sensus non aëre, sed veris ex obiecto emissis effluuiis excitantur: tamen ope antliae pneumaticae demonstratur, si instrumentum sonorum in loco ab aëre vacuo sit constitutum, ita vt cum aëre nullam prorsus habeat communicationem, nullum plane sonum, quantumuis prope accedas, percipi posse. Statim vero ac aëri ingressus permittitur, sonus iterum auditur. Ex quo consequitur, aërem eiusque mutationem, quam instrumentum sonum edens in eo producit, veram esse soni caussam, atque proximam.

§. 3. Vt vero constet, quae sit ista aëris mutatio et modificatio sensum soni excitans, considerari conueniet casum particularem, quo sonus producitur, et inuestigari effectum in aëre, ex eo ortum. Hanc ob rem attendamus ad chordam tensam, quae pulsata sonum edit. At pulsu in chorda nihil aliud efficitur nisi motus tremulus, quo ea intra suos terminos nunc cis, nunc vltra situm quietis velocissime extrauagatur. In crassioribus quidem chordis hic motus etiam oculis facile percipitur, in tenuioribus vero etiamsi cerpi nequeat, inesse tamen non dubitandum est. Praeterea qui vel manu campanam sonantem attingit, totam contremiscentem sentiet.

Denique

vero mox ex Mechanicae legibus offendetur, tam chordam quam campanam praeter motum tremulum a pulfu nil aliud recipere poffe, et hanc ob rem ftatii debebit foni rationem in ifto motu tremulo effe quaerendam.

§. 4. Cum igitur aëris mutatio, quam corpus tremulum in eo producit, fenfum foni immediate efficiat et excitet, inquirendum eft, quomodo aër a corpore tremulo afficiatur. Videmus autem motum tremulum confiftere in fucceffiuarum vibrationum repetitione. Hisco fingulis vibrationibus aër corpus tremulum ambiens percutitur, fimilesque vibrationes recipit, quas pari modo in vlteriores particulas aëreas transfert. Hacque igitur ratione iftiusmodi pulfus et vibrationes in toto circumfufo aëre excitantur; atque ifta pulfuum in aërem translatio peragitur qualibet corporis tremuli vibratione. Ex quibus perfpicitur fingulas aëris particulas fimili motu vibratorio contremifcere debere, quo ipfum corpus: hoc tantum diftrimine, quod pulfus eo minores et debiliores fiant, quo longius a fonte diftent; donec tandem in nimis magna diftantia nil amplius percipi poffit.

§. 5. Ex his intelligitur praeter pulfus per aërem promotos a corpore fonante ad aures nihil deferri; quam ob rem neceffe eft, vt hi ipfi pulfus in aëre excitati et in organum auditus incurrentes foni fenfum producant. Hoc vero modo fenfatio abfoluitur: Exftat in interna auris cauitate membrana expanfa a fimilitudine tympanum dicta, quae ictus aeris recipit eosque vlterius ad neruos auditorios promouet; hocque fit, vt dum

A 2 nerui

nerui afficiuntur, fonus fentiatur. Eſt igitur fonus nihil
aliud, niſi perceptio ictuum fucceſſiuorum, qui in particulis aëris, quae circa auditus organum verſantur, eue-
niunt: ita vt quaecunque res huiusmodi ictus in aëre
producere valeat, ea etiam ad fonum edendum fit accommodata.

§. 6. Propagatio foni per aërem non perficitur pun-
cto temporis; fed determinato tempore opus habet,
quo per datum fpatium propellatur. Motus autem, quo
progreditur eſt aequabilis, et neque a vehementia foni
neque eius qualitate pendet. Progreditur vero omnis fonus, vt tam ex experimentis apparet, quam ex com-
putatione theoretica aëris et pulſuum natura colligere
licet, tempore minuti fecundi per fpatium 1100 pedum
Rhenanorum, duobusque minutis fec. percurrit 2200.
ped. tribus 3300. et ita porro. Obſeruamus etiam hanc
fonorum tarditatem quotidie; longius enim diſtantis tor-
menti, cum exploditur, fonitum aliquanto poſt fulgetrum
percipimus, cum tamen tormento propius adſtantes vtrumque fimul fentiamus. Ob fimilem cauſſam etiam toni-
tru demum poſt fulgur audimus, et vocum repetitiones
nonnullis in locis, quae echo dicuntur, tardius ipſum
clamorem fequuntur.

§. 7. Quidquid igitur minimas aëris particulas ita
commouere valet, vt huiusmodi motum tremulum re-
cipiant, id etiam fonum producet. Ad hoc vero efficiendum non folum corpora dura funt idonea, fed praeter ea duo alii reperiuntur modi fonos edendi; ex quo
etiam

etiam tria fonorum genera, fi ad cauffas refpiciatur, na-
fcuntur. Primum eft eorum, qui a corpore tremulo
oriuntur, cuiusmodi funt chordarum campanarumque foni.
Alterum genus eos comprehendit, qui ab aëre vehementer compreffo feféque fubito reftituente proficifcuntur,
vt foni fclopetorum, tormentorum, tonitrui, et virgae
per aërem celerrime vibratae. Ad tertium referuntur
foni inftrumentorum, quae inflata tinniunt, vt fiftulae,
tibiae etc. quorum fonorum cauffam non a motu tremulo materiae, ex qua tibiae conftant, pendere infra
docebitur.

§. 8. Ex primo genere praecipue confiderandae
funt chordae tenfae fiue ex metallo fiue ex inteftinis ani-
malium confectae, quae vel pulfatione vel attritione ad
fonum edendum cientur. Pulfantur et vellicantur quoque
in clauicymbalis, cytharis aliisque huius generis inftrumentis; atteruntur vero in panduris, violinis, ope pilo-
rum equinorum tenforum, quibus colophonio fcabrities
eft inducta. Vtroque modo chordae motum tremulum
recipiunt; etenim primo ex quiete fituque naturali de-
torquentur, quo facto fe in fitum naturalem reftituere
conantur, et reuera motu accelerato in eum properant.
At ingentem celeritatem, quam acquifiuerunt, cum eo
peruenerunt, fubito amittere non poffunt, neque ideo in
eo ftatu quiefcere. Quamobrem eas vltra excurrere neceffe eft, fimilique modo eo reuerti; atque hae ofcillationes tamdiu durabunt, quoad ob refiftentiam plane
euanefcant.

§. 9. Quot autem huiusmodi ofcillationes chorda pulfata feu quouis modo, tremula facta dato tempore abfoluat, ex legibus motus calculo definiri poteft, fi ad longitudinem chordae eiusque pondus et vim tendentem refpiciatur. At longitudo pondusque non fumi debent totius chordae, fed eius folum partis, quae tremula redditur fonumque edit, et quae duobus hypomochliis ab integra chorda feparari folet. His fcilicet impeditur, quominus tota chorda vibrationes perficiat, fed tanta eius folum portio, quanta placet. Quo autem vis tendens cognofcatur, maxime expedit, chordae altero termino fixo, alteri pondus appendere, locum vis tendentis fuftinens. His pofitis fi longitudo chordae fonantis fit a partium millefimarum pedis Rhenani, pondusque appenfum fe habeat ad pondus chordae vt n ad 1, erit numerus ofcillationum, quem haec chorda minuto fecundo abfoluit hic $\frac{355}{113} V \frac{3166 n}{a}$, vbi $113 : 355$ denotat rationem diametri ad peripheriam circuli, 3166 fcrup. praebent longitudinem penduli fingulis fecundis ofcillantis.

§. 10. Ofcillationes hae, quoad durant, funt ifochronae feu omnes abfoluuntur aequalibus temporis interuallis, neque magnitudo earum hanc regulam turbat, nifi forte, cum chorda nimis vehementer pulfatur, ipfo principio vibrationes funt celeriores. Chordarum fcilicet eadem eft ratio, quae pendulorum, quorum ofcillationes, fi funt admodum exiguae, omnes funt aequitemporaneae. Vt regulam fuperiori paragr. datam exemplo illuftrarem, fumfi chordam longitudinis 1510 part. millef. ped. Rh. quae ponderabat $6\frac{1}{5}$ gr. tetendi hanc

pon-

pondere 6. libr. seu 46080. gran. Quibus cum §. praec.
comparatis erit $a = 1510$ et $n = 46080 : 6\frac{1}{4} = 7432$.
Quare numerus minuto sec. editarum vibrationum erit
$\frac{159}{117} \sqrt{\frac{2156.7432}{1510}}$ i. e. 392. Huic autem sono congruere deprehendi in instrumento clauem signatam a.

§. 11. Si plures habeantur chordae tensae, facile
ratio, quam earum vibrationes inter se habent, determinatur, est scilicet in qualibet chorda numerus vibrationum
dato tempore editarum vt $\sqrt{\frac{n}{g}}$ i. e. vt *radix quadrata
ex pondere tendente diuiso et per pondus chordae et per
eius longitudinem.* Si ergo chordae fuerint eiusdem longitudinis erunt vibrationum eodem tempore editarum
numeri, vt *radices quadratae ex ponderibus tendentibus
diuisis per pondera chordarum.* Si chordae et longitudine et pondere fuerint aequales, erunt vibrationum numeri, vt *radices quadratae ex ponderibus tendentibus.* Atque
si pondera tendentia sint aequalia et ipsae chordae tantum longitudine differant, erunt vibrationum numeri reciproce, vt *quadratae radices ex longitudine ducta in pon-
dis* i. e. reciproce vt *longitudines chordarum,* quia pondera longitudinibus sunt proportionalia.

§. 12. A tarditate et celeritate vibrationum pendet
sonorum distinctio in graues et acutos, eoque sonum grauiorem esse dicimus, quo pauciores vibrationes eodem tempore auditus organum feriunt, eoque acutiorem, quo plures eiusmodi vibrationes eodem tempore sentiuntur. Veritas huius ex ipsa experientia constat, si enim eidem chordae successiue varia pondera apprendantur, sonos ab iis editos acutiores percipimus, si maiora sint pondera appensa; at
grauiores

grauiores erunt, quo pondera funt minora; Certum autem eft ex praecedentibus maiora pondera celeriores vibrationes producere. Hanc ob rem, cum in mufica praecipue fonorum grauitatis et acuminis discrimen fpectetur, ipfos fonos fecundum vibrationum certo quodam tempore editarum numerum metiemur, feu fonos, vt quantitates confiderabimus, quarum menfuras vibrationum determinato tempore editarum numeri conftituunt.

§. 13. Quemadmodum vero noftris fenfibus res neque nimis magnas neque nimis paruas concipere poffumus, ita etiam in fonis quaepiam mediocritas requiritur; fonique omnes fenfibiles intra certos terminos erunt conftituti, quos qui transgrediuntur propter nimiam vel grauitatem, vel acumen auditus fenfum amplius non afficiant. Termini ifti quodammodo poffunt determinari, cum enim fonus *a* inuentus fit edere 392 vibrationes minuto fecundo, fonus littera C fignatus interim 118. abfoluit, et fonus $\bar{c}$ 1888. Si iam ponamus fonos duabus octauis et acutiores et grauiores audiri adhuc vix poffe, habebimus extremos perceptibiles fonos numeris 30 et 7520 expreffos; quod interuallum fatis eft amplum et ingentem fonorum variationem admittit, quippe quod octo interualla octauas dicta complectitur.

§. 14. Poft discrimen fonorum grauium et acutorum confideranda eft eorum vehementia et debilitas. Eft autem vehementia eiusdem foni diuerfa pro auditoris loco; quo enim longius auditor a chorda pulfata diftat, eo debiliorem percipit fonum, cum propagatio pulfuum vti

luminis

luminis per aërem perpetuo fiat languidior. Ratio huius decrementi eſt, quod in maioribus diſtantiis ſonus in maius ſpatium diffundatur; ſcilicet in dupla diſtantia ſpatium, quo eſt perceptibilis, eſt quadruplo maius, quam in ſimpla; quamobrem cum ibi aggregatum omnium pulſuum aeque eſt magnum ac hic, ſequitur ſonum in dupla diſtantia eſſe quadruplo debiliorem. Similiter in tripla diſtantia noncuplo debiliorem eſſe oportet, et ita porro, ita vt vehementia ſoni in duplicata ratione diſtantiarum decreſcere debeat.

§. 15. Haec ita ſe habent, ſi ſonus quaquauerſus ſe aequaliter expandit. At ſi eiusmodi fuerint circumſtantiae, vt ſonus in vnam plagam magis propellatur, quam in aliam, fortior quoque ibi percipietur, quam iuxta regulam oporteret. Vt ſi quis per tubum vociferatur, is qui aurem ad alteram extremitatem tubi admouet ſonum propemodum tam vehementem ſentiet, quam ſi ex ipſo ore clamantis vocem excepiſſet. Similis eſt ratio tubarum ſtentoreophonicarum, per quas ſonus potius in eam regionem, in quam tuba dirigitur, propellitur quam in aliam, ob eamque cauſſam fortior euadit. Reflectuntur enim etiam ſoni vt radii luminis a ſuperficie laeui et dura, atque hoc modo radiorum ſonorum, quos ad ſimilitudinem radiorum lucidorum ita appellare liceat, directio immutatur, quo fieri poteſt, vt plures in eundem locum coniiciantur.

§. 16. Cum chorda pulſata quauis oſcillatione pulſus per aërem tranſmittat, neceſſe eſt, vt eius motus

Tr. de Muſ. B per

perpetuo fiat remiffior, ideoque fonus debilior. Vtique obferuatur hoc in chordis vibrantibus, initio enim fonus eft maxime intenfus, tum vero pedetentim fit languidior, donec tandem prorfus ceffet; interim tamen ofcillationes manent ifochronae, fonusque nihilominus eundem grauitatis et acuminis gradum retinet. Pendet haec intenfitas ipfo initio in eadem chorda a vi pulfante, vt quo maior haec fit, eo fortior quoque prodeat fonus. Initio tamen, fi pulfatio fuerit nimis vehemens, chordaeque detorfio ex fitu naturali nimis magna, fonus acutior editur quam poftea; atque cum ofcillationes maius fpatium occupent, aëri non tam regulares vibrationes imprimuntur; quo fit, vt foni tum minus grati minusque diftincti edantur.

§. 17. Euenit hoc potiffimum, fi chorda nimis eft laxa neque fatis tenfa, tum enim maiores in ofcillando redduntur excurfiones fonusque neque aequabilis neque gratus exiftit. Hanc ob cauffam ad fonos fuaues et aequabiles producendos requiritur, vt chordae, quantum fieri poteft, tendantur, tantaque pondera appendantur, vt tantum non disrumpantur. Vis autem chordarum ex eadem materia confectarum eft craffitiei proportionalis, quare et pondera tendentia chordas ad ruptionem vsque funt vt craffities. Sed chordarum craffities funt fuis ponderibus per longitudinem diuifis proportionales, propterea pondera tendentia debebunt effe in chordarum ponderum ratione directa et longitudinum inuerfa. Id eft, fi ponatur chordae pondus q, longitudo a, pondusque tendens p oportet fit p vt $\frac{q}{a}$, feu $\frac{ap}{q}$ debet effe conftantia magnitudinis.

§. 18.

§. 18. Quo autem soni proueniant aequaliter fortes, oportet praeter longitudinem chordae pondusque tendens attendere ad vim pulsantem. Locus etiam, quo chorda vellicatur vel pulsatur, considerandus esset, sed si ponamus chordas omnes in medio, vel, quod eodem redit, in locis similibus impelli, haec conditio in computum non ingredietur. Ex hoc fit, vt, quo maior sit vis pulsans, eo fortior euadat sonus. Solent autem omnia fere instrumenta musica ita esse confecta, vt cunctae chordae aequaliter percutiantur, quamobrem vim pulsantem semper eandem ponemus. Vehementia deinde soni pendet a celeritate, qua aëris particulae quauis chordae vibratione in aurem impingunt, haecque ex celeritate chordae maxima est aestimanda. Est vero haec celeritas proportionalis radici quadratae ex pondere chordam tendente diuiso per longitudinem eius. Consequenter, quo soni fiant aequabiles, necesse est, vt pondus tendens semper sit vt chordae longitudo.

§. 19. Manentibus ergo superioribus litteris a, p et q, debet esse $\frac{p}{q}$ vbique eiusdem magnitudinis. Ante vero iam est inuentum $\frac{ap}{q}$ constans esse oportere, quare hoc per illud diuiso quotus prodiens $\frac{aa}{q}$ debet esse constans, seu $\frac{q}{a}$ ad a eandem in omnibus chordis tenere rationem. Sed $\frac{q}{a}$ est chordae crassitiei proportionalis, adeoque chordae crassities longitudini proportionalis esse debet, similiterque etiam eidem longitudini pondus tendens. Ipse autem sonus editus est vt $\sqrt{\frac{p}{aq}}$, in quo si loco p et q proportionalia a et a^2 substituantur, erit sonus recipro-

B 2 ce

ce vt chordae longitudo. Hanc ob rem et pondus tendens et longitudinem et pondus chordae proportionalis
effe oportet reciproce ipfi fono edendo, feu numero vibrationum dato tempore abfoluendarum. Quae regula
in conficiendis inftrumentis muficis eximium habebit
vfum.

§. 20. Diximus fonum minus fore gratum, fi chorda non fuerit fatis tenfa, propterea quod excurfiones inter vibrandum factae fint nimis amplae, ab iisque aër
potius inftar venti promoueatur, quam ad ofcillationes
peragendas incitetur. Nifi enim fubito ingenti celeritate aër percutiatur, non facile motum tremulum, qua-
lis ad fonum requiritur, recipit; quo autem magis chorda eft tenfa, eo maiorem ftatim poft pulfum habet celeritatem. Accedit ad hoc, quod iam eft notatum, ampliores vibrationes minoribus non effe ifochronas, vnde
fonus pedetentim fit grauior neque idem permanet. Deinde facile euenit, vt tota chorda non fimul ofcillationes
abfoluat, fed alia eius pars citius, alia tardius tam ad
maximam celeritatem, quam ad quietem perueniat, ex
quo fonus inaequabilis et afper exiftit.

§. 21. Praeter has fonorum differentias in mufica
etiam ad durationem fonorum refpicitur. In multis quidem
inftrumentis fonos prolubitu prolongare non licet, vt in
iis, quibus chordae pulfu vel vellicatione excitantur.
Namque in his foni pedetentim fiunt debiliores, et mox
penitus ceffant, et hanc ob rem fonorum durationibus
non tantum effici poteft, quantum in iis inftrumentis,
quibus foni, quoad durant, eandem vim retinent, et

quam-

quamdiu placet, produci poffunt. Huiusmodi funt ea,
quorum chordae plectro attenuntur, atque quae tibiis funt
inftructa aliisque, quae vento cientur, inftrumentis, vt
Organum Pneumaticum aliaque plura. Ifta prae reliquis hanc habent praerogatiuam, vt omnis fuauitas,
quae duratione fonorum exiftit, perfecte poffit exprimi
et produci. Menfuratur autem foni duratio ex tempore
inter initium et finem interiecto.

§. 22. Hactenus ex primo fonorum genere, qui
a corpore tremulo originem habent, fonos tantum chordarum contemplati fumus, fimulque etiam primarias fonorum differentias enumerauimus et expofuimus. Nunc
igitur antequam ad reliqua genera progrediamur, alia
quoque inftrumenta confideranda funt, quae fonos ad hoc
genus pertinentes edunt. Huiusmodi funt campanae,
quae pulfatae totae contremifcunt fonumque edunt. Dif-
ficillimum quidem effet ex campanae forma pondereque
cognitis, qualem fonum datura fit, determinare: attamen, fi campanae fuerint fimiles et ex eadem materia
confectae, facile apparet fonos tenere rationem recipro-
cam triplicatam ponderum, ita vt campana octuplo leuior, edat fonum eodem tempore duplo plures ofcillationes abfoluentem, et quae vicies fepties fuerit leuior
peragat vibrationes triplo frequentiores.

§. 23. Habentur praeterea inftrumenta mufica ba-
culis elafticis vel ex metallo, quibus campanarum fonos imitantur, vel ex ligno duriore confectis. De his
fi quidem formam habent cylindricam vel prismaticam,

fufacilius est certi quidpiam statuere; soni enim tantum a longitudine pendere videntur, cum quaelibet fibra in longitudinem extensa vibrationes seorsim perficere censenda sit. Erunt autem soni seu vibrationum eodem tempore editarum numeri reciproce, vt quadrata longitudinum baculorum, siquidem baculi ex eadem materia fuerint fabricati. Ex diuersa enim materia constantium prismatum soni non solum a grauitatis specificae ratione pendent, sed etiam cohaesionis et elateris materiae rationem nosse necesse est eum, qui ipsos sonos ex theoria determinare susceperit.

§. 24. Ad secundam sonorum classem, eos retuli sonos, qui vel notabili aëris vehementer compressi copia subito dimissa, vel validiore aëris percussione oriuntur. Quorum quidem posterior modus priori fere est similis; propter celerrimam enim vibrationem aër e vestigio locum cedere non potest, ex quo fit vt portio aëris ictum sustinens comprimatur, seque quam primum sibi est relicta, iterum expandat. At aërem compressum de repente se expandentem necesse est maius naturali spatium occupare; et idcirco erit coactus se rursus contrahere, id quod etiam nimium faciet: His igitur alternis contractionibus et expansionibus, corporis tremuli instar, in reliquo aëre pulsus, atque in auditus organo sonus producetur.

§. 25. Quanquam hoc modo aër qualibet oscillatione in statum suum naturalem peruenit; tamen in eo prius consistere non potest, quam totum suum motum

ami-

amiſerit. Ex Mechanica enim conſtat, corpus cum impetu in ſitum ſuum quietis perueniens in eo permanere non poſſe, ſed motu iam concepto vltra eum transgredi oportere. Aeque eſt enim difficile corpus motum ſubito quieſcere, ac quieſcens moueri; atque tanta vi opus eſt ad corporis motum tollendum, quanta ad eundem producendum. Hanc ob cauſam neque pendula oſcillantia, cum in ſitum verticalem peruenerint, quieſcere poſſe videmus, neque chordas vibrantes cum ſitum naturalem attigerint. Soni vero hoc expoſito modo generati breui tantum tempore durare poſſunt, niſi echo vel ſimile quid reſonans adſit, quod eos repetat et protrahat; aër enim motum in tam diſſita loca diffundendo, proprium motum ſtatim amittat neceſſe eſt.

§. 26. Omnes igitur cauſſae, quae aërem vel iam compreſſum dimittere, vel naturalem comprimere, ita, vt ſe ſubito poſſit relaxare, valent, eae etiam ad ſonum producendum ſunt accommodatae. Quamobrem omnes corporum velociores per aërem motiones ſonos generare debent; aër enim propter inertiam corporibus liberrime locum concedere non poteſt, ideoque ab iis comprimitur, qui deinceps ſe rurſus dilatans minimis aëris particulis motum tremulum inducit. Hinc originem ducunt vehementius vibratarum virgarum et omnium per aërem celerius motorum corporum ſoni. Neque etiam ventorum flatuumque ſoni ſibili alii debentur cauſſae: anterior enim aër ab inſequente poſteriore aeque ac a corpore duro compellitur atque comprimitur.

§. 27.

§. 27. Sonorum, qui a repentina dimiffione aëris vehementer compreffi gignuntur, fortiffimi procul dubio funt ii, qui ex puluere pyrio et tonitruo percipiuntur. Variis enim experimentis conftat in puluere pyrio in-effe aërem maxime compreffum eique accenfione exi-tum aperiri, vnde tam ftupendos fonos prodire neceffe eft. Atque ad nubes conftituendas cum vaporibus per-multas particulas nitrofas et fulphureas fimul afcendere maxime probabile videtur, quae in iis vnitae et ex-plofae tantum ftrepitum edere queant. At cum de hu-iusmodi fonis difficile fit difcernere, quomodo ratione grauitatis et acuminis a fe inuicem difcrepent, omnes ad hoc genus pertinentes foni in Mufica non funt recepti: quamobrem ofcillationum, quas minimis aëris particulis inducunt, inueftigationi fuperfedebimus.

§. 28. Ad tertium fonorum genus pertinent fecun-dum factam initio diuifionem foni tibiarum, qui inflatione excitantur. Quorum ratio, vt magis eft recondita, ita minori induftria quouis tempore eft inueftigata. Nam qui ipfum tubum motum tremulum accipere ft tu int, atque hoc modo fonos tibiarum ad id genus, quod no-bis eft primum, referunt, non video, quomodo pro-prietatibus tibiarum cognitis fatisfacere poffint. Obfer-uatum enim eft tibias cylindricas longitudine aequales pares etiam edere fonos, quantumuis tam amplitudine inter fe differant, quam craffitie atque materia ipfa. Quomodo igitur fieri poffet, vt tam diuerfi tubi fimi-liter contremifcant? Eorum autem fententiam, qui in-ternam tantum fuperficiem tremulam fieri putant, fola

mate-

materiei diuerfitas euertere videtur. Quamobrem caufa horum fonorum eiusmodi effe debet, vt a fola tibiarum longitudine pendeat.

§ 29. Quamuis autem fufficeret ad inftitutum noftrum proprietates duntaxat tibiarum recenfere, tamen
cum cauffae cognitio femper cuiusque rei notitiam per-
fectiffimam efficere foleat, operam atque diligentiam ad-
hibui, vt veram cauffam confequerer. Sequenti autem
modo, tibiarum ftructura perpenfa, ratiocinium inftitui.
Conftat cuique tibias effe tubos feu canales altera extremi-
tate periftomium iunctum habentes, quod aërem ex ore
vel cifta pneumatica recipiat, atque per rimam, in quam
eius cauitas verfus tubum definit, in tubum emittat. Requiritur autem, vt aër per rimam expulfus, non in caui-
tatem tubi irruat, fed tantum internam fuperficiem per-
ftringat eique obrepat. Quamobrem artifices illud tubi la-
tus, quod rimae eft oppofitum, excindunt, ne fit contiguum
periftomio, atque acuunt, vt aër in ipfam aciem irruat
ab eaque quafi findatur, quo tenuior aëris lamella per
tubum prorepat.

§. 30. Huiusmodi autem periftomiorum ftructuram
requiri, cum experientia demonftrat, tum ipfo ore periftomiis imitandis perfpicimus. Nam fi in tubum periftomio deftitutum ore ita aërem inflamus, vt ad internam fuperficiem irrepat, perinde fonus editur, ac fi pe-
periftomio tubus effet inftructus. Atque ita eft variarum
tibiarum periftomiis carentium ratio comparata, vt aër
eo quo expofitum eft modo inflari debeat, velut videmus in fiftulis transuerfis vocatis aliisque fimilibus. Prae-

Tr. de Muf. C terea

terea autem, vt iste aëris in tubum ingressus sonum efficiat, requiritur primo, vt interna tubi superficies sit laeuis, ne motus repens aëris impediatur; tum autem vt tubi latera sint dura neque aëri irruenti cedere queant, ex quo etiam tertio intelligitur tubum ad latera probe clausum esse oportere.

§. 31. Haec autem, aliaque, quae in tibiis construendis obseruanda sunt, melius cognoscentur, cum ipsam rationem, qua soni in tibiis formantur, exposuerimus. Ostensum autem iam est, neque totius tubi neque interioris tantum superficiei motum tremulum generari. Aer enim sic in tubum intrans eum, qui iam in tubo existit, necessario secundum longitudinem comprimit; quo fit, vt is sese iterum expandat, tumque denuo coarctetur atque hoc modo, quoad inflatio durat, oscillationes perficiat, hisque sonum producat. Videamus nunc autem, quantus grauitate acumineue hic sonus secundum leges mechanicas futurus sit ratione longitudinis tubi, quo, quam egregie haec explicatio cum phaenomenis congruat, perspiciatur.

§. 32. Corpus, quod oscillationes peragit easque in aërem circumfusum transfert, est aër in tubo contentus, cuius quantitas ex tubi longitudine et amplitudine cognoscitur. Vis vero ad oscillandum impellens est, vt vidimus, aër inflatione secundum tubi internam superficiem irruens. At vis aëri in tubo existenti eum nisum inducens, quo ex statu naturali deturbatus se restituere conatur, et quae efficit, vt illum ipsum, quem

absol-

absoluit, oscillationum dato tempore numerum absoluat, est pondus athmosphaerae seu ipsa illius aëris vis elastica, quae pressioni incumbentis athmosphaerae aëreae est aequalis. Haecque vis existimanda est ex effectu eius, quem in tubo Torricelliano exerit, in quo argentum viuum ad altitudinem a 22 vsque ad 24 digitos pedis Rhenani suspensum tenetur.

§. 33. Huius igitur columnae aëreae, quae in tubo inest, oscillantis similis omnino est ratio ei, qua chorda tensa vibrationes conficit. Ipsa enim chorda comparanda est cum aëre in tubo fistulae contento; ponderis vero chordam tendentis hoc casu locum sustinet athmosphaerae pondus, quae etiamsi prorsus dissimilia videantur, eo quod chorda a pondere appenso extendatur, aër vero ab athmosphaera comprimatur, tamen si ad effectum respiciamus, plane inter se aequiualent. Nam quod vtrique in formandis oscillationibus valet, id prouenit a vi, quam corpori subiecto tribuit, se in statum naturalem recipiendi. Haec autem, siue compressione in aërem tubi operetur, siue extensione in chordam, eundem producet effectum.

§. 34. Cum igitur aër in tubo fistulae eodem modo oscillationes perficiat, quo chorda tensa; poterimus quoque numerum oscillationum dato tempore editarum atque ita ipsum sonum determinare, ex iis, quae de chordis vibrantibus tradidimus. Sit tibiae longitudo a in scrup. pedis Rh. expressa, amplitudo bb, grauitas aëris specifica ad eam mercurii vt m ad n et altitudo

C 2

mer-

mercurii in barometro k similium scrupul. Habebimus
ergo chordam longitudinis a, ponderisque $mabb$ quae
tenditur a pondere aequali pressioni athmosphaerae, haec
vero aequiualet cylindro mercurii, cuius basis est bb,
i. e. amplitudo tubi, et altitudo k. Quo circa pondus
tendens censendum est $nkbb$. Ex his inuenitur oscil-
lationum minuto secundo editarum numerus $\frac{355}{113}\sqrt{\frac{3166.nkbb}{a.mabb}} =$
$\frac{355}{113.a}\sqrt{\frac{3166.nk}{m}}$, cui ipse sonus, quemadmodum eum metiri
instituimus, est aequalis.

§. 35. Quia m ad n propemodum eandem semper
tenet rationem, atque k parum diuersis tempestatibus
mutatur, erunt soni tibiarum tubos vel cylindricos vel
prismaticos habentium inter se reciproce vt longitudines
tuborum, ita, vt quo tubi sint breuiores eo soni pro-
deant acutiores, at longiores tubi sonos grauiores reddant. Quod quam egregie cum experientia congruat,
quilibet facile intelliget, qui tibiarum proprietates ante
commemoratas perpendet, quae huc redibant, vt soni
quantitas neque ab amplitudine tubi neque a materie ex
qua tubus sit confectus, sed a sola longitudine pendeat.
Quamobrem prorsus non esse dubitandum existimo, quin
haec sonorum a tibiis editorum exposita ratio sit genuina et ex ipsa rei natura petita.

§. 36. Eo magis autem haec explicatio nobis con-
firmabitur, si non solum sonorum horum rationem in-
spiciamus, sed, quomodo se habeant ad sonum datae chordae datoque pondere tensae, etiam inuestigabimus. Nam
si experientia constiterit eandem tibiam cum data chorda
esse

effe confonam, quam theoria declarat, maximum hoc erit firmamentum. Eft vero $\frac{n}{m}$ fi maximum habet valorem, quod accidit tempore calidiffimo, circiter 12000, at frigidiffima tempeftate deprehenditur 10000. Similiter fi mercurius in barometro ad maximum gradum afcenderit, eft $k = 2460$, at plurimum ibidem mercurio defcendente eft $k = 2260$. Idcirco barometro et thermometro ad maximas altitudines confiftentibus erit fonus tibiae $= \frac{960771}{a}$ atque iisdem inftrumentis ad minimas altitudines ftantibus, fonus erit $= \frac{840714}{a}$.

§. 37. Inter hos fumamus medium, quod eft $\frac{900000}{a}$, atque tot ofcillationes minuto fecundo tibia longitudinis a in aëre producet tempeftate mediocri. Ergo quae tibia 100 vibrationes minuto fecundo edit, ea eft longa 9000 fcr. i. e. 9. pedes Rhenanos: et quae edit 118 vibrationes atque confona eft chordae fonum C in inftrumentis fignatum exhibentis, longitudinis effe debet 7627 fcrup. feu aliquanto plus quam $7\frac{1}{2}$ ped. Rhenan. Quod etiam fatis exacte experientiae refpondet: nam vulgo tibia longitudinis 8. ped. affumitur ad fonum C edendum, et differentia dimidii pedis penitus eft negligenda, eo quod eadem tibia diuerfis tempeftatibus fonos edere queat rationem 840714 ad 960771, i. e. 8 ad 9 tenentes, quod difcrimen in tali tibia pluris dimidio pede eft aeftimandum.

§. 38. Et haec ipfa fonorum diuerfitas eiusdem tibiae variis tempeftatibus veritatem noftrae explicationis

C 3 magis

magis confirmat. Experiuntur enim perpetuo Mufici, quoties inftrumentis chordis inftructis fimul cum pneumaticis vtuntur, haec perquam mutabilia effe, atque chordas, quo confonae fint cum tibiis, mox intendi moxque remitti debere. Ac differentiam inter fonum acutiffimum et grauiffimum eiusdem tibiae effe integri toni circiter, quod eft interuallum inter fonos rationem 8 ad 9 tenentes. Praeterea id quoque eft obferuatum tùm tibias effe acutiores, quando coelum fit maxime ferenum cum fummo calore, contra turbidiffima cum maximo frigore coniuncta tempeftate fonos tibiarum effe grauiores. Ex his etiam ratio patet, quare tibia initio grauius fonet quam cum iam ftrenue fit inflata; ipfo enim vfu et inhalatione aër, qui in tibia ineft, calefit, ideoque fonus euadit magis acutus.

§. 39. Vehementia fonorum et debilitas a tibiis editorum cum a vi, qua inflantur, pendet, tum a ratione quam tibiae amplitudo ad longitudinem tenet. Similis enim eft ratio tibiarum et chordarum, in iisque amplitudo eft comparanda cum craffitie harum. Quemadmodum igitur non quaeuis chorda ad omnes fonos edendos eft apta, fed ad datum fonum certa quaedam craffities requiritur, ita etiam datae longitudinis tibia non pro lubitu ampla vel angufta poteft confici, fed dantur limites, quos fi transgrediare, nullum prorfus fonum tibia fit editura. Quo autem plures tibiae fonos edant fimiles et aeque vehementes, oportet tibiae amplitudinem feu bafin tubi ficut chordae craffitiem proportionalem effe longitudini. Ex hoc enim fimul et alterum, quod in chordis requiritur, fequitur,

vt

vt videlicet preſſio athmoſphaerae, quae amplitudini eſt proportionalis, etiam eandem habeat rationem ad longitudinem tibiae.

§. 40. Neque vero vehementia inflatus pro lubitu poteſt augeri vel minui. Namque ſi nimis languide tibia infletur, ſonum edet prorſus nullum, at fortius quam par eſt, inflata non eum, quem debet, edit ſonum, ſed octaua acutiorem, et ſi adhuc fortius infletur ſonum duodecima porroque decima quinta, etc. acutiorem dabit. Vt harum ſoni aſcenſionum rationem detegamus, conſiderari iuuabit ſoni vim proportionalem eſſe vi inflatus; et propterea, quamdiu ſonus idem quantitate manet, quo magis inflatio intendatur, eo ampliores oſcillationes aëris in tubo contenti non autem frequentiores eſſe oportere intelligitur. At oſcillationum amplitudo tubi amplitudine ita determinatur, vt certum terminum transgredi non poſſit; quare ſi tibia fortius infletur, quam ad iſtum gradum requiritur, eundem ſonum edere non poterit.

§. 41. De chordis autem, quibus tibiae ſimiles ſunt cenſendae, tam ex theoria quam experientia conſtat, poſſe chordae tenſae vtramque medietatem ſeorſim ſuas oſcillationes perficere, ita vt ea chorda non ſonum ſolitum, ſed octaua acutiorem edat; id quod ſi partes ſint inaequales, fieri non poteſt. Similiter in tres partes aequales cogitatione ſaltem diuiſa chorda ita poteſt contremiſcere, vt ſingulae partes ſeorſim, tanquam ſi ponticulis eſſent ſeparatae, vibrationes adſoluant, atque ſonum ſolito acutiorem, nempe duodecimam exhibeant. Idem etiam valet

de

de quatuor pluribusque partibus chordae aequalibus. Haec autem, quomodo effici et experimentis confirmari queant, oftendit Cl. D. Sauveur in Comment. Acad. Scient. Parif. An. 1701.

§. 42. His igitur ad tibias accommodatis intelligitur fieri poffe, vt vtraque tibiae medietas feorfim ofcillationes perficiat, eoque fonum octaua acutiorem edat. Quo in cafu, cum ofcillationes duplo fint frequentiores, maior euoque inflatus vis locum habebit. Ex quo fequitur, fi inflatus vltra determinatum illum gradum augeatur, tum ofcillationes ad hunc cafum fe effe accommodaturas, fonumque octaua acutiorem proditurum. Simili modo cum et hic detur gradus, quem inflatio excedere non debet, fi et iam hic transeatur, tum fingulae tertiae aëris in tubo contenti partes feorfim ofcillare incipient, ex quo fonus triplo acutior, feu primi duodecima proueniet. Atque porro fi inflatus augebitur, tum quartis partibus ofcillantibus, fonus duabus octauis acutior audietur, et ita porro.

§. 43. Hisce etiam tubarum buccinarumque, quanquam in ceteris non eam, quam tibiae, tenent rationem, nititur natura, eaque proprietas, qua fola inflationis intenfione foni eius moderentur. His enim inftrumentis non omnes foni edi poffunt, fed ii duntaxat, qui exprimuntur numeris integris 1, 2, 3, 4, 5, 6 etc. ficque in infima octaua inter 1 et 2 nullum fonum medium edunt, in fequente inter 2 et 4 vnum medium 3, qui eft ad 2 quinta, in tertia octaua inter 4 et 8 habent tres 5, 6, 7, et in quarta 7 intermedios. Horum vero inftrumentorum ftructura eiusmodi effe videtur, vt quiuis fonus valde anguftos habeat limites inflationis, ideoque parum tantum

intenⱽ

intenfo vel remiffo flatu, fonus vel acutior vel grauior
prodeat.

§. 44. Quae hactenus de tibiis dicta funt, pertinent
potiffimum ad eas, quarum tubi habent formam vel prismaticam vel cylindricam. Quales autem fonos edant, fi
tubi fuerint vel diuergentes vel conuergentes vel alius cuiusdam figurae, difficilius eft determinare. Semper tamen
huiusmodi quaeftiones ad chordas reduci poffunt: figura
enim tibiae quacunque propofita, oportet chordam fimilem
confiderare, et, quem fonum fit editura, inueftigare; quo
facto, fi ipfa chorda aërea ponatur et pondus tendens ae-
quale vi athmofphaerae, habebitur fonus, quem ea tibia
reddet. Atque fi hoc problema vniuerfaliter foluetur pro
quacunque tibiae figura, apparebit fimul maxime nota
proprietas tibiarum prifmaticarum, quae fupra apertae fonum octaua grauiorem edunt.

§. 45. Alia inftrumenta, quae cum tibiis aliquam
affinitatem habere videntur, funt tubae, buccinae etc. quae
quidem folo inflatu fonum non edunt, fed fonum ex ore
cum flatu coniunctum requirunt, quem tum mirifice augent,
vehementioremque reddunt, fimili modo, quo tubae ften-
toreophonicae voces tantopere augmentant. Melius autem
huiusmodi inftrumenta cognofcuntur ex iis, quae in orga-
nis pneumaticis ad eorum imitationem adhibentur; excitantur haec autem folo inflatu, fed in periftomio infertae
funt lamellae elafticae, quae a vento immiffo motum tremulum recipiunt, fonumque debilem quidem edunt, fed
dum is per tubum adiunctum progreditur, tantam ab eo
vim acquirit, vt fonos tubarum vel buccinarum egregie
imitetur.

Tr. de Muf. D CA-

CAPVT SECVNDVM.

DE

SVAVITATE ET PRINCIPIIS HARMONIAE.

§. 1.

CVm hoc capite inueftigare ftatuerim, quibus rebus efficiatur, vt eorum, quae in fenfus incurrunt, alia nobis placeant, alia difpliceant, ante non admodum neceffarium arbitror demonftrare, effe omnino rationem eius, quare quid placeat, vel difpliceat, neque temere mentes noftras delectari. Cum enim hoc tempore a plerisque tanquam axioma admittatur, nihil fine fufficienti ratione in mundo fieri; neque de hoc erit dubitandum, an eorum, quae placent, detur aliqua ratio. Hoc igitur conceffo, etiam eorum opinio euanefcit, qui muficam a folo hominum arbitrio pendere exiftimant, atque fola confuetudine noftram nobis muficam placere, barbaramque, quia nobis fit infolita, difplicere.

§. 2. Equidem non nego, et infra ipfe probabo, exercitio et crebra auditione fieri poffe, vt concentus quispiam nobis placere incipiat, qui primum difplicuerit, et viciffim. Attamen hoc principium fufficientis rationis, vti vocatur, non euertitur: non folum enim in ipfo obiecto ratio, cur placeat vel difpliceat, eft quaerenda, fed ad fenfus, per quos obiecti imago menti repraefentatur, quoque eft refpiciendum; atque praeterea ad iudicium potiffimum,

mum, quod ipfa mens de oblata imagine format. Quae res, cum in diuerfis hominibus diuerfimode euenire poffint, atque in eodem etiam variis temporibus, mirandum non eft, eandem rem aliis placere, aliis vero displicere poffe.

§. 3. Sed iam video, quale ex hoc contra nos noftrumque inftitutum deducetur argumentum; nempe harmoniae principia et regulas tradi non poffe obiicietur, et hanc ob caufam noftrum et omnium eorum, qui muficam legibus includere conati funt, laborem effe irritum et inanem. Si enim alios alia delectant, et haec ipfa, quae delectant, prorfus funt diuerfa et oppofita, quomodo praecepta tradi poterunt coniungendorum fonorum, vt auditui fuauem harmoniam repraefentent? Ac regulae, fi quae inuenientur, aut nimis erunt vniuerfales, vt vfum habere nequeant, aut non ftabiles nec conftantes, fed ad auditorum rationem accommodari debebunt; id quod non folum infinitam induftriam requireret, fed omnem certitudinem e mufica prorfus tolleret.

§. 4. Sed Muficum fimilem fe gerere oportet Architecto, qui plurimorum peruerfa de aedificiis iudicia non curans, fecundum certas et in natura ipfa fundatas leges aedes exftruit; quae etiamfi harum rerum ignaris non placeant, tamen dum intelligentibus probentur, contentus eft. Nam vt in Mufica ita etiam in architectura tam diuerfus eft diuerfarum gentium guftus, vt quae aliis placeant, alii eadem reiiciant. Hanc ob rem vt in omnibus aliis rebus ita etiam in Mufica, eos potiffimum fequi oportet, quorum guftus eft perfectus, et iudicium de rebus fenfu perceptis ab omni vitio liberum. Huiusmodi funt ii,

qui

qui non folum a natura auditum acceperunt acutum et purum, fed qui etiam omnia, quae in auditus organo repraefentantur, exacte percipiunt, eaque inter fe conferentes integrum de iis iudicium ferunt.

§. 5. Cum omnis fonitus, vt capite praecedente oftenfum eft, nihil aliud fit, nifi pulfuum in aere productorum fefe fequentium certus ordo, fonitum diftincte percipiemus, fi omnes ictus in aurium organa incurrentes fentiemus, atque eorum ordinem agnofcimus; et praeterea quando non omnes ictus funt aequaliter fortes, fi etiam vehementiae fingulorum rationem animaduertemus. Huiusmodi igitur requiruntur auditores ad iudicium de rebus muficis ferendum, qui et auditus fenfu acuto et fingula quaeque percipiente fint praediti, et tantum intellectus gradum poffideant, vt ordinem, quo ictus aercarum particularum auditus organa percutiunt, percipere, de eoque iudicare poffint. Hoc enim, vt in fequentibus docebitur, eft neceffarium ad cognofcendum, an reuera fuauitas infit in propofito mufico opere, et quemnam ea teneat gradum.

§. 6. Quamobrem ante omnia operam adhibebimus, vt in quaque re definiamus, quid fit id, cur nobis vel placeat vel difpliceat, et quid quamque rem habere oporteat, vt ea oblectemur. Ex hoc enim, fi fuerit perfpectum, vera norma et regulae componendorum muficorum concentuum deriuari poterunt; cum fcilicet conftiterit, in quo pofitum fit id, quod placeat difpliceatue. Non folum autem, quae res ad muficam pertinent, ex hoc fonte funt deducendae, fed omnes aliae quoque, quae eundem habent fcopum propofitum, vt placeant. Hocque tam late

patet,

patet, vt vix quicquam affignari poffit, cui non maior
fuauitatis gradus ex iftis, quae quaerimus, principiis, poffit conciliari, aut omnino aliquis, etiamfi vix capax videatur, afferri.

§. 7. Metaphyficos autem, ad quos haec inquifitio
proprie pertinet, confulentes deprehendimus omne id nobis placere, in quo perfectionem ineffe percipimus, eoque
magis nos delectari, quo maiorem perfectionem animaduertimus: contra vero eas res nobis displicere, in quibus
perfectionis defectum aut adeo imperfectionem perfpicimus.
Certum eft enim perceptionem perfectionis voluptatem
parere, hocque omnium fpirituum effe proprium, vt per-
fectionibus detegendis et intuendis delectentur; ea vero
omnia, in quibus vel perfectionem deficere, vel imperfectionem adeffe intelligunt, auerfentur. Cuique hoc,
qui ea, quae ipfi placent, attentius contemplabitur, erit
perfpicuum: agnofcet enim perfectionis effe fpeciem id,
quod placet, in iisque, quae auerfatur, fe perfectionem defiderare.

§. 8. At perfectionem in quapiam re ineffe intelligimus, fi eam ita conftitutam effe deprehendimus, vt
omnia in ea ad fcopum propofitum impetrandum con-
fpirent: fin autem quaedam affuerint ad fcopum non
pertinentia, perfectionis defectum agnofcimus. Et, fi denique quaedam aduertantur, quae reliqua in fcopo affe-
quendo impediant, imperfectionem tribuimus. Primo
igitur cafu res oblata nobis placet, poftremo vero dis-
plicet. Contemplemur exempli cauffa horologium, cuius finis eft temporis partes et diuifiones oftendere: id

maxi-

maxime nobis placebit, fi ex eius ftructura intelligimus, omnes eius partes ita effe confectas et inter fe coniunctas, vt omnes ad tempus exacte indicandum concurrant.

§. 9. Ex hisce fequitur, in qua re infit perfectio, in eadem ordinem neceffario ineffe debere. Nam cum ordo fit partium difpofitio fecundum certam regulam facta, ex qua cognofci poteft, cur quaeque in eo, quem tenet, loco fit pofita potius, quam in alio; in re autem perfectione praedita, omnes partes ita effe debeant ordinatae, vt ad fcopum impetrandum fit accommodatae: ifte fcopus erit regula, fecundum quam partes rei funt difpofitae, et quae earum cuique locum, quem tenet, affignat. Viciffim igitur etiam intelligitur, vbi fit ordo ibi etiam effe perfectionem, et legem regulamue ordinis refpondere fcopo perfectionem efficienti. Hanc ob rem nobis placebunt in quo ordinem deprehendemus, ordinisque defectus displicebit.

§. 10. Duobus autem modis ordinem percipere poffumus, altero quo lex vel regula nobis iam eft cognita, et ad eam rem propofitam examinamus; altero, quo legem ante nefcimus, atque ex ipfa partium rei difpofitione inquirimus, quaenam ea fit lex, quae iftam ftructuram produxerit. Exemplum horologii fupra allatum ad modum priorem pertinet, iam enim eft cognitus fcopus, feu lex partium difpofitionis, quae eft temporis indicatio; ideoque horologium examinantes, difpicere debemus, an ftructura talis fit, qualem fcopus requirit. Sed fi numerorum feriem aliquam vt hanc 1, 2, 3, 5, 8, 13, 21 etc. afpicio nefcius, scius, quae eorum progreffionis fit lex, tum paullatim eos numeros inter fe conferens deprehendo, quemlibet effe duorum antecedentium fummam, hancque effe legem eorum ordinis affirmo.

§. 11. Pofterior modus percipiendi ordinis ad muficam praecipue fpectat; concentum muficum enim audientes ordinem demum intelligemus, quem inter fe tenent foni tum fimul tum fucceffiue fonantes. Concentus igitur muficus placebit, fi ordinem fonorum eum conftituentium percipimus, difplicebit vero, quando non perfpicimus, quare quisque fonus fuo loco eft difpofitus: eo vero magis difplicere debebit, quo faepius fonos ab ordine, quem eos tenere oportere iudicamus, recedere et aberrare cognofcemus. Fieri igitur poteft, vt alii ordinem animaduertant, quem alii non fentiunt, ex quo eadem res aliis placere aliis difplicere poteft. Vtrique autem decipi poffunt; ordo enim renera ineffe poteft, quem multi non cognofcunt: et faepe quidam fe ordinem percipere videntur, vbi nullus adeft, atque hinc tam diuerfa de rebus muficis oriuntur iudicia.

§. 12. Placent itaque ea, in quibus ordinem, qui ineft, percipimus; magis autem delectabimur, fi plures eiusmodi res offerantur, quarum, quem continent ordinem, comprehendimus; atque maximum fentiemus fuauitatis gradum, fi praeterea ipfarum iftarum rerum ordinem, quem inter fe tenent, cognofcimus. Ex his apparet, fi ordinem in quibusdam earum rerum non percipiamus, minore nos voluptate affici, et fi prorfus nullum ordinem animaduertamus, tum etiam nobis rem propofitam placere ceffare. Sed fi non folum ordinem obferuamus nullum, verum etiam quaedam praeter omnem rationem adeffe deprehendimus, quibus ordo, qui alias ineffet, turbetur, tum displicebit nobis, et fere dolore ea percipientes afficiemur.

§. 13 Quo facilius ordinem, qui in re propofita ineft, percipimus, eo fimpliciorem ac perfectiorem eum exiftimamus, ideoque gaudio et laetitia quadam afficimur. Contra vero fi ordo difficulter cognofcatur, isque minus fimplex minusque planus videatur, cum quadam quafi triftitia eundem animaduertimus. In vtroque tamen cafu, dummodo ordinem fentimus, res oblata nobis placet, in eaque fuauitatem ineffe exiftimamus; quae quidem inter fe pugnare videntur, cum idem poffit placere et fuauitatem habere, quod animum ad triftitiam concitet. Sed fi ipfos muficos concentus et modulationes confideramus, omnes fuaues effe et placere debere agnofcimus; interim tamen alias ad laetitiam, alias ad triftitiam excitandam effe accommodatas videmus. Quamobrem eorum, quae placent, duo conftituenda funt genera, alterum quod laetos, alterum quod triftes faciat animos.

§. 14. Similia haec plane funt comoediarum et tragoediarum, quarum vtraeque fuauitate plenae effe debent; illae vero praeterea gaudio animos perfundant, hae vero triftitia afficiant neceffe eft. Ex quo intelligitur, neque idem effe placere et gaudium excitare, neque contraria placere et triftitiam afferre. Horum vero ratio quomodo fit comparata, iam quodammodo eft expofitum; placent fcilicet omnia, in quibus ordinem ineffe intelligimus, horum

rum

rum autem ea laetitia tantum afficiunt, quae ordinem habent fimpliciorem et facile perceptibilem; illa vero triftes
reddere folent animos, quae ordinem continent magis
compofitum et eiusmodi, vt difficilius poffit perfpici.

§. 15. Non multum discrepant haec ab iis, quae a
Philofophis de laetitia et triftitia tradi folent: nam laetitiam ita defcribunt, vt dicant, eam effe notabilem voluptatis gradum; plus igitur perfectionis requiritur ad laetitiam excitandam, quam ad id tandum, vt quid placeat. Tri-
ftitiae definitio multum quidem differre videtur ab ea
quam dedimus; fed attendendum eft, nos hic non de
ea triftitia loqui, quae inter affectus vulgo defcribitur,
quod conftet in imperfectionis contemplatione. Neque
enim huiusmodi triftitiam mufica intendit, nec, quia
placere conatur, poteft. Sicque nobis triftitia tantum
in difficiliore perfectionis feu ordinis perceptione ponitur, et hanc ob rem a laetitia gradu folum differt.

§. 16. Sunt autem in fonis duae res praecipue, quae
ordinem continere poffunt, eorum fcilicet grauitas vel acumen, in quibus quantitatem fonorum pofuimus, et duratio.
Ob illam igitur placet muficus concentus, fi ordinem, quem
foni ratione grauitatis et acuminis inter fe tenent, percipimus; fed ob hanc placet, fi ordinem, quem durationes fonorum tenent, comprehendimus. Praeter haec duo aliud
in fonis non datur, quod ad ordinem recipiendum effet
aptum, nifi forte vehementia: fed tametfi et hac mufici vti foleant in fuis concentibus, vt mox fortes mox
debiles effici debeant foni; tamen non in perceptione
rationis feu ordinis, quem hi vehementiae gradus inter fe

Tr. de Muf.   E   habent,

habent, fuauitatem quaerunt; et hanc ob rem vehementiae
quantitatem definire neque folent neque poffunt.

§. 17. Cum ordo fit partium dispofitio fecundum
certam quandam legem, is qui ex infpectione hanc legem cognofcit, idem ordinem percipit, eique ipfa perceptio placebit. In Mufica vero ordinem quantitates conftituunt: nam fiue grauitatem et acumen fiue durationem refpiciamus, vtrumque quantitatibus determinatur;
illud fcilicet pulfuum in aëre productorum celeritate,
hoc vero tempore per quod fonus quisque producitur.
Qui igitur relationem celeritatum pulfuum in fonis percipit, is ordinem fonorum comprehendit, eoque ipfe delectatur. Simili modo qui fonorum durationes diftinguere et inter fe comparare nouerit, is etiam ordinem
animaduertet, et hanc ob rem voluptate afficietur. Quomodo autem ordinem percipiamus, clarius eft exponendum, et quidem de vtroque genere feorfim.

§. 18. Duobus fonis propofitis percipiemus eorum
relationem, fi intelligamus rationem, quam pulfuum eodem tempore editorum numeri inter fe habent; vt fi
alter eodem tempore 3 pulfus perficiat, dum alter 2,
eorum relationem adeoque ordinem cognofcimus obfer-
uantes hanc ipfam rationem fesquialteram. Similique modo
plurium fonorum mutuam relationem comprehendimus,
fi omnes rationes, quas fingulorum fonorum numeri vibrationum eodem tempore editarum inter fe tenent,
cognofcemus. Voluptatem etiam ex fonis diuerfarum
durationum capimus, fi rationes, quas fingulorum tempora durationum inter fe habent, percipimus. Ex quo
appa-

apparet omnem in Mufica voluptatem oriri ex perceptione rationum, quas plures numeri inter fe tenent, quia etiam durationum tempora numeris exprimi poffunt.

§. 19. Magnum quidem extat in fonorum rationibus percipiendis fubfidium, quod fingulorum plures ictus percipimus, faepiusque eos inter fe comparare poffumus. Idcirco multo eft facilius duorum fonorum rationem difcernere audiendo, quam duarum linearum eandem rationem habentium, intuendo. Similis autem effet ratio fonorum et linearum, fi fingulorum fonorum duos tantum ictus reciperemus, et de relatione eorum interuallorum iudicare cogeremur. Sed cum in fonis non admodum celeribus breui tempore permulti edantur pulfus, vt ex cap. praec., vbi de numero vibrationum chordae minuto fecundo factarum egimus, videre licet, multo fit facilior rationis fonorum cognitio. Quam ob rem in mufica perquam compofitis vti poffunt rationibus, quas, fi eaedem in lineis exifterent, vifus difficillime agnofceret.

§. 20. Cum foni grauiores eodem tempore pauciores edant pulfus, quam acutiores, perfpicuum eft, acutorum fonorum rationem facilius quam grauium percipi poffe, fi quidem vtrique aeque diu durant. Caeteris igitur paribus oportet, vt foni grauiores longius durent tardinsque fefe infequantur, quam acutiores, qui celerius progredi poffunt. Hanc itaque conftat obferuari oportere regulam, vt grauioribus fonis maior tribuatur duratio, acutioribus minor. Vtrosque autem eo magis producendos effe intelligitur, quo rationes, quas inter fe tenent, magis funt compofitae, difficiliusque

E 2   perci-

percipiantur. Fieri ergo tamen poteſt, vt acutiores tardius incedere debeant, dum grauiores celeriter progredi poſſint; ſi nimirum hi ſimplices, illi verò perquam compoſitas teneant rationes.

§. 21. Quo autem facilius percipi poſſit modus, quo ordo ſeu ratio duorum plurimumue ſonorum percipitur, conabimur viſui, quantum fieri poteſt, ſimilem repraeſentare figuram. Ipſos igitur pulſus in aurem incurrentes exponemus punctis in linea recta poſitis, quorum diſtantiae reſpondeant interuallis pulſuum, cuiusmodi figuras Tab. I. plures repraeſentat. Hac ergo ratione ſonus aequabilis ſeu qui eundem per totam durationem habet tenorem grauitatis aut acuminis, deſcribetur ſerie punctorum aequidiſtantium vt in fig. 1. In qua, cum vbique ratio aequalitatis conſpicua ſit, dubium non eſt, quin ordo facillime intelligatur Vnus igitur ſonus vel vt vocari ſolet vniſonus primum et ſimpliciſſimum nobis conſtituat gradum ordinis percipiendi, quem vocabimus primum ſuauitatis gradum, huncque tenet ratio 1: 1 in numeris.

Tabula I.

§. 22. Sint nunc duo ſoni auditui propoſiti tenentes rationem duplam, ii duabus punctorum ſeriebus exprimentur, in quarum altera interualla punctorum erunt dupla maiora, quam in altera; vt fig. 2. vbi ſuperior ſeries ſonum acutiorem, inferior vero grauiorem exhibet. His ſimul conſideratis ordo facile quoque percipitur, quomodo ex figurae inſpectione apparet. Hanc igitur, quia poſt vniſonum eſt ſimpliciſſima, facimus gradum ſuauitatis ſecundum, qui ideo in numeris ratione

1. . . . . *fig. 1*

2. . . . . *fig. 2*
1. . . . .

3. . . . . *fig. 3*
1. . . . .

4. . . . . *fig. 4*
1. . . . .

3. . . . . *fig. 5*
2. . . . .

4. . . . . *fig. 6*
3. . . . .

5. . . . . *fig. 7*
4. . . . .

5. . . . . *fig. 8*
3. . . . .

6. . . . . *fig. 9*
5. . . . .
4. . . . .

Tab. I

1 : 2 continetur. Simili modo fig. 3. exhibet rationem
1 : 3 et fig. 4. rationem 1 : 4, quarum vtra fit perceptu facilior, in vtramque partem poteft disputari. Illa
quidem hoc habet, vt minoribus expreffa fit numeris,
haec vero quadrupla ideo facilius percipi videtur, quod
fit rationis duplae dupla, hincque non multo difficilius
difcernatur quam dupla ipfa. Hanc ob rem nos vtramque
in eundem gradum fcilicet tertium coniiciemus.

§ 23. Quemadmodum ergo ratio 1 : 1 primum fuauitatis gradum conftituit, et ratio 1 : 2 fecundum, itemque
ratio 1 : 4 ad tertium pertinet ; ita ad quartum gradum
referemus rationem 1 : 8, et ad quintum hanc 1 : 16,
et ita porro iuxta progreffionem geometricam duplam.
Hinc manifeftum eft rationem $1 : 2^n$ pertinere ad gradum,
qui exponitur numero $n + 1$. Eo autem libentius iftam
graduum diftributionem affumfi, quod aequaliter in facilitate perceptionis progrediantur, ita vt, quo gradus
v. g. quintus difficilius percipitur quam quartus, eo difficilius hic animaduertatur quam tertius, et hic ipfe quam
fecundus. Inter hos autem non facio gradus medios pro-
deuntes, fi n fuerit numerus fractus, quia in hoc cafu
ratio fit irrationalis et prorfus non perceptibilis.

§. 24. Ex his apparet, fi numerus, qui ad vnitatem rationem habet refpondentem duobus fonis, fuerit
compofitus, i. e. fi habuerit diuifores, tum gradum
fuauitatis propterea etiam fieri minorem; quemadmodum vidimus rationem 1 : 4 non pro magis compofita
effe habendam, quam 1 : 3, quamuis 4 eft maior quam
3. Contra ergo manifeftum eft fuauitatis gradum ex

ma-

magnitudine numerorum ipſa, ſi ſint primi, eſſe æſtimandam; ita ratio $1:5$ erit ſimplicior quam $1:7$, quamquam forte non ſimplicior eſt quam $1:8$. At de numeris primis iam licebit ex inductione aliquid ſtatuere: cum enim ratio $1:1$ det gradum primum, $1:2$ gradum ſecundum, $1:3$ tertium, concludimus $1:5$ pertinere ad quintum, $1:7$ ad ſeptimum, et generaliter $1:p$, ſi quidem p eſt numerus primus, ad gradum, qui indicatur numero p.

§. 25. Colligitur porro etiam ex §. 23. ſi ratio $1:p$ ad gradum, cuius index ſit m, referatur, rationem $1:2p$ ad gradum $m+1$ pertinere, $1:4p$ ad gradum $m+2$, et $1:2^n p$ ad gradum $m+n$. Multiplicato enim numero p per 2, ad rationis perceptionem, requiritur praeter perceptionem rationis $1:p$ biſectio aut duplicatio, qua vt ſimpliciſſima operatione gradus ſuauitatis vnitate euehitur. Simili modo determinare licet gradum ſuauitatis rationis $1:pq$ ſi p et q fuerint numeri primi: nam ratio $1:pq$ eo magis eſt compoſita quam $1:p$, quo $1:q$ magis eſt compoſita quam $1:1$. Ergo rationis $1:pq$ gradus cum p, q, et 1 debet proportionem arithmeticam conſtituere, vnde erit igitur $p+q-1$.

§. 26. Idem ratiocinium etiam vniuerſaliter ſubſiſtit; ſi enim ratio $1:P$ ad gradum p pertineat, et ratio $1:Q$ ad gradum q, pertinebit ob allatas rationes ratio $1:PQ$ ad gradum $p+q-1$. Scilicet vtriusque rationis componentis gradus ſunt inuicem addendi et vnitas a ſumma ſubtrahenda. Itaque rationis $1:pqr$, (poſitis p, q, et r numeris primis) quae eſt compoſita ex $1:pq$ et $1:r$ harumque gradus ſunt $p+q-1$ et r, gradus ſuauifuauitatis erit $p + q + r - 2$. Similiter rationis $1 : pqrs$ gradus erit $p + q + r + s - 3$. Et rationis $1 : PQRS$ gradus erit $p + q + r + s - 3$, fi nimirum rationum $1 : P$, $1 : Q$, $1 : R$ et $1 : S$ gradus fuerint p, q, r, et s.

§. 27. Perfpicitur ergo ex his rationis $1 : p^2$ gradum fuauitatis effe $2p - 1$, pofito videlicet p numero primo, et rationis $1 : p^3$ gradum effe $3p - 2$, atque generaliter rationem $1 : p^n$ ad gradum $np - n + 1$ pertinere. Ergo cum $1 : q^m$ pertineat ad gradum $mq - m + 1$, referri debet fecundum regulam §. praec. datam, ratio ex his compofita $1 : p^n q^m$ ad gradum $np - mq - n - m + 1$. Et quicunque fuerit numerus P in ratione $1 : P$, habebitur gradus, ad quem pertinet, fi is refoluatur in omnes fuos factores fimplices, iique inuicem addantur, et numerus factorum vnitate minutus a fumma fubtrahatur. Sic fi quaeratur gradus rationis $1 : 72$, quia eft $72 = 2.2.2.$ $3.3.$ horumque factorum fumma 12 et numerus 5, fubtrahatur 4 a 12, erit 8 gradus fuauitatis pro ratione $1 : 72$.

§. 28. Si ratio fuerit propofita inter tres numeros vt $1 : p : q$, vbi p et q funt numeri primi, oportebit in ea et $1 : p$ et $1 : q$ percipere. At hae duae rationes fimul aeque facile percipiuntur ac compofita ex iis $1 : pq$. Ergo ad quem gradum pertineat ratio $1 : p : q$ ex numero pq dignofcendum eft per regulam traditam. Eodem modo ratio inter quatuor numeros $1 : p : q : r$ vbi p, q, et r iterum funt numeri primi, gradus prodibit ex numero pqr. Ita fi quatuor foni fuerint propofiti his numeris $1 : 2 : 3 : 5$ expreffi, gradus, ad quem pertinet facultas ordinem eorum, quem inter fe habent, percipiendi, di, cognofci debet ex numero 30, qui dat gradum octauum.

§. 29. Debent autem hi numeri primi effe omnes inaequales, alioquin ratiocinium adhibitum non valet. Nam ratio $1:p:p$ aeque facile percipitur ac $1:p$, duo enim pofteriores numeri, qui habent rationem aequalitatis, pro vno haberi poffunt; neque aequiualens eft haec ratio cenfenda huic $1:p^2$. Similiter etiam fi numeri p, q, r etc. non fuerint primi, pariter non hoc modo ratiocinari licebit. Vt fi percipienda fit ratio $1:pr:qr:ps$, pofitis p, q, r, et s numeris primis, oportebit tantum cognofcere rationes $1:p, 1:q, 1:r$, et $1:s$, neque vero rationes $1:p$ et $1:r$ bis, quanquam bis occurrunt. Quocirca fuauitatis gradus aeftimandus erit ex ratione ex his fimplicibus compofita $1:pqrs$, feu ex numero $pqrs$.

§. 30. Si autem non folum ipfum numerum $pqrs$, fed etiam modum, quo prodiit, contemplamur, deprehendimus hunc numerum effe minimum communem diuiduum numerorum $1, pr, qr$, et ps feu minimum numerum, qui per hos fingulos poteft diuidi, inter quos rationem detegere erat propofitum. Ex quo formamus hanc regulam vniuerfalem pro gradu fuauitatis cognofcendo in percipienda ratione plurium numerorum fimul propofitorum. Quaeri nimirum debet eorum omnium minimus communis diuiduus; et ex hoc numero per regulam fupra datam §. 27. gradus fuauitatis definietur. Addidi igitur fequentem tabulam, ex qua apparet ad quem gradum quilibet minimus communis diuiduus refultans perducat. Continuaui eam autem non vltra gradum decimum fextum, quia raro numeri ad vlteriores gradus pertinentes occurrere folent.

§. 31.

§. 31. In hac igitur tabula typhrae Romanae denotant gradus fuauitatis, et confueti numeri minimos communes diuiduos omnes eo pertinentes:

I.	1.
II.	2.
III.	3; 4.
IV.	6; 8.
V.	5; 9; 12; 16.
VI.	10; 18; 24; 32.
VII.	7; 15; 20; 27; 36; 48; 64.
VIII.	14; 30; 40; 54; 72; 96; 128.
IX.	21; 25; 28; 45; 60; 80; 81; 108; 144; 192; 256.
X.	42; 50; 56; 90; 120; 160; 162; 216; 288; 384; 512.
XI.	11; 35; 63; 75; 84; 100; 112; 135; 180; 240; 243; 320; 324; 432; 576; 768; 1024.
XII.	22; 70; 126; 150; 168; 200; 224; 270; 360; 480; 486; 640; 648; 864; 1152; 1536; 2048.
XIII.	13; 33; 44; 49; 105; 125; 140; 189; 225; 252; 300; 336; 400; 405; 448; 540; 720; 729; 960; 972; 1280; 1296; 1728; 2304; 3072; 4096.
XIV.	26; 66; 88; 98; 210; 250; 280; 378; 450; 504; 600; 672; 800; 810; 896; 1080; 1440; 1458; 1920; 1944; 2560; 2592; 3456; 4608; 6144; 8192.
XV.	39; 52; 55; 99; 132; 147; 175; 176; 196; 315; 375; 420; 500; 560; 567; 675; 756; 900; 1008; 1200; 1215; 1344; 1600; 1620; 1792; 2160; 2187; 2880; 2916; 3840; 3888; 5120; 5184; 6912; 9216; 12288; 16384.
XVI.	78; 104; 110; 198; 264; 294; 350; 352; 392; 630; 750; 840; 1000; 1120; 1134; 1350; 1512; 1800; 2016; 2400; 2430; 2688; 3200; 3240; 3584; 4320; 4374; 5760; 5832; 7680; 7776; 10240; 10368; 13824; 18432; 24576; 32768.

§. 32. Habentur autem ad minimum communem diuiduum inueniendum plures modi, quorum vnum, qui in noftro inftituto maximam praeftabit vtilitatem, hic

Tr. de Muf.   F   ex-

exponere conuenit. Refoluantur finguli numeri propofiti in factores fuos fimpliciffimos, notenturque ea loca in quibus quilibet horum factorum maximam habet dimenfionem; tum fiat factum ex iftis maximarum dimenfionum poteftatibus, hocque erit minimus communis diuiduus datorum numerorum. Vt fi fuerint propofiti hi numeri $72, 80, 100, 112$, qui in factores fimplices refoluti fiunt $2^3 . 3^2$, $2^4 . 5$, $2^2 . 5^2$, $2^4 . 7$, funtque fimplices factores, $2, 3, 5, 7$. Horum primus 2 maximam dimenfionem habet quartam, fecundi 3 maxima dimenfio eft fecunda, pariter ac tertii 5. quarti vero 7 prima occurrit poteftas. Quare minimus communis diuiduus eft $2^4 . 3^2 . 5^2 . 7$ feu 25200, et pertinet ad gradum vigefimum tertium.

§. 33. Datis igitur quibuscunque numeris poterimus per tradita praecepta cognofcere, vtrum facile fit an difficile mutuam eorum rationem et ordinem percipere, et quo gradu. Plures etiam cafus poterimus inter fe comparare, et iudicare, vter facilius poffit percipi. Sed numeri hi rationem propofitam conftituentes debent effe rationales, integri, et minimi. Horum quidem primum facile intelligitur, cum in irrationalibus nullus huiusmodi infit ordo. Integri autem effe debent, quia inuentio minimi communis diuidui non ad fractos pertinet; per notas vero regulas, fi qui fuerint fracti, in integros mutari poffunt, manente omnium eadem mutua relatione. Praeterea in minimis numeris rationes iftae debent effe expreffae, ita vt nullus extet numerus praeter vnitatem, per quem omnes illi numeri diuidi poffint. Sin autem non fint minimi eos per maximum, quem habent, communem diuiforem ante diuidi oportet.

§. 34.

§. 34. Hoc igitur modo etiam rationum non multipli-
cium, quales initio confideravimus, fuauitatis gradus determinabuntur; ita ratio 2 : 3 quia minimus communis diuiduus eft 6, pertinet ad gradum quartum et aeque facile
percipitur ac ratio 1 : 6 vel 1 : 8. Haec vero perceptio re-   Figura 5.
fpondet infpectioni huius figurae punctatae, in qua quidem
ordo facile perfpicitur. At eiusdem modi figuris cogno-
fcetur, quam difficulter rationes ad vlteriores gradus pertinentes percipiantur; fit e. gr. ratio propofita 5 : 7 quae ad
gradum vndecimum refertur, ex cuius figura hoc modo
expreffa ordo iam fatis difficulter perfpicietur. Eodem modo fe res habet in fequentibus gradibus, vt, quo maiore numero gradus exprimatur, eo difficilius ordinem perfpici
poffe ex huiusmodi figuris appareat.

§. 35. Hic denique modus ordinis perceptionem aefti-
mandi multo patet latius, quam ad fonos grauitate acumineue differentes. Accommodari enim etiam poteft ad fonos variarum durationum, exponendis fortis per numeros
durationibus proportionales. Sed in hisce non tam pro-
uectos gradus adhibere licet, quam illo cafu, quo fonorum
grauitas et acumen fpectatur, quia in illis pulfus faepius re-
currunt, et propterea eorum relatio facilius cognofcitur.
Perceptio vero rationis plurium fonorum duratione diuerforum fimilis eft contemplationi linearum, quarum mutuam
relationem ex folo afpectu comprehendere oportet. Praeterea quoque in omnibus aliis rebus, in quibus decorum et
ordo ineffe debet, haec tractatio magnam habebit vtilitatem, fi quidem ea quae ordinem conftituunt, ad quantitates reduci numerisque exprimi poffint; ficut in Architectura, in qua decori gratia requiritur, vt omnes aedificii
partes ordine, qui percipi poffit, fint difpofitae.

CA-

CAPVT TERTIVM.
DE
MVSICA IN GENERE.

§. 1.

Minus fortaffe neceffarium putabitur muficae defini-tionem hic afferre, cum cuique notum fit quae disciplina hoc nomine defignetur. Attamen ma-gnam nobis vtilitatem ex definitione ad inftitutum noftrum accommodata effe prouenturam arbitror, cum ad operis diuifionem, tum ad ipfum cuiusque partis pertractandae modum. Ita igitur muficam definio, vt eam effe fcientiam dicam varios fonos ita coniun-gendi, vt auditui gratam exhibeant harmoniam. Et hanc ob rem iam in praecedentibus capitibus fufius expo-nendam effe iudicaui tum de fonis, tum de harmoniae prin-cipiis doctrinam, quo non folum ipfa definitio facilius pof-fit percipi, fed modus etiam perfpiciatur, quo eam tracta-ri maxime conueniat.

§. 2. Diuidi folet plerumque mufica in duas partes alteram theoreticam, alteram practicam. Illa praecepta tradere debere ftatuitur compofitionis muficae, et proprio nomine harmonicae appellatur. Practicae autem partis officium in hoc confiftere dicitur, vt doceat ipfo actu fo-nos praefcriptos vel voce vel inftrumentis edere: huicque foli muficae nomen vulgo imponitur, Ex quo intelligitur partem theoreticam effe praecipuam, cum altera fine hac nihil efficere poffit; neque tamen eam fine practica parte finem fuum, qui eft oblectatio, confequi poffe. Sed,

quia

quia haec practica pars nihil eſt aliud niſi ars inſtrumenta
muſica tractandi, hanc nos inter poſtulata ponentes non
attingemus.

§. 3. In ſuperioribus iam eſt oſtenſum duobus modis,
ſuauitatem ſonis conciliari poſſe, quorum alter ſonorum
grauitatem ſpectat et acumen, alter vero eorum durationem. Et qui muſicam hodiernam attentius contempletur,
re ipſa deprehendet omnem, quae in ea ineſt, ſuauitatem
tum a grauitatis acuminisque varietate, tum etiam a ſonorum duratione proficiſci. Negari quidem non poteſt, ſonorum diuerſa vehementia, qua mox fortiores mox debiliores efficiuntur, non parum ſuauitatis accedere: verum
quia huiusuis menſura neque praeſcribi ſolet, neque tam
exacte ab auditoribus poteſt diſcerni; ſed eius, qui canit,
arbitrio relinquitur; non poſſumus illam iis, de quibus diximus, acuminis grauitatisue, et durationum differentiis
annumerare. In genere autem hoc poteſt notari, eos ſonos, qui maiorem quandam habent emphaſin, maiore
quoque vi exprimi debere.

§.4. Deinde non minorem ſuauitatem afferre ſolet inſtrumentorum muſicorum diſcrimen, multumque refert,
cuiusmodi inſtrumentum ad praeſcriptam melodiam expri-
mendam adhibeatur. Alia enim chelydem requirit, alia fides,
alia fiſtulam tibiamue, alia ad cornua et buccinas magis eſt
accommodata. Non ſolum enim haec inſtrumenta ſonorum ſpecie differunt, ſed ſingula fere prae reliquis certam
quandam habent proprietatem, vt vel facilius vel elegantius
propoſitam ſonorum ſeriem poſſint exequi. Hanc ob rem
qui muſicos concentus et melodias componunt, diligenter

ad

ad naturam inſtrumentorum debent attendere, vt nequid
collocent, quod vel non commode vel non eleganter poſſit effici. Quocirca plerumque a Muſicis inſtrumentum de-
ſignari ſolet, quo ad praeſcriptam melodiam canendam vti
maxime conueniat.

§. 5. Duobus autem tantum principiis ſonorum, ſcilicet ratione grauis et acuti differentiis et eorum duratione
admiſſis, tribus tamen modis in ſonorum congerie ſuauitas
ineſſe poterit. Primo enim omnis ſuauitas a ſola acuminis
et grauitatis diuerſitate oriri poteſt, omnibus vel aequalis
durationis exiſtentibus, vel duratione prorſus neglecta, nul-
laque ad eam attentione facta. Secundo, etiamſi omnes
ſoni fuerint aequaliter graues vel acuti, tamen propter ordinem, quem tenent durationes eorum, ſuauitatem habere
poterunt. Tertio autem, qui eſt perfectiſſimus ſuauitatis
gradus, vtrisque his coniunctis ſonorum tenore et duratione obtinebitur. Hocque ipſo muſica excellere putanda
eſt, ſi tam durationis ſonorum, quam eorum magnitudinis ratione, quae acuminis et grauitatis differentia continetur, ſuauitas, quantum 'fieri poteſt, promoueatur.

§. 6. Ad poſtremam hanc tertiamque ſpeciem vniuer-
ſa fere hodierna muſica referenda eſt. In ea enim non ſolum ſonorum tenor ad ſuauitatem efficiendam adhibetur,
ſed duratione etiam ad eam plurimum augendam vti ſolent
muſici; ex quo tactus ſiue plauſus originem ſuam habet.
Interim tamen etiam nunc exempla priorum duarum ſpecierum cernere licet. Nam qui muſicam choralem hym-
nosque eccleſiaſticos intuetur, omnem, quam habent ſuauitatem, a ſolo ſonorum tenore et conſonantiarum idonea

ſuc-

fucceffione proficifci deprehendet. Tympana vero fecundae fpeciei praebent exemplum, cum enim in iis omnes
foni grauitate et acumine nihil propemodum differant,
omnis fuauitas potiffimum a pulfuum celeritate pendet,
atque ideo fola durationis varietate nititur.

§. 7. In omnibus autem his fpeciebus, qui melodiam
vel concentum muficum componere ftatuit, praeter regulas fuauitatis generales praecipue etiam ad id refpicere debet, vtrum ad laetitiam an ad triftitiam flectere auditores
cupiat. In praecedente enim capite iam monftratum eft,
quibus rebus vtrumque efficiatur. Id quod praecipue in
componendis melodiis ad propofitos hymnos obferuari
oportet: occurrentibus enim verbis vel periodis triftibus,
melodiam etiam fic inftituere folent, vt ordo difficilius
perfpici poffit. Hanc ob rem vel minus fimplices confonantias vel earum fucceffiones, quae difficilius percipiantur
vfurpant, vel fonorum durationes ita conftituunt, vt rationum earum perceptio fiat difficilior. Contrarium faciunt,
quando ipfe textus ad laetitiam inclinat.

§. 8. Omnino autem muficum opus fimile effe oportet orationi fiue carmini. Quemadmodum enim in his
non fufficit elegantia verba et phrafes coniungere, fed praeterea ineffe debet ipfarum rerum ordinata difpofitio et ar-
gumentorum idonea accommodatio; ita etiam in mufica
fimile apparere debet inftitutum. Neque enim multum
delectat complures confonantias in feriem coniecifle, etiamfi fingulae fatis habeant fuauitatis, fed in his ipfis ordinem
elucere oportet, prorfus ac fi quaedam oratio iis effet exprimenda. In hocque potiffimum ad facilitatis vel difficul-

tatis

tatis gradum, quo ordo percipitur, respicere iuuat; atque prout institutum requirit, laetitia et tristitia vel permutari, vel modo haec, modo illa intendi ac remitti debebit.

§. 9. Videamus igitur, quomodo quamlibet harum musicae specierum tractari maxime conueniat. Harum quidem prima, quia, vt iam est dictum, durationum vllus ordo siue non adest siue non consideratur, tota in successione varii tenoris sonorum consistit. In hac autem plerumque plures soni simul sonant, ex quo, qui oritur sonitus, consonantia appellatur. Nolo vero hic consonantiae vocem in vulgari sensu accipi, quo dissonantiae opponitur, sed hoc vocabulo designari volo sonitum plurium sonorum simul sonantium. Atque hac significatione simplex sonus vt infimus et simplicissimus consonantiarum gradus potest considerari, sicut inter numeros vnitas collocari solet. Prima igitur musicae species serie plurium consonantiarum sese insequentium constat, quae suauem harmoniam constituant.

§. 10. De consonantiis ergo ante omnia erit differendum, atque primum indagari debebit, quales soni ad consonantiam suauem constituendam requirantur, tumque ad quem suauitatis gradum quaeque pertineant. Hinc prouenient innumerae consonantiarum species, quae deinceps in sequentibus, prout instituti ratio postulabit, in vsum deduci poterunt. His igitur expositis inquiri debebit, quomodo duae consonantiae debeant esse comparatae, vt sese insequentes suauem efficiant successionem. Denique peruenietur ad plurium consonantiarum examen, in quo, cuiusmodi singulae esse debeant, vt suauitate auditus sensum afficiant,

inue-

inuestigabitur. Quibus absolutis de qualibet consonantiarum serie proposita iudicare licebit, quantum contineat suauitatis: dum singulae consonantiae, primo seorsim, et deinde singulae successiones omniumque communes nexus con-
siderabuntur.

§. 11. Exinde in conspectum prodibunt innumerabiles huiusmodi consonantiarum series componendi modi,
quorum qui apud musicos sunt in vsu, non sunt nisi casus
maxime speciales. Horum autem cum singuli certos sonos requirant, dispiciendum erit, quibus sonis in quoque
componendi modo sit opus, vt appareat ad quosnam sonos
edendos musica instrumenta debeant instrui. Sequetur haec
plenior tractatio de modis musicis, eorum commutatione,
aliisque rebus, quibus musica compositio magis determinatur, et intra cancellos continetur. Denique iterum simplicia membra nempe consonantiae ad examen reuocabun-
tur et diligentius inquiretur, cuiusmodi species quauis occa-
sione adhiberi oporteat, et quomodo eas inter se permutari, aliasque vicarias earum loco substitui conueniat. Compositio haec, quae hisce tantum praeceptis continetur,
atque durationem sonorum negligit, simplex vocari solet suo
soluta, quia similis quodammodo est sermoni soluto
omnique metro carenti.

§. 12. Postmodum exponenda erit altera musicae species, quae sonorum ratione grauis et acuti discrimen non
curans, tota est occupata in suauitate per eorum durationes
producenda. Haec autem, vt in secundo capite est de-
monstratum, obtinebitur, si ratio et ordo, quem singulorum sonorum durationes inter se habent, percipi poterit,

Tr. de Muf. G Quili-

Quilibet igitur fonus menfuratum et determinatum habere debebit durationis fuae tempus, omniumque tempora ita oportebit effe comparata, vt ratio eorum perceptibilis reddatur.   A fimplicioribus ergo vt incipiatur, primo quantae durationis duo effe debeant foni, vt rationem eorum auditores perfpicere queant, inquirendum eft; in quo iterum notaffe plurimum iuuabit, quo facilitatis gradu huiusmodi rationes intelligi poffint.   Quo facto fimili modo plures foni confiderabuntur.

§. 13. Quemadmodum autem diuifio temporis in partes aequales non folum vbique adhibetur, fed homini fere naturalis effe videtur: ita in mufica etiam omnes foni ad aequalia tempora referri folent, etiamfi ipfi prorfus inaequales habeant durationes. Hanc ob rem tempore in aequales partes diuifo, in fingulas fonos ita diftribuunt, vt eorum durationum fumma huiusmodi temporis portioni fit aequalis.   Alias igitur plures foni, alias pauciores in eodem tempore eduntur, prout breuioris vel longioris fuerint durationis.   Atque huiusmodi temporis portio, quia ictu manus plerumque defignari folet, tactus fiue planfus appellatur.   Sonorum igitur feries in hac muficae fpecie in tales planfus diftribuitur, qui fimili modo a fe inuicem diftinguuntur, quo pedes atque verfus in oratione ligata.

§. 13. Planfus deinde duplici modo diftinguitur vel ratione durationis vel fubdiuifionis. Priori modo alius euadit tardus, alius celer, prout eius tempus longius durat vel breuius.   Varietas, quae ex altero modo oritur, perquam eft multiplex, cum multis modis planfus poffit fubdiuidi.   Alius enim erit naturae, fi in duas partes diftinguitur

guitur, et in hoc ipfo erit diuerfitas, prout hae partes fûerint aequales vel inaequales, alius fi in tres, alius fi in quatuor partes diuiditur. Porro ipfae hae partes faepe vlterius fubdiuiduntur, et aliter in aliis plaufibus, donec ad fingulos fonos perueniatur. Ex quo maxima oritur in hac faltem muficae fpecie diuerfitas, vt nulla prorfus enumeratio varietatum inftitui poffit.

§. 15. Saepe deinde plaufus etiam folent commutari, vel durationis vel fubdiuifionis ratione, ita vt modo poft celerem, tardus, modo poft tardum celer collocetur. Ratione vero fubdiuifionis plaufus bipartiti, tripartiti et reliqui multis modis commutari et inter fe commifceri poffunt. Varietas autem haec vehementer multiplicatur eo, quod plures dentur fpecies eiusdem plaufus eodem modo diuifi, cum iftae fectiones porro varie diftinguantur. Praeterea vtroque modo fimul numerus commutationum in immenfum augebitur, fi nimirum plaufus non folum ratione diuifionis, fed etiam durationis permutantur. De quibus omnibus, quas regulas obferuari oporteat, ex fecundo capite eft deriuandum.

§. 16. Plaufus autem eorumque partes, vt iam diximus, ab auditoribus eodem modo animaduertuntur, quo carminis verfus, pedes, atque fingulae fyllabae. Et quemadmodum in his vix vlla recitantis fenfibilis ceffatio aduerti poteft, etiamfi reuera aliquod interftitium adfit; ita etiam plaufus eorumque partes a fe inuicem diftinguuntur, vt perquam exigua et fere imperceptibilis mora finito tactu eiusue aliqua parte interponatur. Multum tamen etiam ad hanc diftinctionem facit fonorum diuerfa vis; primarii

enim

enim feu ii, qui tactum eiusque partes inchoant fortiores aliquanto efficiuntur. Quamobrem intelligitur primos fonos in quoque tactu et partibus eius fimul effe debere principales, reliquos vero vt minorem habent vim, ita etiam minus effe principales.

§. 17. Sicuti igitur tactus partes cum fyllabis fingulis orationis ligatae, et ipfi tactus cum pedibus feu verfibus comparari poffunt: ita aliquot tactus integram conftituunt periodum, harumque plures integram orationis partem. Similes hanc ob rem regulas in mufica et oratoria obferuari oportet, ita vt tactus quilibet melodiae quandam diftinctionem repraefentet; et aliquot eorum, qui periodo oratoriae feu verfui refpondeant, quafi integrum quendam melodiae fenfum comprehendere debeant. Certis igitur concludendae funt claufulis, quae finem commode conftituant. Et hae ipfae diuerfae effe debebunt, prout vel periodi tantum partem, vel integram periodum, vel totam etiam orationem finient.

§. 18. Poftremus vero fonus cuiusque periodi debet effe principalis, et hanc ob rem primus effe debet vel in tactu vel in parte tactus. Quapropter fit vt neque periodus mufica, neque oratio in ipfa plaufus fine poffit terminari, fed initium vel tactus vel eius partis cuiuspiam tenere debeat finis huiusmodi. Progreffio vero et praeparatio ad finem in ipfum vel tactus vel partis eius finem incidet, vt fequens fonus principalis periodum concludat. Soni enim minus principales aliam ob caufam non adhibentur, nifi vt ipfos principales coniungant,

iungant: quamobrem ii inter principales pofiti effe debent, et cantum neque incipere neque finire poffunt.
Horum autem omnium plenior expofitio in pertracta-
tone tertiae muficae fpeciei exhiberi debet.

§ 19. Tertia denique exponenda erit muficae fpecies, in qua vtraque priorum coniungitur. Plurimum
igitur ifta habebit fuauitatis, cum non folum foni ratione
grauis et acuti, vt in prima fpecie, fed etiam ratione
durationis vt in fecunda, ordinem perceptibilem contineant. Et propterea quo maior in vtroque ineft ordo,
eo quoque haec mufica magis placeat, neceffe eft. Perfpicuum autem eft hac tertia fpecie multo effe difficilius quidquam elaborare, quod fit perfectum, quam in
duabus prioribus; idcirco quod haec vtramque perfectionem coniunctim debeat complecti. Quamobrem ipfa
rei natura poftulat, vt ante in duabus prioribus fpeciebus opera et ftudium collocetur, quam tertia pertractetur: nifi enim in vtraque fpecie feorfim fuauitas obti-
neri poteft, neque in ea, quae ex hisce eft coniuncta,
quicquam fuaue efficietur. Intellectis autem duabus prioribus fpeciebus difficile non erit iis coniungendis tertiam
percipere.

§ 20. In hac autem tertia fpecie maxima verfatur multiplicitas compofitionis; non folum enim tot eius
funt varietates, quot in vtraque praecedentium coniunctim,
fed binis quibusque combinandis infinitus propemodum exiftit varietatum numerus. Scilicet fi numerus diuerforum
compofitionis moderum in prima fpecie fit *m*, numerusque
tactuum variorum et menfurae formarum in fecunda fpecie *n*,

....I G 3 erit

numerus varietatum tertiae speciei *mn*. Atque si *m* et *n* sint numeri, vt ostendimus, sere infiniti, erit numerus *mn* stupendae magnitudinis. Ex quo apparet, variationes omnes musicae hodiernae, quae potissimum in hac tertia specie est occupata, omnino non posse enumerari. Fieri igitur non potest, vt ista scientia vnquam exhauriatur: sed quamdiu mundus durabit, locus semper erit plenissimus nouarum inuentionum; ex quo perpetuo noua melodiarum et concentuum genera emanabunt.

§. 21. In pertractatione tertiae musicae speciei sequi conueniet diuisionem in specie secunda factam, atque ad quodlicet tactuum siue plausuum genus accommodanda erit componendi ratio primae speciei. Ante omnia autem generalia tradenda sunt praecepta ad duas priores musicae species coniungendas, in quibus exponi oportet, cuiusmodi consonantiis in quauis tactus parte vti maxime conueniat. Cum enim aliae tactus partes sint magis principales, aliae minus, in ipsis quoque consonantiis, quae adhibentur, huiusmodi discrimen appareat necesse est. Deinde cum plures tactus similes sint periodo aliique orationis parti, ostendendum est etiam, cuiusmodi consonantiis quaeuis distinctio commodissime exprimatur. De clausulis igitur hoc loco agendum erit, earumque differentia, quae ex distinctionis ratione oritur.

§. 22. Enumeratis deinceps variis tactuum generibus ex secunda specie musicae, indicandum erit, quomodo in quouis genere periodum musicam constitui, atque ex his integram quasi orationem componi oporteat.

teat. Ampliffima haec erit tractatio ob innumera fere tactuum genera, innumerosque componendi modos. Praeter haec vero accedet ingens diuerfitas ftyli; fimili enim modo, quo in rhetorica, de ftylo in mufica eft agendum, qui nihil aliud eft nifi certa quaedam ratio periodos formandi, easque coniungendi. Huc tandem quoque pertinent figurae muficae, fimiles etiam figurarum in oratoria, quibus hae muficae orationes maxime exornantur, et ad fummum perfectionis gradum euehuntur.

§. 23. Ex confonantiis, quae hoc modo concentum muficum componunt, oriuntur variae, vti vocantur, voces. Nam fi foni vel voce vel tali inftrumento, quod plures fonos fimul formare non poteft, eduntur, ad quamuis confonantiam pluribus opus eft vel vocibus, vel huiusmodi inftrumentis. Ex hisque oritur noua tractatio, quomodo plures voces conftituendae fint, vt fimul fonantes aptam et gratam confonantiarum feriem exhibeant. Primum igitur vna vox debet confiderari, tum duae, porro tres, quatuor pluresque. Hacque ratione omnia praecepta, quae erunt eruta, maxime accommodabuntur ad receptum componendi modum: omnia enim fere opera mufica conftant certo vocum aliquot numero, quarum fingulae quandam melodiam conftituunt, non quidem completam, fed tamen vt omnes fimul concinentes fuauem harmoniam efficiant.

§. 24. Tribus itaque completa de mufica tractatio abfoluetur partibus, quibus totidem muficae fpecies funt exponendae. Harumque quaelibet, quomodo ad harmoniae praecepta capite fecundo ftabilita reducenda fit,

intel-

intelligitur. Cum igitur omnia ex certis deriuanda sint
principiis, quorum veritas sufficienter est euicta, metho-
dus, qua vtemur, plane est philosophica, seu demon-
stratiua. Neque vero quisquam, quantum scio, huiusmodi methodum in musica tradenda adhibuit. Omnes
enim, qui de Musica scripserunt, vel theoriam nimis ne-
glexerunt, vel praxin. Illi scilicet praecepta componendi collegerunt, sine demonstrationibus; hi vero toti erunt
occupati in consonantiis et dissonantiis explicandis; atque
ex his modum instrumentorum musicorum attemperando-
rum inuestigauerunt, principiis autem vsi sunt vel insuffi-
cientibus vel precariis, ita vt ipsis vlterius progredi non li-
cuerit.

CAPVT QVARTVM
DE
CONSONANTIIS.

§. 1.

PLures soni simplices simul sonantes constituunt sonum
compositum, quem hic consonantiam appellabimus.
Ab aliis quidem consonantiae vox strictiore sensu accipitur, vt tantum denotet sonum compositum auditui gratum multumque suauitatis in se habentem: hancque consonantiam distinguunt a dissonantia, quae ipsis est sonus compositus parum vel nihil suauitatis complectens. At quia
partim difficile est consonantiarum et dissonantiarum limites definire, partim vero haec distinctio cum nostro tractandi

ctandi modo minus congruit, quo secundum suauitatis gradus Cap. II. expositos sonos compositos sumus iudicaturi, omnibus sonitibus, qui ex pluribus sonis simplicibus simul sonantibus constant, consonantiae nomen tribuemus.

§. 2. Quo igitur huiusmodi consonantia placeat, oportet, vt ratio, quàm soni simplices eam constituentes inter se tenent, percipiatur. Quia autem hic duratio sonorum non spectatur, sola varietatis, quae in sonorum grauitate et acumine inest, perceptio istam suauitatem continebit. Quamobrem, cum grauitas et acumen sonorum ex pulsuum eodem tempore editorum numero sint mensuranda, perspicuum est, qui horum numerorum mutuam relationem comprehendat, eundem suauitatem consonantiae sentire debere.

§. 3. Supra autem iam constituimus ipsos sonos per pulsuum, quos dato tempore conficiunt, numeros exprimere, ex hocque sonorum quantitatem seu tenorem, qui grauitatis et acuminis ratione continetur, metiri. Quo itaque proposita consonantia placeat, necesse est vt ratio, quàm sonorum simplicium quantitates, seu ipsi soni (sonos enim tanquam quantitates consideramus) inter se tenent, percipiatur. Hoc igitur modo consonantiarum perceptionem ad numerorum contemplationem reuocamus, qua de re in secundo capite praecepta sunt tradita, ex quibus intelligi potest, quomodo de cuiusuis consonantiae suauitate sit iudicandum.

§. 4. Facile igitur erit consonantiae cuiusuis perceptionem ad certum suauitatis gradum reducere, ex quo apparebit, vtrum facile an difficile et insuper quo gradu pro-

Tr. de Mus.   H   po-

posita consonantia mente comprehendatur. Praeterea vero etiam plures consonantiae inter se poterunt comparari,
de iisque iudicare licebit, quae sit perceptu facilior quaeue
difficilior, simulque definiri poterit, quanto alia facilius
quam alia possit comprehendi. Data ergo consonantia numerus debet inueniri, qui est minimus communis diuiduus
numerorum simplices sonos exponentium, isque inuestigari adquemnam gradum pertineat. Ex hoc enim manifestum
erit, quantum ad consonantiam percipiendam requiratur.

§. 5. Cum igitur opus sit minimo communi diuiduo
sonorum simplicium, oportebit semper hos sonos numeris
integris exponere, iisque minimis, qui eandem inter se
tenent rationem: cuius rei hoc habetur indicium, si isti
numeri integri nullum habeant communem diuisorem
praeter vnitatem. Hac ergo quasi prima operatione abso-
luta deinceps inueniendus est minimus communis diuiduus
secundum praecepta capite secundo tradita. Denique per
eadem praecepta innotescet ad quem minimus hic communis diuiduus gradum suauitatis pertineat, atque ad eundem
ipsius consonantiae perceptio pertinere est censenda. Quoties quidem iste minimus communis diuiduus non gradum
sedecimum excedit, hac postrema operatione non est opus,
quia tabula supra data hos omnes gradus continet.

§.6. Vocabimus autem in posterum minimum hunc communem diuiduum sonorum simplicium, consonantiam com-
ponentium exponentem consonantiae, hoc enim cognito simul ipsius consonantiae natura perspicitur. Quomodo autem
ex dato hoc exponente gradus suauitatis inueniri debeat §. 27.
Cap. II. docetur hoc modo: Exponens hic resoluatur in
facto-

factores fuos fimplices omnes, horumque fumma fumatur,
quae fit *s*. Factorum vero horum numerus ponatur $= n$,
erit fuauitatis gradus ad quem propofita confonantia refertur
$s — n + 1$; quo itaque minor reperitur hic numerus, eo erit
confonantia fuauior feu perceptu facilior.

§. 7. Non incongrue etiam confonantiae diuiduntur
fecundum fonorum fimplicium, ex quibus funt compofitae,
numerum; atque hinc aliae erunt bifonae, aliae trifonae,
aliaeque multifonae, prout duobus vel tribus vel pluribus
conftant fonis. In bifonis igitur fint duo foni, ex quibus
conftant, *a* et *b*, feu ifti numeri rationem faltem teneant
ipforum fonorum. Debebunt ergo *a* et *b* effe numeri integri et primi inter fe. Atque hanc ob rem minimus eorum diuiduus erit *ab*, ideoque hic ipfe numerus *ab* erit
exponens confonantiae propofitae, ex quo fuauitatis gradus, ad quem pertinet, innotefcit. Recenfeamus autem
huiusmodi confonantias fecundum fuauitatis gradus, vt ex
ipfo ordine appareat, quam quaeque facilis vel difficilis fit
perceptu.

§. 8. Ad huiusmodi vero enumerationem perficien-
dam hoc tantum opus eft, vt finguli numeri ex tabula capiti II. adiecta iuxta ordinem excerpantur, eorumque quilibet in duos factores inter fe primos refoluatur, id quod
faepe pluribus modis fieri poterit. Hoc facto dabunt huiusmodi bini factores fonos confonantiae bifonae, cuius exponens erit ille ipfe numerus, ex quo bi factores erant deriuati. Exempli gratia in quinto gradu habetur 12, qui
duplici modo in factores inter fe primos refolui poteft 1,
12 et 3, 4. Huiusmodi foni igitur conftituent confonantias ad gradum V pertinentes, quarum exponens eft 12.

§. *9.* Ad primum igitur gradum, in quo habetur vnitas, nulla refertur confonantia neque bifona neque plurium fonorum. Cum enim foni confonantiam conftituentes debeant effe diuerfi, vnitas eorum nunquam effe poterit minimus communis diuiduus fiue exponens. Hanc ob rem fimpliciffima confonantia pertinebit ad gradum fecundum, eamque conftituent foni rationem 1 : 2 tenentes, cuius ergo exponens eft 2, qui numerus folus in gradu fecundo reperitur. Confonantia haec a muficis diapafon fiue octaua appellatur, ab iisque pro fimpliciffima et perfectiffima habetur; facillime enim auditu percipitur, ab aliisque dignofcitur.

§. *10.* Ad tertium gradum retulimus duos numeros 3 et 4, quorum vterque in duos factores inter fe primos feu praeter vnitatem nullum alium communem habentes diuiforem refoluitur, ille fcilicet in 1 et 3, ifte vero in 1 et 4. Duae igitur prodeunt confonantiae bifonae ad tertium gradum pertinentes, quarum altera conftat ex fonis rationem 1 : 3 habentibus, altera vero ex fonis 1 : 4. Illa vocari folet diapafon cum diapente, haec vero disdiapafon, neque de his dubium effe poteft, quin fequentibus facilius percipiantur.

§. *11.* Hoc modo fequentem confeci tabulam confonantiarum bifonarum, in qua eae funt fecundum fuauitatis gradus fupra expofitos difpofitae, ad decimum vsque gradum.

Gr. II.

Gr. II.	2:5.	Gr. IIX.	3:7.	3:64.	1:160.
1:2.	1:18.	1:14.	1:25.	1:256.	5:32.
Gr. III	2:9.	2:7.	1:28.	Gr. X.	1:162.
1:3.	1:24.	1:30.	4:7.	1:42.	2:81.
1:4.	3:8.	2:15.	1:45.	3:14.	1:216.
Gr. IV	1:32.	3:10.	5:9.	6:7.	8:27.
1:6.	Gr. VII.	5:6.	1:60.	1:50.	1:288.
2:3.	1:7.	1:40.	3:20.	2:25.	9:32.
1:8.	1:15.	5:8.	4:15.	1:56.	1:384.
Gr. V	3:5.	1:54.	5:12.	7:8.	3:128.
1:5.	1:20.	2:27.	1:80.	1:90.	1:512.
1:9.	4:5.	1:72.	5:16.	2:45.	
1:12.	1:27.	8:9.	1:81.	5:18.	
3:4.	1:36.	1:96.	1:108.	9:10.	
1:16.	4:9.	3:32.	4:27.	1:120.	
Gr. VI	1:48.	1:128.	1:144.	3:40.	
1:10.	3:16.	Gr. IX.	9:16.	5:24.	
	1:64.	1:21.	1:192.	8:15.	

§. 12. Ex Cap. I. §. 11. intelligitur, quomodo duae chordae debeant intendi, vt fonos datam tenentes rationem edant; hoc ergo modo facile erit iftas confonantias chordis exprimere, atque re ipfa experiri, quae fit perceptu facilior, quaeue difficilior: reperietur autem experientia egregie cum hac theoria confpirare. Huiusmodi vero experimentis auditum muficae ftudiofi exerceri non folum perutile iudico, fed etiam maxime neceffarium; hac enim ratione fibi diftinctas comparabit ideas harum fimpliciorum confonantiarum, magisque idoneus euadit ad muficam ipfa praxi tractandam.

§. 13. Neque vero neceffe eft, vt, qui muficae operam dat, omnium enumeratarum confonantiarum diftinctas habeat ideas, fed fufficit primarias tantum cui-

H 3

mo probe imprimere, quae funt 1:2, 1:3 vel 2:3,
1:5 vel 2:5 vel 4:5. Has enim, qui nouerit non
folum ab aliis diftinguere, fed etiam ipfe vel voce formare vel chordis auditus ope producere; is quoque omnes
reliquas confonantias, quarum exponentes alios non habent diuifores nifi 2, 3 et 5, folo auditu poterit efficere.
Atque hoc fufficiet ad muficam hodiernam, et ad inftrumenta mufica attemperanda. In fequentibus vero pluribus haec fum expofiturus.

§. 14. Iam monui, me hic fub confonantiae nomine tam confonantias, quam diffonantias vulgo fic dictas
complecti. Ex tabula autem appofita et methodo noftra
limites quodammodo definiri poffe videntur. Diffonantiae
enim ad altiores pertinent gradus, et pro confonantiis habentur, quae ad inferiores gradus pertinent. Ita tonus, qui
conftat fonis rationem 8:9 habentibus, et ad octauum gradum eft relatus, diffonantiis annumeratur, ditonus vero feu
tertia maior ratione 4:5 contentus, qui ad feptimum gradum pertinet, confonantiis. Neque tamen ex his octauus
gradus initium poteft conftitui diffonantiarum; nam in eodem continentur rationes 5:6, et 5:8, quae diffonantiis
non accenfentur.

§. 15. Hanc rem autem attentius perpendenti conftabit diffonantiarum et confonantiarum rationem non in
fola perceptionis facilitate effe quaerendam, fed etiam
ad totam componendi rationem fpectari debere. Quae
enim confonantiae in concentibus minus commode adhiberi poffunt, eae diffonantiarum nomine funt appel-
latae, etiamfi forte facilius percipiantur, quam aliae, quae
ad confonantias referuntur. Atque haec eft ratio, cur

tonus

tonus 8 : 9 diffonantiis annumeretur, et aliae multo magis compofitae confonantiae pro confonantiis habeantur. Simili modo ex hoc explicandum eft, cur quarta feu diateffaron fonis rationem 3 : 4 habentibus conftans a muficis ad diffonantias potius quam ad confonantias refertur, cum tamen nullum fit dubium, quin ea admodum facile percipi queat.

§. 16. Apud veteres quidem muficos haec quarta tanquam valde fuauis confonantia erat confiderata, vt ex eorum fcriptis liquet. At aliis prorfus vfi funt methodis diffonantias a confonantiis difcernendi, quae in ipfa rei natura minus erant fundatae et ex precariis principiis deductae. Pythagoraei enim ad confonantias efficiendas alios fonos non iudicabant idoneos, nifi qui conftarent ex duobus fonis rationem vel multiplicem vel fuperparticularem vel multiplicem fuperparticularem tenentes; diffonantiam vero prodire putarunt, quoties horum duorum fonorum ratio fuerit vel fuperpartiens vel multiplex fuperpartiens.

§. 17. Hanc Pythagoraeorum fententiam refellit Ptolemaeus in Libris Harmonicorum experientiam teftem allegans diapafon diateffaton ratione 3 : 8 contentum effe confonantiam, quamuis haec ratio fit dupla fuperbipartiens tertias. Deinde notat hac regula ne ipfos quidem Pythagoraeos tuto vti effe aufos, dum praeter rationes duplam, triplam, quadruplam, fesquialteram et fesquitertiam alias ad confonantias efficiendas non adhibuiffent, cum tamen praeterea innumerabiles alias eodem iure fuam regulam fequentes adhibere potuiffent. In hac

ve-

vero Ptolemaei refutatione nihil reprehendendum reperio; non enim ad rationum genera, sed ad simplicitatem et percipiendi facilitatem respici oportet.

§. 18. Neque tamen ipsius Ptolemaei principium, quo in hac re vtitur, magis est firmum; consonantias enim post diapason et disdiapason duas tantum admittit, quae rationibus superparticularibus proxime aequalibus et coniunctis rationem duplam producentibus contineantur. Huiusmodi autem sunt rationes 2:3 et 3:4, quae coniunctae dant rationem 1:2. Ex priore oritur consonantia diapente dicta, ex posteriore vero diatessaron, Deinde aliud insuper ponit principium hoc: consonantiam quamcunque octaua auctam manere consonantiam nihilque de sua suauitate amittere, hocque modo in consonantiarum numerum recipit has rationes, 1:2; 1:4; 2:3; 1:3; 3:4, et 3:8.

§. 19. Nihilo tamen minus Ptolemaeus rationibus superparticularibus magnam tribuit praerogatiuam prae superpartientibus; neque enim sonos alias tenentes rationes superparticulares praeter 2:3 et 3:4 dissonos appellat, sed medio quodam inter consonos et dissonos nomine, scilicet concinnos. Reliquas vero rationes superpartientes praeter 3:8 dissonantias producere fortiter statuit. Non autem necesse esse iudico hanc consonantiarum suauitatem metiendi rationem vtpote prorsus precariam, nullisque principiis firmis superstructam refellere: cum veritas nostrorum principiorum abunde iam sit ob oculos posita, et ex ipsa rei natura deriuata. Restaret quidem vt alterius sectae veterum musicorum, cuius auctor

&tor Ariftoxenus fuit, hac de re fententiam exponerem, verum vti hi numerorum rationes prorfus reiecerunt, ita confonantiarum et diffonantiarum iudicium fenfibus folis reliquerunt, in quo non multum a Pythagoreis diffenferunt.

§. 20. Trifonarum et multifonarum confonantiarum fecundum fuauitatis gradus enumeratio fimili modo perficietur, quo bifonarum, ita vt fuperfluum effet tam abunde de iis explicare. Id tantum animaduerti conuenit fimpliciffimam confonantiam trifonam ad gradum fuauitatis tertium pertinere fonisque 1 : 2 : 4 conftare, cuius exponens eft 4. Ex quo intelligitur, ex quo pluribus fonis confonantia fit compofita, eam ad eo altiorem quoque fuauitatis gradum pertinere, etiamfi fit in fuo genere fimpliciffima.

§. 21. Eo autem magis hanc confonantiarum diuifionem vlterius non perfequor, cum aliam multo aptiorem et vtiliorem diuifionem fim allaturus, quae fit in completas et incompletas confonantias. Voco autem confonantiam completam, ad quam nullus fonus fuperaddi poteft, quin fimul ipfa confonantia ad altiorem gradum fit referenda; feu eius exponens fiat magis compofitus; huiusmodi eft confonantia fonis 1 : 2 : 3 : 6 conftans, cuius exponens eft 6. Superaddito enim quocunque nouo fono exponens fiet maior. Confonantia contra incompleta mihi eft, ad quam vnum vel plures fonos adiicere licet, citra exponentis multiplicationem: vt huius confonantiae 1:2:3 exponens non fit maior, etiamfi fonus 6 addatur, quamobrem eam incompletam voco.

Tr. de Muf.   I   §.22.

§. 22. Ex praecedentibus autem intelligitur quemlibet numerum fonum fimplicem denotantem effe diuiforem exponentis confonantiae. Quare fi exponentis omnes diuifores accipiantur, iisque totidem foni fimplices exprimantur, habebitur confonantia completa illius exponentis; praeter hos enim numeros alius non erit, qui hunc exponentem diuidat. Ita confonantia conftans fonis $1:2:3:4:6:12$ erit completa, quia hi foli numeri funt diuifores exponentis huius confonantiae, qui eft 12, neque vllus alius praeter hos numerum 12 diuidit.

§. 23. Quoties igitur exponens confonantiae eft numerus primus, completa confonantia erit bifona, vt $1:a$, fi a denotet numerum primum. Si exponens fuerit a^m, conftabit completa confonantia ex $m+1$ fonis, nempe $1:a:a^2:a^3----a^m$. Si exponens habeat hanc formam ab, factum ex duobus numeris primis, erit confonantia quadrifona, $1:a:b:ab$, et exiftente exponente $a^m b^n$ habebit completa confonantia $mn+m+n+1$ fonos. Atque generalius fi exponens fuerit $a^m b^n c^p$ continebit confonantia completa $(m+1)(n+1)(p+1)$ fonos, ac fecundum regulam §. 6. datam pertinebit ad gradum $ma +nb+pc-m-n-p+1$: eft enim fumma omnium factorum fimplicium exponentis $ma+nb+pc$ et numerus factorum eft $m+n+p$.

§. 24. Expofito modo confonantias completas formandi perfpicuum eft, fi vnus pluresue foni ex iis omittantur, confonantiam tum fieri incompletam. In quo eft notandum huiusmodi fonos reiici oportere, vt reliquorum exponens non fiat fimplicior: vt fi ex hac confonan-

tia

tia $1:2:4$, cuius exponens eft 4, fonus 1 vel 4 reiice-
retur, confonantia prodiret $1:2$ vel $2:4$ congruens cum
illa, cuius exponens non amplius foret 4, fed tantum 2.
Verum medium fonum 2 reiicere licebit; confonantiae
enim $1:4$ exponens etiam nunc eft 4, quemadmodum
completae $1:2:4$.

§. 25. Si exponens eft numerus primus, patet confonantiam non poffe effe non completam, eo quod
duobus tantum conftet fonis. At reliquae confonantiae omnes fieri poffunt incompletae, idque bifonae
omittendis omnibus fonis praeter grauiffimum et acutiffimum: quia enim hic ipfo exponente, ille vero vnitate exprimitur, exponens huius confonantiae bifonae non
erit fimplicior quam completae: vt ex confonantia $1:2:$
$3:6$ reiectis fonis 2 et 3 confonantiae $1:6$ exponens eft 6
pariter ac illius. Deinde in confonantiis, quarum exponens eft huius formae a^m, neque fonus grauiffimus 1 neque
acutiffimus a^m poffunt reiici; in reliquis vero confonantiis
omnibus tam infimus quam fupremus imo et vterque poteft praetermitti.

§. 26. Si qua confonantia ita eft comparata, vt in
ea nullus fonus omitti poffit, quin fimul ipfa confonantia
fimplicior euadat, et ad gradum inferiorem quam ante
pertineat, eam hic puram appellabimus. Huiusmodi funt
omnes confonantiae bifonae, quia praetermiffo altero fono ceffant effe confonantiae. Simili modo purae funt
confonantiae $3:4:5$; $4:5:6$ nec non $1:6:9$; $2:3:12$,
in quibus nullus fonus poteft omitti, quin fimul fiant fimpliciores. Harum itaque confonantiarum vfus in hoc con-
fiftit, quod fonorum numerus, quantum fieri poteft, di-
minuatur, ita tamen vt exponens non fiat minor.

§. 27. Duplici autem modo confonantia quaecunque vno pluribusue fonis reiiciendis fieri poteft fimplicior; quorum prior eft, quando refiduorum fonorum feu numerorum vices eorum tenentium minimus communis diuiduus minor euadit, quam omnium, vt in confonantia 2:3:5:6, reiecto fono 5, reliquorum 2:3:6 minimus communis diuidius eft 6, qui ante erat 30. Altero modo confonantia fiet fimplicior, quando refidui foni communem habent diuiforem; tum enim per hunc ante debent diuidi, quam minimus communis diuiduus feu exponens definiatur, vt in hac confonantia 2:3:4:6, reiecto fono 3, reliqui per 2 diuifi conftituunt confonantiam 1:2:3 cuius exponens eft 6, ante vero erat 12.

§. 28. Vtroque etiam modo coniunctim confonantia reiiciendis vno pluribusue fonis fieri poteft fimplicior; quando fcilicet fonorum refiduorum numeri et fimpliciorem habent minimum communem diuiduum et infuper communem diuiforem: quemadmodum fit in hac confonantia 3:6:8:9:12, cuius exponens eft 72, fi reiiciatur fonus 8; reliquorum enim 3:6:9:12 minimus communis diuiduus eft 36; at quia finguli hi numeri per 3 poffunt diuidi, confonantia refultans ex fonis 1:2:3:4 conftare cenfenda eft, cuius igitur exponens erit 12. Tanto itaque fimplicior euadit propofita confonantia vnico fono 8 reiecto.

§. 29. Quo autem diftinctius intelligatur, quomodo quaeuis confonantia propofita effici poffit fimplicior, confideremus confonantiam completam, cuius exponens eft $2^m P$, vbi P eft quantitas quoscunque numeros primos praeter

praeter *a* complectens. In hac igitur, si omnes soni per *a^m* et huius multipla expositi reiiciantur, remanebit consonantia simplicior exponentis $a^{m-1}P$, quae reductio secundum primum modum est facta. Secundo modo autem consonantia fiet simplicior, si omnes soni, qui exprimuntur numeris *a* in se non continentibus, omittantur: tum enim reliqui soni omnes per *a* diuidi poterunt, eritque eorum exponens $a^{m-1}P$. Ex quo intelligitur, quomodo vtraque methodo coniunctim consonantia efficiatur simplicior.

§. 30. Discrimen, quod auditus inter consonantias completas et incompletas percipit, in hoc, vt facile intelligi potest, consistit, quod completas multo distinctius, incompletas vero minus distincte comprehendat. Etenim si omnes soni simul organum auditus afficiunt, clarius singulorum inter se relationes sese sensui offerant, necesse est, quam si exponens ex paucioribus sonis deberet colligi. Ita ex consonantia 1 : 2 : 3 : 6 multo distinctius eius exponens, qui est 6 cognoscitur quam ex duobus tantum sonis 1 : 6. Ad hoc autem requiritur, vt omnes soni quam exactissime numeris, quibus exprimuntur, respondeant.

§. 31. Completarum autem consonantiarum omnium, quae in duodecim primis gradibus continentur, sequentem adiicere idoneum visum est tabulam, in qua numeri romani gradus designant, arabici autem ipsas consonantias quasque ad suum gradum relatas.

I.

I. 1.

II. 1:2.

III. 1:3.
1:4.

IV. 1:2:3:6.
1:2:4:8.

V. 1:5.
1:3:9.
1:2:3:4:6:12.
1:2:4:8:16.

VI. 1:2:5:10.
1:2:3:6:9:18.
1:2:3:4:6:8:12:24.
1:2:4:8:16:32.

VII. 1:7.
1:3:5:15.
1:2:4:5:10:20.
1:3:9:27.
1:2:3:4:6:9:12:18:36.
1:2:3:4:6:8:12:16:24:48.
1:2:4:8:16:32:64.

IIX. 1:2:7:14.
1:2:3:5:6:10:15:30.
1:2:4:5:8:10:20:40.
1:2:3:6:9:18:27:54.
1:2:3:4:6:9:12:18:24:36:72.
1:2:3:4:6:8:12:16:24:32:48:96.
1:2:4:8:16:32:64:128.

IX. 1:3:7:21.
1:5:25.
1:2:4:7:14:28.
1:3:5:9:15:45.
1:2:3:4:5:6:10:12:15:20:30:60.
1:2:4:5:8:10:16:20:40:80.
1:3:9:27:81.
1:2:3:4:6:9:12:18:27:36:54:108.
1:2:3:4:6:8:9:12:16:18:24:36:48:72:144.
1:2:3:4:6:8:12:16:24:32:48:64:96:192.
1:2:4:8:16:32:64:128:256.

X.

X.
```
1:1:3·6·7:14 21:42.
1.2:4·7:8:14:28:56.
1:2:5 10:25 50.
1.2:3·5·6·9:10:15 18:30:45:90.
1:2:3:4:5:6:8:10:12:15:20:24:30:40:60:120.
1:2:4:5:8:10.16:20:32:40:80:160.
1:2:3·6:9:18·27:54·81:162.
1:2:3:4:6:8:9:12:18:24:27.36:54:72:108:216.
1:2:3:4:6:8:12:16:18:24:32:36:48:72:96:144:288.
1:2:3:4:6:8:12:16:24:32:48:64:96:128:192:384.
1:2:4:8:16:32:64:128:256:512.
```

XI.
```
1:11.
1:5:7·35.
1:3:7:9:21:63.
1:3:5:15:25:75.
1:2:3:4·6·7:12:14:21:28:42:84.
1:2·4:5:10:20:25:50:100.
1:2:4:7:8:14:16:28:56:112.
1:3·5:9:15:27:45·135.
1:2:3:4:5:6:9:10:12:15:18:20:30:36:45:60:90:180.
1:2:3·4:5:6:8:10:12.15:16:20:24.30:40:48:60:80:120:240.
1:3·9·27·81·243.
1:2:4.5:8:10:16:20:32:40:64:80:160:320.
1:2:3.4:6:9:12,18:27:36·54:81:108:162:324.
1:2:3:4:6:8:9:12:16:18:24:27:36:48·54:72:108:144:216:432.
1:2:3:4:6:8:9:12:16:18:24:32:36·48:64:72:96:144:192:288:576.
1:2:3:4·6:8:12:16:24:32·48:64:96:128:192:256:384:768.
1:2:4:8:16:32:64:128:256:512:1024.
```

XII.
```
1.2.11:22.
1:2:5:7:10:14:35:70.
1:2:3:6:7:9:14:18:21:42:63:126.
1:2:3:5:6:10·15:25:30:50:75:150.
1:2:3:4:6:7:8:12:14:21:24:28:42:56:84:168.
1:2:4:5:8:10:20:25:40:50:100:200.
1:2·4:7:8:14:16:28:32:56:112:224.
1:2:3:5:6:9:10:15:18:27:30:45:54:90:135:270.
1:2:3:4:5:6:8:10:12:15:18:20:24:30:36:40:45:60:72:80:120:180:360.
1:2:3·4·5:6:8:10:12:15:16:20:24:30:32:40:48:60:80:96:120:240:480.
1:2:3:6:9:18:27:54:81:162:243:486.
1:2:4:5:8:10:16:20:32:40:64;80:128:160:320:640.
1:2:3:4·6:8·9:12:18:24:27:36:54:72:81:108:162:216:324:648.
1:2:3:4:6:8·9:12:16:18:24:27:32:36:48:54:72:96:108:144:288:432:864.
1:2:3:4:6:8:9:12:16:18:24:32:36:48:64:72:96:128:144:192:288:384:576:1152.
1:2:3:4:6:8:12:16:24:32·48:96:128:192:256:284:512 768:1536.
1:2:4:8:16:32:64:128:256:512:1024:2048
```

§. 32.

§. 32. Quamuis vero completa conſonantia ſe
multo diſtinctius auditui offerat quam incompleta, tamen
niſi ſint admodum ſimplices, completae conſonantiae non
adhibentur. Primo enim tam magnus ſonorum numerus,
ſi inſtrumenta muſica non ſunt accuratiſſime coaptata, id
quod effici nequaquam poteſt, aures potius confuſo ſtrepitu
quam diſtincta harmonia obtundit. Deinde etiam plures
ſoni vel propter nimis profundam grauitatem, vel propter
nimis altum acumen ne quidem percipi poſſunt; primo
enim capite iam eſt oſtenſum nullum ſonum, qui minuto
ſecundo vel pauciores quam 30. vel plures quam 7500.
edat percuſſiones, auribus poſſe percipi. Ex quo perſpicuum eſt, quoties conſonantiae ſoni extremi maiorem teneant rationem, quam 250 : 1, omnes eius ſonos nequidem poſſe audiri.

§. 33. Ad doctrinam de conſonantiis referri conuenit, ea, quae muſici de interuallis ſonorum tradere ſolent.
Vocatur autem interuallum ea diſtantia, quae inter duos
ſonos, alterum grauiorem alterum acutiorem eſſe concipi-
tur. Eo igitur maius eſt interuallum, quo magis ſoni ratione grauis et acuti inter ſe diſcrepant, ſeu quo
maior eſt ratio, quam acutior habet ad grauiorem.
Sic maius eſt interuallum ſonorum 1 : 3, quam ſonorum 1 : 2; et aequalium ſonorum 1 : 1, quia nullo ſal-
tu ex altero ad alterum peruenitur, interuallum eſt
nullum. Ex quo intelligitur interuallum ita eſſe definiendum, vt ſit menſura diſcriminis inter ſonum acutiorem et grauiorem.

§. 34.

§. 34. Sint tres soni *a* : *b* : *c*, quorum *c* sit acutissimus, *a* grauissimus, *b* vero intermedius quicunque; apparebit ex praecedente definitione interuallum sonorum *a* et *c* esse aggregatum interuallorum inter *a* et *b*, atque inter *b* et *c*. Quare si haec duo interualla inter *a* et *b*, ac *b* et *c* fuerint aequalia, id quod euenit, quando est *a* : *b* = *b* : *c*; erit interuallum *a* : *c* duplo maius quam interuallum *a* : *b* seu *b* : *c*. Ex quo perspicitur interuallum 1 : 4 duplo esse maius interuallo 1 : 2, et hanc ob rem, cum haec ratio 1 : 2 octauam interuallum constituere ponatur, ratio 1 : 4 duas continebit octauas.

§. 35. Qui haec attentius inspiciet, facile deprehendet, interualla exprimi debere mensuris rationum, quas soni constituunt. Rationes autem mensurantur logarithmis fractionum, quarum numeratores denotent sonos acutiores, denominatores vero grauiores. Quocirca interuallum inter sonos *a* : *b* exprimetur per logarithmum fractionis $\frac{b}{a}$, quem designari mos est per $l\frac{b}{a}$ seu quod eodem redit per $lb - la$. Interuallum ergo sonorum aequalium *a* : *a* erit nullum, vt iam notauimus, quippe quod exprimitur per $la - la = 0$.

§. 36. Interuallum itaque, quod octaua graece διαπασων nuncupatur, quia continetur sonis rationem duplam habentibus, exprimetur logarithmo binarii; atque interuallum sonorum 2 : 3, quod quinta seu diapente appellatur, erit $l\frac{3}{2}$ seu $l3 - l2$. Ex quo intelligitur, haec interualla omnino inter se esse incommensurabilia; nullo enim modo ratio, quam habet $l2$ ad $l\frac{3}{2}$ potest assignari, et hanc ob rem nullum datur interuallum quan-

Tr. de Muf. K tumuis

tumuis exiguum, quod octauae fimul et quintae effet pars
aliquota. Similis eft ratio omnium aliorum interuallorum, quae disparibus exprimuntur logarithmis, vt $l\frac{1}{4}$, et
$7\frac{1}{5}$. Contra vero ea interualla, quae logarithmis numerorum, qui fint potentiae eiusdem radicis, exponuntur,
inter fe poterunt comparari; ita interuallum fonorum 27:
8 fe habebit ad interuallum fonorum 9:4 vt 3 ad 2; eft
enim $l\frac{27}{8} = 3\,l\frac{3}{2}$ et $l\frac{9}{4} = 2\,l\frac{3}{2}$.

§. 37. Ex his quoque facile liquet, quaenam interualla ex additione vel fubtractione plurium inter fe oriantur, perficiendis his iisdem operationibus in logarithmis,
qui menfurae funt interuallorum; hoc enim facto logarithmus refultans exponet interuallum prouemiens. Vt fi
quaeratur interuallum, quod reftet diapente ab octaua ab-
lata; oportebit log. $\frac{3}{2}$ fiue $l_3 - l_2$ auferre a log. 2 eritque
refiduum $l_2 - l_3 + l_2$, i. e. $2l_2 - l_3$. At eft $2l_2 =$
l_4; ex quo refiduum interuallum erit $l_4 - l_3$ feu $l\frac{4}{3}$, id
quod diateffaron feu quarta appellatur, et cum quinta coniunctum integram octauam adimplet.

§. 38. Quanquam autem diuerforum numerorum
logarithmi inter fe non poffunt comparari, nifi fuerint numeri poteftates eiusdem radicis, tamen ope tabularum lo-
garithmicarum verae proxima earum ratio poteft definiri,
atque ita diuerfa interualla, quantum fieri poteft, exacte
inter fe conferri. Cum igitur octauae menfura fit l_2, qui
ex tabulis excerptus eft, $= 0,3010300$, et quintae $l_3 - l_2$,
quae differentia eft $= 0,1760913$; erit interuallum octauae ad interuallum quintae quam proxime vt 3010300 ad
1760913. Quae ratio, quo ad minores numeros redu-
catur,

catur, mutatur in hanc $1+1$ ad 1, ex qua

$$1+1$$
$$2+1$$
$$2+\tfrac{1}{7}$$

istae simplices derivantur rationes, 2 : 1, 3 : 2, 5 : 3, 7:4, 12:7, et 17:10, 29:17, 41:24, 53:31, quarum postrema verae est proxima.

§.39. Simili quoque modo interualla possunt diuidi in tot quot quis voluerit partes aequales, atque soni vero proximi assignari, qui huiusmodi interuallo partiali a se inuicem distent. Logarithmus enim interualli propositi in totidem partes est diuidendus, vniusque partis numerus in tabulis respondens accipiendus, qui ad vnitatem quaesitam habebit rationem. Quaeratur verbi gratia interuallum ter minus quam octaua, erit eius logarithmus $= 0$, 1003433 tertia nimirum pars ipsius 12, cui respondet ratio 126 : 100, seu 63 . 50, quae minus accurata est vel 29 : 23, vel 5 : 4, qua postrema tertia maior indicatur, quae etiam ab imperitioribus pro tertia parte vnius octauae habetur.

CAPVT QVINTVM
DE
CONSONANTIARVM
SVCCESSIONE.

§. 1.

QVemadmodum ſonos plures comparatos eſſe oporteat, vt ſimul ſonantes auditus ſenſum grata harmonia afficiant, in capite praecedente ſatis ſuperque docuimus. Hoc igitur capite ordo requirit, vt
inueſtigemus, cuiusmodi eſſe debeant duo ſoni vel duae
conſonantiae, quae ſe inuicem ſequentes atque ſucceſſiue
ſonantes ſuaues ſint perceptu. Non enim ad ſuauitatem
ſucceſſionis ſufficit, vt vtraque conſonantia ſeorſim ſit grata, ſed praeterea quandam affectionem mutuam habere
debent, quo etiam ipſa ſucceſſio aures permulceat, ſen-
ſuique auditus placeat.

§. 2. Per generales autem regulas Capite II traditas, quibus omnis ſuauitas efficitur, conſtat, duarum conſonantiarum ſucceſſionem placere, ſi ordo, quem tenent
vtriusque partes ſimplices ſeu ſoni ſinguli inter ſe, percipiatur. Ad cognoſcendum igitur, quam facile duarum conſonantiarum ſucceſſio animo comprehendatur, ſingulos ſonos vtriusque conſonantiae debitis numeris exprimi oportet, horumque numerorum minimum communem diuiduum inueſtigari. Qui in tabula graduum ſuauitatis quae-
ſitus oſtendet, quantum perſpicacitatis requiratur ad ſucceſſionem propoſitam percipiendam.

§. 3.

§. 3. Ambae igitur consonantiae successionis tanquam simul sonantes considerari debebunt, huiusque consonantiae compositae exponens declarabit, quam suauis et perceptu facilis sit ipsa consonantiarum successio. Exponens enim istius consonantiae compositae est minimus communis diuiduus omnium sonorum, qui in vtraque consonantia continentur. Ex hoc autem minimo communi diuiduo de successionis consonantiarum suauitate est iudicandum. Hanc ob rem iste numerus nobis erit successionis exponens, ita vt exponens successionis duarum consonantiarum sit minimus communis diuiduus omnium sonorum in vtraque consonantia contentorum.

§. 4. Ex hoc principio intelligitur, qui soni simul sonantes placeant, eosdem etiam successiue editos placere debere. In ipso autem gradu suauitatis, quo duae consonantiae vel simul vel successiue sonantes percipiuntur, aliquid interest. Duae enim consonantiae, quae sese insequentes auditui admodum sunt gratae, aliquanto durius aures afficient simul editae. Sic duo soni rationem 8 : 9 tenentes simul pulsi minus placide accipiuntur, iidem tamen successiue sonantes cum multo maiore voluptate audiuntur.

§. 5. Quemadmodum enim simplicissima consonantia trisona magis est composita, quam simplicissima bisona; ita ex quo pluribus sonis constet consonantia, magis etiam erit composita, etiamsi sit simplicissima in suo genere. Hoc tamen non obstante, suauitas non solum eadem, sed etiam maior percipitur ex consonantiis multisonis, quam ex sono simplici, vel consonantiis duobus

K 3   tan-

tantum fonis conftantibus. Plura enim ineffe poffunt in pluribus fonis, quae ordinem contineant, quaeque percepta fuauitatem augent. Neque tamen ideo nimis multiplicare licet fonos confonantiarum, ne tot variae multiplicesque perceptiones fimul ad auditum peruenientes fenfum potius confundant, quam delectent.

§. 6. Sed in fucceffionibus duarum confonantiarum ipfa vel natura requirit, vt exponentes fint magis compofiti, quam fingularum confonantiarum. Et hanc ob rem fuauitati non obeft confonantias fefe fequentes collocare, quae fimul fonantes minus placerent. Sicut enim in multifonis confonantiis exponens magis compofitus fuauitatem non minuit, id quod tamen eueniret fi confonantia ex paucioribus fonis conftaret: ita fucceffionum exponentes magis licet effe compofitos, quam exponentes confonantiarum fine vllo fuauitatis detrimento.

§. 7. Interim tamen negari non poteft, quo fimplicior fuerit fucceffionis duarum confonantiarum exponens, eo facilius etiam ipfam fucceffionem et ordinem, qui in ea ineft, percipi. Regulae enim, quas fupra de perceptionis facilitate tradidimus, latiffime patent, neque obnoxiae funt vlli exceptioni. Sed fi nimis fimplices fucceffiones adhibere voluerimus, varietas, qua maxime gaudet mufica, penitus tolleretur. Multo enim magis fimplices effe oporteret confonantias, omnesque fere inter fe fimiles. Ex quo intelligitur, etiam magis compofitos exponentes fucceffionum adhiberi licere, eosque eiusmodi, qui fi fimplices confonantias defignarent, omnem harmoniam turbarent.

§. 8.

§. 8. Quo duae confonantiae fuccelliue fonantes cum
fuauitate percipiantur; oportet, vt primo vtraque confonantia per fe placeat, et deinde etiam ipfa fucceifio auditui fit grata. Illud declarant exponentes confonantiarum,
vt in praecedente capite eft oftenfum. Hoc vero intelligi
poteft ex fucceffionis exponente. Iudicium vero ita eft
inftituendum, vt plures fuauitatis gradus fucceffioni tri-
buantur quam ipfis confonantiis, quia eius exponens magis quam harum poteft effe compofitus.

§. 9. Ad exponentem fucceffionis duarum confonantiarum definiendum non fufficit vtramque confonantiam in
fe confideraffe; fed neceffe eft, vt etiam relatio fonorum,
qui in his confonantiis per eosdem numeros exprimuntur,
fpectetur. Eadem enim confonantia infinitis modis poteft exhiberi, prout foni eam conftituentes vel acutiores
vel grauiores accipiuntur, dum modo inter fe praefcriptam
teneant rationem. At in fucceffione duarum confonantiarum praeter ipfas confonantias attendi debet ad tenoris
gradum, quo vtraque exprimitur. Hoc commodiffime
fiet comparandis bafibus, quae vtrique confonantiae re-
fpondent; hae enim fi ad diuerfos fonos referantur, fucceffionis exponens non erit minimus communis diuiduus
exponentium confonantiarum, fed ratio bafium quoque in
computum eft ducenda.

§. 10. Si igitur datus fonus tanquam bafis accipiatur,
non folum foni 1 et 2 diapafon conftituent, fed etiam 2
et 4, vel 3 et 6, vel generaliter a et $2a$ eandem confonantiam, cuius exponens eft 2, exhibebunt. Huius
quidem confonantiae, fi in fe fpectetur, natura ex exponente

nente 2 recte cognoscitur et multiplicator *a* negligitur: verum si cum aliis consonantiis coniungatur, huius numeri *a* est ratio habenda. Sequatur enim hanc consonantia sonorum 2*b* et 3*b*, quae est diapente et exponentem habet 6, atque ex solis exponentibus 2 et 6 successionis exponens non potest deduci, sed praeterea rationem numerorum *a* et *b* nosse oportebit; cum successionis exponens sit minimus communis diuiduus numerorum *a*, 2*a*, 2*b*, et 3*b*.

§. 11. Quemadmodum enim cuiusuis simplicis soni exponens est 1, in comparatione vero plurium huiusmodi sonorum numeri eorum relationem exprimentes considerari debent, ita etiam in comparatione plurium consonantiarum praeter earum exponentes etiam ipsarum relatio est inspicienda. Hanc ob rem cum consonantiae in se spectatae basis vnitate exprimatur; in comparatione plurium consonantiarum cuiusque basi is tribuendus est numerus, qui illius sono ratione omnium sonorum competit. Ex quo perspicitur in comparatione plurium consonantiarum quamlibet duplici numero exprimi debere, primo nempe exponente suo, et deinde indice, quo basis respectu reliquarum basium exponitur.

§. 12. Indicem consonantiae exponenti semper adiungemus, sed vncinulis inclusum, vt ab exponente distingui queat; sicut 6(2), vbi 6 est exponens consonantiae, quae ergo ex sonis hanc relationem 1:2:3:6 habentibus constat; index vero 2 ad aliam consonantiam puta sequentem est referendus, et ostendit basin huius consonantiae, quae in se spectata est 1, ista relatione esse debere 2. Quamobrem soni huius consonantiae ratione ad sequentem habita exponi debent numeris 2:4:6:12. §. 13.

§. 13. Quemadmodum eadem confonantia infinitis numeris exprimi poteft, modo ii eandem inter fe rationem teneant; et confonantiarum 2 : 3 ; 4 : 6 ; 6 : 9 etc. idem eft exponens, etiamfi ipfi foni fint diuerfi: fic index confonantiae determinat, quibus ex his infinitis numeris confonantia propofita fit exponenda; id quod ad comparationem plurium confonantiarum inftituendam requiritur. Apparet autem numeros, qui ex exponente refultant, fingulos per indicem effe multiplicandos; hoc enim modo bafis confonantiae fit indici aequalis, et omnes foni eandem relationem inter fe retinent.

§. 14. Ex his etiam apparet, quomodo confonantiae ex fonis per datos numeros expreffis conftantis tam exponens quam index inueniri queat. Exponens enim inuenitur, dum omnes numeri per maximum communem diuiforem diuiduntur et quotorum minimus communis diuiduus quaeritur. Index vero erit ille ipfe maximus communis diuifor, per quem propofiti numeri diuidi poffunt. Sic confonantiae 3 : 6 : 9 : 15, index erit 3 et exponens 30 feu minimus diuiduus numerorum 1 : 2 : 3 : 5. Hanc igitur confonantiam hoc modo exprimemus 30 (3).

§. 15. Sit confonantiae cuiusque exponens A et index a; ipfius A vero diuifores 1, α, β, γ, δ, etc. habebunt foni huius confonantiae hanc rationem 1 : α : β : γ : δ : etc. quorum numerorum minimus communis diuiduus eft A. Sed adiecto indice a foni confonantiae A (a) fequentibus numeris exprimi debebunt, a : αa : βa : γa : δa : etc. quorum numerorum minimus communis diuiduus erit Aa, ob maximum communem diuiforem a. In fua-

Tr. de Muf.   L   titanitate vero ipfius confonantiae aeftimanda numerus a negligitur, et fuauitas ex folo exponente A aeftimatur.

§. 16. Sequatur autem confonantiam A(a) haec B(b), cuius exponentis B diuifores fint $1:\eta; \theta; \iota:\varkappa:$ etc. numeri autem fonos exprimentes hi $b:\eta b:\theta b:\iota b: \varkappa b:$ etc. Cum igitur fucceffionis fuauitas reducta fit ad confonantiae ex vtraque compofitae fuauitatem: fucceffionis exponens erit minimus communis diuiduus numerorum $a:\alpha a:\varepsilon a:\gamma a:\delta a:b:\eta b:\theta b:\iota b:\varkappa b:$ hi enim foni haberentur, fi ambae confonantiae fimul audirentur. Quia vero numerorum $a:\alpha a:\varepsilon a:\gamma a:\delta a$ minimus communis diuiduus eft Aa, reliquorum vero $b:\eta b:\theta b:\iota b:\varkappa b$ hic Bb; erit fucceffionis exponens minimus communis diuiduus numerorum Aa et Bb:

§. 17. Cum autem confonantiae fuauitas ex minimo communi diuiduo numerorum fonos exprimentium perperam iudicetur, fi illi numeri non fuerint minimi, fed diuiforem communem habuerint; idem quoque in fucceffione duarum confonantiarum eft tenendum. Quare fi numeri $a:\alpha a:\varepsilon a:\gamma a:\delta a:b:\eta b:Bb:\iota b:\varkappa b$ habeant communem diuiforem, per eum finguli ante omnia debent diuidi, et quoti eorum loco fubftitui. Hoc vero euenire non poteft, nifi indices a et b fuerint numeri inter fe compofiti. Hanc ob rem, quoties indices duarum confonantiarum communem diuiforem habent, per hunc ante indices diuidi oportet, quam exponens fucceffionis quaeratur.

§ 18. Sint igitur confonantiarum A(a) et B(b) indices a et b numeri inter fe primi; erit fucceffionis
harum

harum confonantiarum exponens minimus communis diuiduus numerorum A a et B b. Ad hunc inueniendum necesse est vt ante quaeratur maximus communis diuifor, qui sit D. Quo cognito alteruter numerus per D diuidatur, quotusque per alterum numerum multiplicetur; eritque factum A B ab : D minimus communis diuiduus numerorum A a et B b, atque simul exponens successionis confonantiarum propositarum, ex quo suauitas successionis innotescet.

§. 19. Quia a et b ponuntur numeri inter se primi, ipsi numeri A a et B b communem diuiforem habebunt, si vel A et B vel A et b vel B et a fuerint numeri compositi. At quo plures inueniantur huiusmodi diuisores, eo maior erit maximus communis diuifor numerorum A a et B b. Sed quo magis erit compositus maximus iste communis diuifor, eo minor erit minimus communis diuiduus, et propterea eo suauior confonantiarum successio. Cum enim exponens successionis sit A B ab : D, quo maior erit maximus communis diuifor D eo simplicior erit quotus A B ab : D, ad simplicioremque suauitatis gradum pertinebit.

§. 20. Sit A numerus ad suauitatis gradum p pertinens; B ad gradum q; a ad gradum r, et b ad gradum s: maximus vero communis diuifor D sit gradus t. His positis numerus A B ab : D ad gradum $p + q + r + s - t - 2$ referetur, quemadmodum ex supra traditis colligi licet. Datis ergo numeris A, B, a, b et D innotescet gradus suauitatis, ad quem successio confonantiarum

L 2   tiarum

tiarum A(a) et B(b) pertinebit, scilicet gradus $p+q$ $+r+s-t-2$. Qui numerus quo minor erit, eo suauior successio esse debebit.

§. 21. Exempli causa consonantiam 120 (2) constantem ex sonis 2:4:6:8:10:12:16 sequatur consonantia 60(3) constans ex sonis 3:6:9:12:15 quarum illa est gradus decimi, háec gradus noni. Successio ergo ex minimo communi diuiduo numerorum 240 et 180 iudicari debet, quorum maximus communis diuisor est 60 ad gradum nonum pertinens. Cum igitur sit A$=$120; $a=$2; B$=$60; $b=$3; et D$=$60 erit $p=$10; $q=$9; $r=$2; $s=$3; et $t=$9, ideoque $p+q+r+s-t-2$ $=$13. Quare successionis exponens est gradus 13, cuius gradus est suauitas successionis.

§. 22. Si dentur vtriusque consonantiae exponentes, indices ita determinari poterunt, vt successio quam suauissima euadat. Sit exponentium A et B minimus communis diuiduus M: manifestum est exponentem successionis ABab:D vel aequalem esse ipsi M vel eo maiorem, minor enim esse non potest. Suauissima ergo erit successio, si ABab:D aequalis fuerit ipsi M, minorem vero suauitatis gradum successio habebit si ABab:D aequalis fuerit vel 2M vel 3M vel 4M etc. Quare posito ABab$=$nDM indices a et b eo suauiorem reddent successionem, quo minor erit numerus n.

§. 23. Successionem ordinis primi vocabimus si minimus communis diuiduus numerorum Aa et Bb fuerit aequalis ipsi M seu minimo communi diuiduo numerorum A et B. Successionem ordinis secundi vero vocabimus

cabimus, cuius exponens est 2 M. Porro successio ordinis tertii nobis erit cuius exponens est vel 3 M vel 4 M, quia numeri 3 et 4 ad gradum tertium suauitatis pertinent. Atque generaliter ea successio, cuius exponens est n M, eiusdem erit ordinis, cuius gradus suauitatis est numerus n. Hic vero cauendum est ne ordines successionum cum gradibus suauitatis confundantur, successionem enim ordinis primi vocamus, qua simplicior manentibus iisdem consonantiarum exponentibus, dari nequit, etiamsi ipsa successio ad multo vlteriorem suauitatis gradum referatur.

§. 24. Perspicuum est igitur consonantiarum A et B successionem fore ordinis primi, si a et b sint vnitates, numerorum enim A 1 et B 1 minimus communis diuiduus est M. Fieri tamen praeterea potest, vt successio consonantiarum A(a) et B(b) sit ordinis primi etiamsi a non sit $= b$. Euenit hoc si b in Bb vel aequalem vel minorem habeat dimensionum numerum quam in A; atque simul a in Aa aequalem vel minorem dimensionum numerum quam in B. Hoc enim si fuerit, erit M quoque minimus communis diuiduus numerorum Aa et Bb.

§. 25. Sit exponentum A et B maximus communis diuisor d, atque A $= d$E et B $= d$F erunt E et F numeri inter se primi. Sit praeterea e diuisor ipsius E et f diuisor ipsius F, erit consonantiarum dE(f) et dF(e) successio ordinis primi. Nam numerorum dEf et dFe minimus communis diuiduus est dEF, idem qui ipsorum numerorum A et B seu dE et dF. Vt

L 3

si

fi fit A $=$ 15, et B $=$ 18, eft $d=$ 3, E $=$ 5 et F $=$ 6. Quare poterit effe e vel 1 vel 5; et f vel 1 vel 2 vel 3 vel 6. Succeffio ergo erit ordinis primi fi A(a) eft vel 15(1); 15(2); 15(3): vel 15(6) fequens vero confonantia B(b) vel 18(1) vel 18(5).

§. 26. Ex his porro facile apparet, quales indices affumi oporteat, vt fucceffionis exponens fiat 2 M feu 2 d E F, quo cafu fucceffio eft ordinis fecundi. Similique modo effici poterit determinandis indicibus vt exponens fucceffionis fiat $n\,d$ E F, feu ipfa fucceffio dati ordinis, id quod pluribus modis fieri poterit, quos enumerare difficile et fuperuacaneum effet. Si exponentes confonantiarum funt 15 et 18 fucceffio eft ordinis fecundi, fi prior confonantia fuerit vel 15 (1) vel 15 (3) et altera vel 18 (2) vel 18 (10), item fi prior fuerit vel 15 (4) vel 15 (12) exiftente altera vel 18 (1) vel 18 (5).

§. 27. Si exponentes confonantiarum fint aequales feu B $=$ A, vnica fucceffio habebitur ordinis primi fi eft $a=b=$ 1, quae ergo erit A(1) et A(1). Ordinis fecundi vero erunt duae fucceffiones A(1) : A(2) et A(2) . A(1), quarum exponens eft 2 A. Ordinis tertii quatuor erunt fucceffiones nempe A (1) : A (3) et A(1) : A(4) harumque inuerfae. Ordinis quarti fex erunt fucceffiones fcilicet: A(1) : A(6); A(2) : A(3); A(1) : A(8) atque harum tres inuerfae. Atque huiusmodi fucceffio quaelibet eius erit ordinis, cuius gradus fuauitatis eft factum indicum.

§. 28. Si exponens alterius confonantiae fuerit duplum alterius exponentis feu B $=$ 2 A: ordinis primi

erunt

erunt duae fuccessiones hae: A(1): 2A(1); et
2A(1): A(2), horum enim exponens est 2A, idem
qui ipforum exponentium A et 2A. Succeffionum ordinis fecundi exponens est 4A, tales ergo fuccessiones
erunt A(1): 2A(2); A(4): 2A(1) harum inuerfae. Simili modo fuccessiones cuiusque ordinis reperientur, fi
fuerit B = 3A et generaliter fi B = *n*A; ex quibus fuccessiones fimpliciores, quae vfum habere possunt, facile
reperiri poterunt.

§. 29. Si ergo exponentes confonantiarum inter fe
fuerint aequales; fuccessiones ordinis primi, fecundi, tertii vsque ad fextum ordinem erunt fequentes, denotan-
tibus numeris Romanis ordines fuccessionum, et A, A
exponentes vtriusque confonantiae.

I. A(1): A(1).
II. A(2): A(1).
III. A(3): A(1); A(4): A(1).
IV. A(6): A(1); A(3): A(2); A(4): A(1).
V. A(5): A(1); A(9): A(1); A(12): A(1); A(4): A(3); A(16): A(1).
VI. A(10): A(1); A(5): A(2); A(18): A(1); A(9): A(2); A(24): A(1);
      A(8): A(3); A 32: A(1).

Si vero exponentes confonantiarum fuerint 2A et A,
habebuntur fuccessiones ordinis primi et fequentium istae:

I. 2A(1): A(1); 2A(1): A(2).
II. 2A(1): A(4); 2A(2): A(1).
III. 2A(1): A(6); 2A(1): A(3); 2A(3): A(1); 2A(3): A(2); 2A(1): A(8);
      2A(4): A(1).
IV. 2A(1): A(12); 2A(1): A(3); 2A(3): A(4); 2A(1): A(16); 2A(8):
      A(1).
V. 2A(1): A(10); 2A(1): A(5); 2A(5): A(1); 2A(5): A(2); 2A(1): A(18);
      2A(1): A(9); 2A(9): A(1); 2A(9): A(2); 2A(1): A(24);
      2A(3): A(8); 2A(4): A(3); 2A(1): A(32); 2A(16): A(1).

Si

Si confonantiarum fefe infequentium exponentes fuerint A et $3A$ erunt fucceffiones fecundum ordines fequentes.

I. $3A(1):A(1)$; $3A(1):A(3)$.

II. $3A(1):A(6)$; $3A(1):A(2)$; $3A(4):A(1)$; $3A(2):A(3)$.

III. $3A(1):A(9)$; $3A(3):A(1)$; $3A(1):A(12)$; $3A(1):A(4)$;
$3A(4):A(1)$; $3A(4):A(3)$.

IV. $3A(1):A(18)$; $3A(3):A(2)$; $3A(2):A(9)$; $3A(1):A(24)$;
$3A(1):A(8)$; $3A(8):A(1)$; $3A(8):A(3)$.

Si exponentes fuerint A et $4A$, erunt fucceffiones

I. $4A(1):A(1)$; $4A(1):A(2)$; $4A(1):A(4)$.

II. $4A(1):A(8)$; $4A(2):A(1)$.

III. $4A(1):A(1)$; $4A(1):A(6)$; $4A(1):A(3)$; $4A(3):A(1)$;
$4A(3):A(2)$; $4A(3):A(4)$; $4A(1):A(16)$; $4A(4):A(1)$.

IV. $4A(1):A(24)$; $4A(2):A(3)$; $4A(3):A(8)$; $4A(6):A(1)$;
$4A(1):A(32)$; $4A(8):A(1)$.

Si exponentes fuerint A et $6A$, erunt fucceffiones

I. $6A(1):A(1)$; $6A(1):A(2)$; $6A(1):A(3)$; $6A(1):A(6)$.

II. $6A(1):A(12)$; $6A(1):A(4)$; $6A(2):A(1)$; $6A(2):A(3)$.

III. $6A(1):A(18)$; $6A(1):A(9)$; $6A(3):A(1)$; $6A(3):A(2)$; $6A(1):A(24)$;
$6A(1):A(8)$; $6A(4):A(1)$; $6A(4):A(3)$.

Si exponentes fuerint $2A$ et $3A$ erunt fucceffiooes

I. $3A(1):2A(1)$; $3A(2):2A(1)$; $3A(1):2A(3)$; $3A(2):2A(3)$.

II. $3A(1):2A(2)$; $3A(1):2A(6)$; $3A(4):2A(1)$; $3A(4):2A(3)$.

III. $3A(1):2A(9)$; $3A(3):2A(1)$; $3A(6):2A(1)$; $3A(2):2A(9)$;
$2A(1):2A(12)$; $3A(1):2A(4)$; $3A(8):2A(1)$; $3A(8):2A(3)$.

Si exponentes fuerint A et $8A$ erunt fucceffiones

I. $8A(1):A(1)$; $8A(1):A(2)$; $8A(1):A(4)$; $8A(1):A(8)$.

II. $8A(1):A(16)$; $8A(2):A(1)$;

III. $8A(1):A(24)$; $8A(1):A(12)$; $8A(1):A(6)$; $8A(1):A(3)$;
$8A(3):A(1)$; $8A(3):A(2)$; $8A(3):A(4)$; $8A(3):A(8)$;
$8A(1):A(32)$; $8A(4):A(1)$.

Si

Si exponentes fuerint A et 5A, erunt fucceffiones

I. 5A(1) : A(1); 5A(1) : A(5).

II. 5A(1) : A(10); 5A(1) : A(2); 5A(2) : A (1); 5A(2) : A(5).

Si exponentes fuerint A et 9A, erunt fucceffiones

I. 9A(1) : A(1); 9A(1) : A(3); 9A(1) : A(9)

II. 9A(1) : A(18); 9A(1) A(6); 9A(1) : A(2); 9A(2) : A(1);
  9A(2) : A(3); 9A(2) : A(9).

Si exponentes fuerint A et 12A, erunt fucceffiones

I. 12A(1) : A(1); 12A(1) : A(2); 12A(1):A(3); 12A(1):A(4);
  12A(1) : A(6); 12A(1) : A(12);

II. 12A(1):A(24); 12A(1):A(8); 12A(2):A(1); 12A(2) : A(3).

Si exponentes fuerint 3A et 4A erunt fucceffiones

I. 4A(1):3A(1); 4A(1):3A(2); 4A(1) : 3A(4) : 4A(2) : 3A(1);
  4A(3) : 3A(2); 4A(3) : 3A(4).

II. 4A(1):3A(8); 4A(2):3A(1); 4A(3) : 3A(8); 4A(6) : 3A(1).

Si exponentes fuerint A et 16A, erunt fucceffiones

I. 16A(1):A(1); 16A(1):A(2); 16A(1) : A(4); 16A(1) : A(8);
  16A(1) : A(16).

II. 16A(1) : A(32); 16A(2) : A(1).

§. 30. Ex his igitur fatis intelligitur, quemadmodum data duarum confonantiarum fucceffione tum exponens fucceffionis tum etiam ordo poffit definiri: exquibus rebus cognitis facile erit iudicare, quo fuauitatis gradu propofita confonantiarum fucceffio auditui accepta fit futura. Praeterea propofita quacunque confonantia, alia datae quoque fpeciei affignari poterit, quae illam fequens conftituat fucceffionem dati ordinis vel primi vel fecundi vel tertii etc.; idque plerumque pluribus modis

Tr. de Muf.   M   dis

dis praeſtari poterit; quemadmodum cum ex traditis praeceptis, tum ex tabula adiecta fuſe apparet.

§. 31. Intelligitur etiam ex dictis, plurimis plerumque modis ſucceſſiones duarum conſonantiarum produci poſſe, quarum idem ſit exponens ſucceſſionis. Quod vt clarius percipiatur datus ſit exponens ſucceſſionis, qui ſit E; huius ſumantur duo quique diuiſores M et N quorum minimus communis diuiduus ſit E. Hi diuiſores porro in duo factores reſoluantur ita vt ſit M $=$ A a, et N $=$ B b quorum a et b ſint interſe numeri primi. His inuentis conſtituatur iſta conſonantiarum ſucceſſio A (a): B (b), eritque huius ſucceſſionis exponens E.

CAPVT SEXTVM
DE
SERIEBVS CONSONANTIARVM.

§. 1.

Qvemadmodum tam conſonantias, quam duarum conſonantiarum ſucceſſiones comparatas eſſe oporteat, vt auribus gratam harmoniam offerant, in duobus praecedentibus capitibus abunde eſt explicatum. Hae autem duae res omnino non ſufficiunt ad opus muſicum ſuaue producendum. Nam quo plures conſonantiae conſonantiarumque ſucceſſiones cum voluptate percipiantur,

tur,

tur, praeter tradita requiritur, vt etiam ordo, qui in omnibus consonantiis sese insequentibus inest, animo comprehendatur, atque ex eo intentus scopus scilicet suauitas oriatur.

§. 2. Sicuti enim consonantiae solae etsi per se suauissimae sine ratione coniunctae nullam harmoniam efficiunt, ita etiam plurium successionum ratio est comparata, vt, etiamsi earum quaeque iuxta leges praescriptas sit instituta, tamen nisi praecepta peculiaria obseruentur, auribus maxime ingratus strepitus excitetur. Quamobrem quas leges circa coniunctionem plurium consonantiarum obseruari oporteat, hoc capite exponemus.

§. 3. Ea musicae pars, quae plures consonantias ita inter se iungere docet, vt suauem concentum constituant, vocari vulgo solet compositio simplex; composicionis enim voce intelligi solet operis cuiusque musici confectio. Ad compositionem simplicem ergo, quae fundamentum est omnium reliquarum compositionum, absoluendam ante omnia nosse oportet, in quo suauitas plurium consonantiarum successiuarum, seu integri concentus consistat. Deinde ex hoc principio regulae sunt deducendae, quas in compositione simplici obseruari oportet.

§. 4. Fundamentum autem suauitatis, quae in plurium consonantiarum successione inesse potest, omnino simile est iis fundamentis, quibus suauitas tam consonantiarum quam binarum successionum constare est demonstrata. Quamobrem ad harmoniam plurium consonantiarum sese insequentium percipiendam requiritur, vt ordo, qui in singulis partibus, hoc est in sonis et consonantiis

tam

tam fingulis, quam omnibus coniunctis ineft, cognofcatur.

§. 5. Quemadmodum igitur tam cuiusque confonantiae quam binarum fucceffionis harmonia feu fuauitas percipitur, fi exponens fingulorum et omnium fonorum, qui
tam in vna quam vtraque confonantia infunt, cognofcitur;
ita facile perfpicitur harmoniam plurium fefe infequentium
confonantiarum apprehendi, fi exponens omnium fonorum, qui hanc feriem confonantiarum conftituant, con-
cipiatur.   Ex quo intelligitur, quo fuauitas plurium confonantiarum fefe infequentium percipiatur, requiri, vt exponens omnium fonorum et confonantiarum ex iis com-
pofitarum cognofcatur.

§. 6. Exponens autem omnium fonorum, ex quibus omnes confonantiae fefe infequentes conftant, eft minimus diuiduus numerorum fonos repraefentantium. Quocirca propofita confonantiarum ferie, ex numero, qui eft
minimus communis diuiduus omnium fonorum in iis oc-
currentium, ope tabulae exhibitae, atque regularum tra-
ditarum definiri poterit, quo facilitatis gradu integra confonantiarum feries apprehendatur.   Atque ex gradu fuauitatis, quem vel tabula vel regulae monftrant, intelligi
poterit, quam fuauis audituique accepta futura fit quaecunque propofita confonantiarum feries.

§. 7. Cum igitur exponens feriei confonantiarum,
ex quo de harmonia iudicium ferri debet, fit minimus
communis diuiduus omnium numerorum fonos fingulos
occurrentes repraefentantium; perfpicuum eft illum numerum diuifibilem fore per exponentes tam fimplicium con-

fonan-

fonantiarum, quam fuccessionum binarum quarumque.
Quamobrem fi cognitus fuerit exponens totius confonantiarum feriei, necesse eft, vt etiam tam fingulae confonantiae, quam binarum fuccessiones percipiantur; atque
hac ratione confequenter vniuerfus nexus apprehendetur.

§. 8. Ex exponente ergo feriei plurium confonantiarum intelligitur, fi is vel ante iam fuerit cognitus, vel ex
aliquot confonantiis demum perceptus, quales foni quales-
que confonantiae occurrere queant. Determinat itaque ifte
exponens limites feu ambitum, vti a muficis vocari folet,
operis mufici, et comprehendit omnes fonos conuenien-
tes, incongruosque excludit. Haecque limitatio etiam
modus muficus appellatur, ita vt modus muficus fit certo-
rum fonorum congeries, quos folos in concinnando opere
mufico adhibere conuenit, praeterque eos alios introducere omnino non licet.

§. 9. Cum igitur modus muficus per exponentem
omnium fonorum, qui modum conftituunt, determinetur,
hunc exponentem pofthac exponentem modi vocabimus.
Quare fi confonantia completa repraefentetur, cuius exponens fit hic ipfe exponens modi; in hac confonantia
omnes inerunt foni, qui in hoc modo vfurpari poterunt.
Intellecto ergo hoc exponente ftatim iudicare licet, vtrum
in propofito opere mufico modus fit feruatus, an vero vitium contra modum fit commissum; id quod accidit, fi
foni adhibeantur in exponente modi non contenti.

§. 10. Quod autem vitium esse diximus extra modum excurrere, id tantum cum hac reftrictione eft intelli-
gendum, quamdiu ifte modus teneatur. Omnino enim

per-

permiſſum eſt, eı cum maxima venuſtate fieri ſolet, vt modus immutetur, atque, ex alio modo in alium fiat transitus; idque non ſolum in eodem opere muſico, ſed etiam in eadem eius parte. Atque de hac modorum mutatione ſeu ſucceſſione eadem praecepta ſunt tenenda, quae de ſucceſſione conſonantiarum ſunt tradita.

§. 11. Quemadmodum igitur cuius conſonantiae ſuum tribuimus exponentem, itemque cuius binarum conſonantiarum ſucceſſioni; ita etiam quaelibet operis muſici portio ſeu periodus, in qua idem ſeruatur modus, ſuum determinatum habebit exponentem, ſimiliterque duarum huiusmodi periodorum ſucceſſio. Tandem vero integri muſici operis exponens complectetur omnes priores exponentes, ſeu omnes omnino ſonos, qui in omnibus partibus erant adhibiti.

§ 12. Quo ergo opus muſicum placeat requiritur; vt primo ſingularum conſonantiarum exponentes percipiantur; deinde vt binarum conſonantiarum ſucceſſionum exponentes cognoſcantur. Tertio, vt ſingularum periodorum exponentes animaduertantur. Quarto vt ſucceſſionum binarum periodorum exponentes, ſeu modorum mutationes percipiantur. Quinto denique vt omnium periodorum hoc eſt totius operis muſici exponens intelligatur. Qui ergo haec omnia perſpicit, is demum opus muſicum perfecte cognoſcit, de eoque recte iudicare poteſt.

§. 13. Non dubito, quin talis cognitio operis muſici ſummopere difficilis imo etiam vires humani intellectus longe ſuperans videatur, propter exponentem totius operis muſici tam compoſitum numerum, vt animo comprehendi

hendi omnino nequeat. Sed quantopere haec apprehenfio difficilis videatur, tamen mirum in modum fubleuatur
intellectus, dum ista perceptio per gradus acquiritur. Vti
enim exponens fucceffionis duarum confonantiarum non
difficulter percipitur perceptis exponentibus confonantiarum, etiamfi fit valde compofitus, et per fe vix
cognofci poffet; ita etiam cognitis fucceffiue fimplicioribus exponentibus, hoc ipfo apprehenfio magis compofitorum non adeo difficulter confequitur.

§. 14. Nam quemadmodum perceptio exponentis
fucceffionis duarum confonantiarum non ex ipfo exponente feu gradu fuauitatis, quem habet, debet aeftimari, fed
ex ordine fucceffionis; ita etiam exponens modi feu vnius
periodi cognitis exponentibus tam confonantiarum quam
fucceffionum facilior redditur. Atque haec ipfa exponentium modorum apprehenfio quafi manuducit ad exponentes fucceffionum modorum cognofcendos. Quibus denique perfpectis cognitio exponentis totius operis mufici
fatis facilis euadit.

§. 15. Quo igitur opus muficum cum voluptate audiatur,
oportet vt exponentes fucceffionum duarum confonantiarum
non multo fint magis compofiti, quam ipfarum confonantiarum exponentes. Deinde vt exponentes modorum non
multum excedant exponentes fucceffionum. Denique vt
exponens totius operis mufici illos exponentes facilitate
percipiendi parum fuperet. In ista enim perceptione et a
fimplicioribus ad magis compofita progrediente cognitione
verfatur vera fuauitas et voluptas, quam auditus ex mufica haurire poteft; quemadmodum in capite fecundo ex
genuinis harmoniae principiis abunde eft demonftratum.

§. 16.

§. 16. Ex his igitur satis perspicitur, quomodo opus musicum comparatum esse oporteat, vt auditoribus intelligentibus placeat, simul vero etiam intelligitur, opera musica in quibus contra haec praecepta est peccatum, huiusmodi, quales requirimus, auditoribus displicere debere. Quomodo porro istiusmodi opera musica imperfecta auditoribus minus intelligentibus accepta esse queant, facile, quoque apparet; quippe quod fit, quando imperfectiones et vitia contra harmoniae praecepta commissa non aduertunt, interim tamen, quaedam non incongrue posita attendunt et percipiunt.

§. 17. Cum igitur exponens plurium consonantiarum sit exponens omnium sonorum illas consonantias constituentium, erit is minimus communis diuiduus numerorum singulos sonos repraesentantium. Commodius autem ex exponentibus consonantiarum cum indicibus coniunctis poterit inueniri, simili modo, quo in capite praec. docuimus exponentem successionis inuenire. Eadem enim praecepta, quae pro duabus consonantiis sunt tradita, valent quoque pro tribus pluribusque. Exponens scilicet seriei plurium consonantiarum nil aliud est, nisi minimus communis diuiduus exponentum singularum consonantiarum.

§. 18. Consideremus primo plures sonos simplices successiue editos, quorum mutua relatio expressa sit sequentibus numeris $a : b : c : d : e$, quacramusque exponentem seriei huius sonorum. Cum autem sonus simplex sit consonantia primi gradus, eiusque exponens nisi cum aliis comparetur sit vnitas, denotabunt litterae a, b, c, d, e indi-

indices iftorum fonorum fimplicium, quippe quae relationem continent, quam hi foni tanquam confonantiae con-
fiderati, inter fe tenent. Ad modum igitur confonantiarum hi foni ita debebunt exprimi $1 (a): 1 (b): 1 (c): 1 (d):$
$1 (e)$.

§. 19. Huius autem feriei fimplicium fonorum idem
eft exponens, qui foret exponens confonantiae ex iis fonis conftantis. Confonantiae vero $a:b:c:d:e$ exponens
eft minimus communis diuiduus numerorum a, b, c, d, e,
quem ponamus effe D. Quamobrem his fonis fucceffiuis
ad inftar confonantiarum fpectatis, erit feriei confonantiarum harum $1 (a): 1 (b): 1 (c): 1 (d): 1 (e)$ exponens quoque
D, hoc eft minimus communis diuiduus indicum $a, b, c,$
d, e, cum ipfi exponentes omnes fint 1. Atque ex gradu fuauitatis, ad quem numerus D refertur, iudicari debet, quam grata futura fit auditui ifta fonorum feries.

§. 20. Sint nunc A, B, C, D, E exponentes confonantiarum fucceffiue pofitarum, atque a, b, c, d, e earum
refpectiui indices, qui relationem exprimunt, quam earum
confonantiarum bafes inter fe tenent, ita vt haec confonantiarum feries hoc modo fit repraefentanda $A (a): B (b):$
$C (c): D (d): E (e)$. In qua ferie ponimus indices $a, b, c,$
d, e inter fe effe numeros primos, ita vt praeter vnitatem
alium non habeant communem diuiforem. Si enim ha-
berent diuiforem communem, per eum ante effent diuidendi, quam exponens feriei quaereretur.

§. 21. Soni autem in confonantia $A (a)$ contenti funt
diuifores exponentis A finguli per a multiplicati; quare

Tr. de Muf.   N   eorum

eorum minimus communis diuiduus erit A*a*. Simili modo fonorum confonantias B(*b*), C(*c*). D(*d*), E(*e*) conftituentium minimi communes diuidui erunt B*b*, C*c*, D*d*, E*e*. Quamobrem omnium fonorum in his confonantiis fucceffiuis contentorum minimus communis diuiduus erit minimus communis diuiduus numerorum A*a*, B*b*, C*c*, D*d*, E*e*. Hicque minimus communis diuiduus erit ipfe exponens propofitae confonantiarum feriei, qui quaeritur.

§. 22. Sint exempli gratia confonantiae fequentes propofitae:

$$8: 12: 16: 24: 32: 48;$$
$$8: 12: 20: 24: 40: 60;$$
$$9: 12: 18: 27: 36: 54;$$
$$10: 15: 20: 30: 45: 60;$$
$$9: 15: 30: 36: 45: 60;$$

Huius igitur cuiusque foni per maximum communem diuiforem diuidantur, quotorumque quaeratur minimus communis diuiduus; eritque hic exponens confonantiae; maximus communis diuifor vero index. Quo facto hae confonantiae ita exprimentur 24(4):30(4):36(3): 36(5): 60(3); ex quibus exponens feriei harum confonantiarum reperietur $= 4320$, qui numerus ad grad. XVI refertur.

§. 32. Intelligitur ergo tam ex traditis regulis quam ex allato exemplo, quomodo quacunque propofita confonantiarum ferie inueniri oporteat exponentem earum, ex quo de harmonia illarum confonantiarum mutua iudicare liceat. Scilicet exponens cuiusuis confonantiae multiplicari debet per fuum indicem, omniumque hoc modo inuentorum productorum minimus communis diuiduus inueftigari;

ftigari; eritque hic exponens feriei confonantiarum propofitae.

§. 24. Si duae pluresue confonantiarum feries ad integrum opus muficum componendum iungantur, quarum exponentes per haec tradita praecepta iam fint inuenti fcilicet M, N, P, Q etc. primo difpiciendum eft, vtrum vnitas cuiusuis horum exponentium eundem fonum an diuerfos defignet. Hoc enim cafu ratio, quam foni fingularum ferierum, qui vnitate denotantur, inter fe tenent, minimis numeris eft denotanda, qui numeri, quos ponam effe m, n, p, q etc. erunt indices exponentibus iungendi, ita vt illae feries iungendae hoc modo per exponentes et indices fint exprimendae $M(m):N(n):P(p):Q(q)$ etc.

§. 25. Cum igitur huiusmodi confonantiarum feries exponente expreffa fit modus muficus, intelligitur quomodo de tranfitu ex vno modo in alium, itemque de coniunctione plurium modorum iudicandum fit. Scilicet fi modi fucceffiue coniuncti fint per exponentes et indices ita expreffi $M(m):N(n):P(p):Q(q)$ etc. exponens, ex eoque natura et indoles totius operis mufici ex illis modis compofiti habebitur, fi minimus communis diuiduus numerorum Mm, Nn, Pp, Qq, etc. quaeratur: hic enim erit exponens totius operis mufici propofiti.

§. 26. Quo ergo de propofito opere mufico rectum iudicium ferri queat, primo fingulae confonantiae funt perpendendae, earumque exponentes inueftigandi. Secundo binarum quarumque confonantiarum fucceffiones confiderentur. Tertio plures confonantias quibus modus continetur, coniunctim contemplari conueniet. Quar-

to

to infpicienda eft fucceffio duorum modorum feu tranfitus ex vno modo in alium. Quinto denique omnium modorum in opere mufico iunctorum compofitio eft inquirenda. Quae fingula quomodo ope exponentium exequi oporteat, fatis fuperque eft expofitum.

§. 27. Supereft ergo, vt in hoc capite, quantum adhuc licet, monftremus, quomodo confonantiarum feriem indeque integrum opus muficum confici oporteat, quod auditui gratam harmoniam exhibeat. In quo negotio ita verfabimur, vt ex dato modi feu feriei confonantiarum exponente fingularum confonantiarum exponentes eruamus. Cum igitur perquam magnus exponentium numerus accipi, atque ex quolibet eorum innumerabiles confonantiarum feries deduci queant, ifta fcientia latiffime patet, atque perpetuo non folum nouis operibus, fed etiam nouis modis augeri poterit.

§. 28. Hoc quidem tempore, quo muficae ftudium ad tantum perfectionis gradum eft euectum, admiratione vtique eft dignum, quod omnes muficae periti tantum in componendis nouis operibus fint occupati, modorum autem numerum, qui fatis eft paruus, et a longo abhinc tempore iam receptus, augere omnino non curent. Cuius rei cauffa effe videtur, quod vera harmoniae principia adhuc fuerint incognita, atque ob horum defectum muficae ftudium fola experientia et confuetudine fit excultum.

§. 29. Cum exponens feriei confonantiarum fit minimus communis diuiduus exponentium fingularum confo-

nantis-

nantiarum per indices fuos multiplicatorum, erunt haec
facta ex exponentibus et indicibus fingularum confonantiarum omnia diuifores exponentis feriei confonantiarum.
Quare fi exponens feriei confonantiarum fit datus, puta M,
ad confonantias ipfas inueniendas fumantur, quot libuerit
diuifores ipfius M, qui fint A a, B b, C c, D d etc. His
inuentis repraefentabunt A(a):B(b):C(c):D(d): etc. feriem
confonantiarum, cuius exponens erit datus numerus M.

§. 30. His autem diuiforibus fumendis hoc eft ad-
uertendum, vt ii exponentem propofitum M exhauriant,
hoc eft, vt minorem non habeant minimum communem
diuiduum, quam eft M.   Quod obtinebitur, fi ftatim ab
initio aliquot confonantiae collocentur, quarum exponentes datum numerum M exhauriant; hocque pacto
et hoc habebitur commodum, quod ftatim ab initio
auditis aliquot confonantiis totius confonantiarum feriei
exponens percipiatur, ex eoque cognito facilius de harmonia totius feriei iudicari queat.   De his autem plura infra tradentur.

CA-

CAPVT SEPTIMVM

DE

VARIORVM INTERVALLORVM
RECEPTIS APPELLATIONIBVS.

§. 1.

EXpofitis in genere regulis harmonicis, **quas tam in**
confonantiis quam earum compofitione obferuari
conuenit, ad varias muficae fpecies eft progrediendum, pro iisque vfus praeceptorum datorum plenius tra-
dendus. Sed antequam commode muficae fpecies enumerari atque exponi poffunt, peculiares vfuque receptae ap-
pellationes debent explicari, quo in pofterum more voci-
busque confuetis his de rebus tractare liceat. Sunt autem
hae voces nomina pluribus interuallis muficis iam pridem
impofita, atque longo vfu iam ita recepta, vt tam com-
moditatis quam neceffitatis gratia omnino neceffe fit ea
exponere.

§. 2. Quamuis autem haec nomina paffim fint expli-
cata, tamen earum definitiones non fatis genuinae mini-
meque ad noftrum inftitutum idoneae funt formatae. Interualla enim, quae propria nomina funt adepta, ipfa praxi et experientia potius quam ex fonorum natura defcribi
folent. Nos autem ea methodo, qua in interuallis per
logarithmos metiendis vfi fumus, infiftentes tam rationes
quam logarithmos proferemus cuiqne interuallo refpon-
dentes, vnde melius de quantitate cuiusque interualli iudicare licebit.

§. 3.

§. 3. Supra autem iam eft expofitum, effe interuallum diftantiam inter duos fonos ratione grauitatis et acuminis; ita vt quo maior fit differentia inter grauiorem et acutiorem fonum, eo maius quoque interuallum effe dicatur. Si ergo foni fuerint aequales, diftantia inter eos erit nulla, ideoque interuallum fonorum rationem aequalitatis 1 : 1 tenentium erit nullum, vti etiam logarithmus huius rationis eft 0. Interualla enim, vt iam ftatuimus, per logarithmos rationum, quas foni inter fe tenent, metiemur. Vocatur autem hoc interuallum euanefcens duorum aequalium fonorum *Vnifonus.*

§. 4. Poffemus quidem in his rationum logarithmis exprimendis quouis logarithmorum canone vti, in quo vnitatis logarithmus ponitur cyphra. Maxime autem expediet eiusmodi canonem vfurpare, in quo logarithmus binarii collocatur vnitas, cum binarius in exprimendis confonantiis faepiffime occurrat, et in mufica maxime refpiciatur; ideoque hoc pacto calculus fiat multo facilior. En ergo huiusmodi logarithmorum tabulam, quanta quidem ad inftitutum noftrum fufficit.

log. 1 = 0, 000000	*log.* 5 = 2, 321928
log. 2 = 1, 000000	*log.* 6 = 2, 584962
log. 3 = 1, 584962	*log.* 7 = 2, 807356
log. 4 = 2, 000000	*log.* 8 = 3, 000000

§. 5. Poft interuallum fonorum aequalium, quod vnifonus appellatur, confiderandum venit interuallum fonorum 2 : 1 rationem duplam tenentium, quod a Graecis Muficis Diapafon vocatur; eo quod fonorum quorumuis interuallum altero fono duplicando tam parum immutetur vt fere pro eodem habeatur, atque idcirco in hoc interuallo

uallo Diapafon omnia alia interualla comprehendi cenfean-
tur.   A Latinis vero hoc interuallum octaua nuncupatur,
cuius denominationis ratio a genere mufico diatonico dicto pendet, quam infra fufius exponemus.   Huius ergo
interualli diapafon vel octauae dicti menfura eft $l2-l1$,
feu $l2$, hoc eft $1,000000$.

§. 6. Cum deinde fonorum rationem 4 : 1 tenentium
interuallum fit $2,000000$, ideoque duplo maius quam
interuallum octaua, hoc interuallum disdiapafon atque
duplex octaua folet appellari.   Praeterea interuallum fonorum 8 : 1, quia eft $3,000000$, feu triplo maius interuallo octaua dicto, triplex vocatur octaua. Simili modo
interuallum fonorum 16 : 1, cuius menfura eft $4,000000$,
quadruplex octaua vocatur, et interuallum fonorum 32 : 1
quintuplex octaua, et ita porro.   Ex quo, cum denominationes maiorum interuallorum ex numero octauarum
in iis contentarum petantur, ratio apparet, cur vnitatem
pro log. 2 affumferimus; Characteriftica enim logarithmi quoduis interuallum exprimentis defignat, quot octauae in eo interuallo fint contentae.

§. 7. Diapente porro graece feu Quinta latine vocatur interuallum fonorum rationem 3 : 2 tenentium, cuius
nominis deriuatio itidem ex genere diatonico eft defumta.
Huius ergo interualli menfura eft $l3-l2 = 0,584962$.
Minus ergo eft hoc interuallum, quam interuallum diapafon, quam autem inter fe haec interualla teneant rationem numeris exprimi nequit. Proxime autem fe habet
interuallum diapafon ad interuallum diapente in fequentibus rationibus 5 : 3; 7 : 4; 12 : 7; 17 : 10; 29 : 17;
41 :

41 : 24 ; 53 : 31, quae rationes ita funt comparatae, vt minoribus numeris propiores rationes exhiberi nequeant.

§. 8. Quia porro interualli fonorum 3 : 1 menfura eft 1, 584962, qui numerus eft fumma menfurarum octauae et quintae, hoc interuallum octaua cum quinta folet appellari. Simili modo interuallum fonorum 6 : 1 erit duplex octaua cum quinta, quippe cuius menfura eft 2, 584962. Atque pari modo fonorum 12 : 1 interuallum vocatur triplex octaua cum quinta, et fonorum 24 : 1 quadruplex octaua cum quinta. Ex quo perfpicitur, fi fractio decimalis fuerit, 584962 interuallum effe compofitum ex quinta et tot octauis, quot characteriftica denotat.

§. 9. Ab interuallo diapente feu quinta dicto non multum discrepat interuallum diateffaron feu quarta, quod exiftit inter fonos rationem 4 : 3 tenentes, cuius ergo menfura eft 0, 415037. Vnde patet haec duo interualla quintam et quartam coniuncta octauam conftituere; cum fumma earum menfurarum fit 1, 000000. Simili porro modo interuallum fonorum 8 : 3 cuius menfura eft 1, 415037 octaua cum quarta, atque interuallum fonorum 16 : 3 cuius menfura eft 2, 415037, duplex octaua cum quarta appellatur, et ita porro.

§. 10. Vti ergo haec interualla quinta et quarta, quae octaua funt minora, fimplicia funt adepta nomina, interualla vero ex iis adiectione vnius pluriumue octauarum orta nominibus compofitis denotantur, ita omnia interualla minora quam octaua interualla fimplicia vocari folent, interualla vero octaua maiora compofita. Menfura

Tr. de Muf. · O itaque

itaque interuallorum fimplicium eft minor vnitate, loga-
rithmorumque ea metientium characteriftica eft o. Compofitorum vero interuallorum logarithmi maiores funt
vnitate, feu eorum characterifticae funt nihilo maiores.
Ex quo perfpicitur, omnia interualla fimplicia intra interuallum octauam effe contenta, hancque ob rationem
octaua quoque diapafon appellatur.

§. 11. Cum igitur interuallorum compofitorum
appellatio ex numero octauarum, quem continent, et
nomine exceffus, qui eft interuallum fimplex, formetur,
fufficiet interualla fimplicia, quae quidem a muficis recepta, atque nomina fortita funt, enumerare. Quod
quo diftinctius efficiamus ab interuallis minimis recen-
fendis incipiemus, quae funt Comma, Diefis et Diafchifma, atque ideo minima appellantur, quia auditu vix
percipi poffunt, atque maiora interualla fi ipfis vel addantur, vel ab ipfis demantur, non immutare cenfentur;
adeo vt interualla maiora huiusmodi minimis fiue aucta
fiue minuta pro iisdem habeantur. Quod quidem pro
craffioribus tantum auribus locum habet, in perfecta harmonia autem omnino non valet.

§. 12. Conftituitur vero comma interuallum duorum fonorum rationem 81:80 tenentium, ita vt com-
matis menfura fit log. 81 – log. 80 $=$ 0, 017920;
atque ideo fere 56 commata interuallum octauae ex-
pleant. Diefis eft interuallum fonorum rationem 128:
125 tenentium, eius ergo menfura eft 0,034215.
Eft ergo Diefis fere duplo maior quam comma, atque
in octaua propemodum 29 Diefes continentur. Diafchifma

de-

denique eft interuallum fonorum 2048 : 2025, eiusque menfura eft 0,016295, diafchifmatum ergo 61 propemodum octauam adimplent. Conftat igitur effe diafchifma differentiam inter diefin et inter comma.

§. 13. Interualla haec tam exigua in mufica quidem confueta occurrere non folent, neque foni tam parum fe inuicem diftantes vfurpantur; interim tamen differentiae maiorum interuallorum tam paruae in mufica deprehenduntur, vt ad ea exprimenda hacc minima interualla introducere fuerit opus. Interualla autem minima, quae in mufica reuera adhibentur et fonis exprimi folent, funt hemitonia tam maiora quam minora; atque Limmata itidem tam maiora quam minora; quae interualla, cum parum a fe inuicem diftent, ab imperitioribus pro aequalibus habentur, nomineque hemitonii indicantur.

§. 14. Hemitonium maius eft interuallum fonorum rationem 16 : 15 tenentium, eius ergo menfura eft 0, 093109. Hemitonium vero minus conftituitur inter fonos 25 : 24, quae ratio ab illa fuperatur ratione 128 : 125 Diefin exprimente; erit ergo hemitonii minoris menfura 0,058894, ad quam quippe menfura diefeos addita menfuram hemitonii maioris producit. Octauam igitur proxime complent decem hemitonia maiora cum duabus diefibus; feu 17 hemitonia minora proxime.

§. 15. Limma maius, quod conftat fonorum ratione 27 : 25, commate excedit hemitonium maius, eiusque propterea menfura eft 0, 111029. Limma vero minus

nus eft interuallum fonorum rationem 1 3 5 : 1 2 8 tenentium, ideoque quoque commate excedit hemitonium minus a limmate vero maiore fubtractum relinquit diefin.
Menfura ergo limmatis minoris eft 0,0 7 6 8 1 4. No-
uem ergo limmata maiora proxime octauam conftituent,
limmatum minorum vero ad octauam implendam requiruntur 1 3.

§. 16. Hae quatuor interuallorum fpecies promif-
cue, vt iam diximus, hemitonia appellari folent; vocantur vero etiam fecundae minores, quod nomen aeque ac
octaua quinta et quarta, ortum fuum ex genere diatonico
habent. Complementa vero horum interuallorum ad
octauam, quae continentur fonorum rationibus 1 5 : 8 ;
4 8 : 2 5 ; 5 0 : 2 7 ; et 2 5 6 : 1 3 5 eadem nominis deriua-
tione feptimae maiores vocantur. Sunt adeo earum
menfurae 0, 9 0 6 8 9 0 ; 0, 9 4 1 1 0 5 ; 0, 8 8 8 9 7 0, atque
0, 9 2 3 1 8 5, quae funt maxima octaua minora interualla,
quae quidem funt in vfu.

§. 17. Hemitonia quantitatis ordine excipiunt interualla, quae nomine toni itemque fecundae maioris indicari folent. Tonorum autem tres habentur fpecies, quarum prima, quae ratione 9 : 8 conftat, tonus maior appellatur, cuiusque ideo menfura eft 0,1 6 9 9 2 4 ; huiusmodi
ergo tonorum fex coniuncti octauam plus quam commate fuperant. Tonus minor ratione 1 0 : 9 continetur
commateque minor eft quam tonus maior, ita vt eius
menfura fit 0,1 5 2 0 0 4. Ad tonos tertio quoque refertur interuallum fonis 2 5 6 : 2 2 5 contentum, quod tonum
maiorem diafchifmate, minorem vero diefi fuperat.
Com-

Complementa vero horum tonorum ad octauam septimae minores vocantur.

§. 18. Tonus autem duo hemitonia lato sensu accepta continet. Est enim tonus maior tam summa ex hemitonio maiore et limmate minore, quam summa ex hemitonio minore et limmate maiore. Tonus vero minor est summa ex hemitonio maiore et minore. Tonus denique maximus ratione 256 : 225 contentus est summa duorum hemitoniorum maiorum. Simili modo sequentia interualla hemitoniis adiiciendis oriuntur.

§. 19. Tonis semitonio auctis oriuntur interualla, quibus tertiae minoris nomen est impositum; quamuis accurate loquendo id tantum interuallum hoc nomen mereatur, quod sonis 6 : 5 contineatur. Quae interualla enim vel commate vel diaschismate vel diesi ab hac ratione discrepant, ea congrue pro tertia minore, quae est consonantia satis grata, habentur; id quod etiam de reliquis interuallis, quae suaues sunt consonantiae, est tenendum. Tertiae minoris complementum ad octauam vocatur sexta maior ratione 5 : 3 contenta; tertiaeque minoris propterea mensura est 0, 263034 et sextae maioris 0, 736965.

§. 20 Tertiam minorem hemitonio minore excedit tertia maior, ea scilicet, quae gratam consonantiam constituit, illaque est interuallum sonorum rationem 5 : 4 tenentium. Eius ergo mensura est 0, 321928; constat igitur hae tertia maior ex tono maiore et minore coniunctis. Complementum vero tertiae maioris ad octauam

voca-

vocatur fexta minor, quae ergo conftat ex fonis rationem
8 : 5 tenentibus, eiusque menfura eft 0, 678071. Sexta
etiam graece vocatur hexachordon, ita vt fexta maior
congruat cum hexachordo maiore, minor vero cum minore.

§. 21. Si ad tertiam maiorem ratione 5 : 4 contentam addatur hemitonium maius 16 : 15, prodibit his rationibus componendis ratio 4 : 3, qua interuallum Diateffaron indicatur, feu quarta. Huius vero interualli
complementum ad octauam eft Diapente feu quinta ratione 3 : 2 contenta, de quibus interuallis iam fupra eft
actum. Hic fupereft tantum, vt notemus differentiam
inter quintam et quartam effe tonum maiorem ratione
9 : 8 conftantem, quae ipfa differentia veteribus primum
ideam toni maioris fuppeditauit.

§. 22. Cum iam reliqua interualla omnia femito-
niis a fe inuicem differant, medium quoque fonum mufici inter quintam et quartam collocauerunt, qui ab vtroque hemitonio diftet. Vocatur autem hic fonus tritonus,
eo quod ex tribus tonis conftet, alias vero etiam quarta
abundans atque etiam quinta deficiens feu quinta falfa.
Pro quatuor autem variis hemitonii fpeciebus tritoni quatuor
habentur fpecies, quarum prima continentur ratione 64 : 45
et eft quarta cum hemitonio maiore. Secunda fpecies
eft quinta demto hemitonio maiore et continetur ratione
45 : 32. Tertia fpecies eft quarta cum hemitonio minore,
quarta vero eft quinta demto hemitonio minore; illa ergo
ratione 18 : 25 haec vero ratione 25 : 36 continetur, quarum poftrema quoque eft duplex tertia minor.

§. 23.

§. 23. Vti haec interualla a numeris sua nomina obtinuerunt, et secunda, tertia, quarta, quinta, etc. vsque ad octauam appellantur, ita etiam similia nomina interuallis compositis seu octaua maioribus sunt imposita. Octaua scilicet cum secunda siue maiore siue minore nona vel maior vel minor vocatur; pariter octaua cum tertia decima appellatur, octauaque cum quarta vndecima, et ita porro septem semper adiiciendis ad nomina interuallorum simplicium: ita duodecima est octaua cum quinta, decima quinta vero est duplex octaua, ex quibus huiusmodi nomina satis intelliguntur.

§. 24. Quo haec interualla quaeque cum suis nominibus vno conspectu appareant, faciliusque tam percipiantur quam a se inuicem discernantur, sequentem tabulam adiicere visum est, in qua primo nomina interuallorum simplicium sunt collocata, deinde rationes sonorum in numeris, tertio mensurae interuallorum per logarithmos ad hoc institutum electos expressae; in quarta columna praeterea gradus suauitatis adscripsi, quo quaeque interualla gaudent, ex quibus statim iudicari potest, quanto gratiora auditui alia interualla aliis sint futura.

Nomi-

Nomina Interuallor.	Ratio fonorum.	Menfura.	Gradus Suauitatis.
Diafchisma.	2048 : 2025.	0, 016295.	XXVIII.
Comma.	81 : 80	0, 017920.	XVII.
Diefis.	128 : 125.	0, 034215.	XX.
Hemiton. minus.	25 : 24.	0, 058894.	XIV.
Limma minus.	135 : 128.	0, 076814.	XVIII.
Hemit. maius.	16 : 15.	0, 093109.	XI.
Limma maius.	27 : 25.	0, 111029.	XV.
Tonus minor.	10 : 9.	0, 152004.	X.
Tonus maior.	9 : 8.	0, 169924.	VIII.
Tertia minor.	6 : 5.	0, 263034.	VIII.
Tertia maior.	5 : 4.	0, 321928.	VII.
Quarta.	4 : 3.	0, 415037.	V.
	25 : 18.	0, 473931.	XIV.
Tritonus.	45 : 32.	0, 491851.	XIV.
	64 : 45.	0, 508148.	XV.
	36 : 25.	0, 526068.	XV.
Quinta.	3 : 2.	0, 584962.	IV.
Sexta minor.	8 : 5.	0, 678071.	VIII.
Sexta maior.	5 : 3.	0, 736965.	VII.
Septima minor.	16 : 9.	0, 830075.	IX.
	9 : 5.	0, 847995.	IX.
	50 : 27.	0, 888970.	XVI.
Septima maior.	15 : 8.	0, 906890.	X.
	256 : 135.	0, 923185.	XIX.
	48 : 25.	0, 941105.	XV.
Octaua.	2 : 1.	1, 000000.	II.

Haec ergo interualla ratione fuauitatis ita progrediuntur; Octaua; Quinta; Quarta; Tertia maior et fexta maior; Tonus maior, tertia minor et fexta minor; Vtraque feptima minor; Tonus minor et vna feptima maior hemitonio maiore ab octaua deficiens; hemitonia et feptimae maiores reliquae.

CA-

CAPVT OCTAVVM
DE
GENERIBVS MVSICIS.

§. 1.

Hactenus in genere naturam sonorum et ex iis formandae harmoniae praecepta expofuimus, neque adhuc locus fuit praecepta fpecialia compofitionum muficarum tradendi. Antequam enim haec praecepta ad praxin accommodare liceat, inftrumenta mufica modumque ea attemperandi confiderari oportet. Namque cum foni, qui ad opera mufica edenda adhibentur, vel ope vivae vocis, vel inftrumentorum auditui offerantur, ante omnia tam vox quam inftrumenta apta funt reddenda ad omnes fonos, quibus ad opera mufica exprimenda eft opus, edendos.

§. 2. Cum igitur exponens operis mufici omnes fonos neceffarios contineat, ex hoc ipfo exponente perfpicietur, quot et quales foni in inftrumentis muficis ineffe debeant. Pendet ergo inftructio inftrumentorum muficorum ab exponente operum muficorum, quae illorum ope auditui offerri debent; ita vt, fi aliorum exponentium opera mufica repraefentare voluerimus, ad ea quoque alia inftrumenta mufica requirantur, quae fecundum illos exponentes fint accommodata.

§. 3. Propofito ergo exponente operis mufici fonis exprimendis inftrumenta ita adaptari debent, vt in iis omnes foni, quos ille exponens in fe complectitur, continean-

Tr. de Muf.   P   tinean-

tineantur; nifi forte quidam foni fint vel nimis graues vel
nimis acuti, vt auribus percipi nequeant, qui propterea
tanquam fuperflui tuto omitti poffunt. Soni autem, quos
propofitus exponens in fe continet, colliguntur ex eius diuiforibus; quocirca inftrumenta mufica ita funt inftruenda,
vt omnes fonos perceptibiles diuiforibus iftius exponentis
expreffos comprehendant. Contra vero etiam ex dato inftrumento mufico intelligitur, ad cuiusmodi opera mufica
edenda id fit idoneum.

§. 4. Soni vero etiam, qui in dato inftrumento mufico continentur, commodiffime per exponentem indicantur, qui, vt hactenus, eft minimus communis diuiduus
omnium fonorum in illo inftrumento contentorum. Ex
exponente ergo inftrumenti mufici intelligitur, ad cuiusmodi opera mufica edenda id fit aptum. Alia fcilicet opera
mufica in hoc inftrumento exprimi non poffunt, nifi quorum exponens fit diuifor exponentis inftrumenti. Ad hoc
autem requiritur, vt in inftrumento omnes foni contineantur, qui ex diuiforibus eius exponentis oriuntur; horum
enim fi qui deeffent, inftrumentum foret mancum nec ad
vfum fatis idoneum.

§. 5. Ad inftrumentum ergo muficum bene inftruen-
dum idoneus exponens eft eligendus, qui contineat omnium
operum muficorum eius ope edendorum exponentes. Quo
facto huius exponentis omnes diuifores inueftigari, fonique,
qui his fingulis diuiforibus exprimuntur, in inftrumentum
induci debent; exceptis tamen iis, qui ob nimiam grauitatem et acumen percipi nequeunt. Praeter hos autem
fonos commode alii vniformitatis gratia adiungi poffunt, vt
foni

soni in singulis octauis contenti fiant numero aequales. Hocque non solum est vsu receptum, sed etiam instrumenta magis perfecta efficit, vt ad plura opera musica edenda sint apta.

§. 6. Non solum igitur quilibet exponentis assumti diuisor sonum in instrumentum inducet, sed etiam eius duplum, quadruplum, octuplum etc. item eius partes dimidia, quarta, octaua, etc. Hoc enim pacto fiet, vt omnia interualla diapason dicta aequali sonorum numero repleantur, atque etiam simili modo fiant diuisa. Vnde quoque hoc obtinebitur commodum, vt, si vna octaua fuerit recte attemperata, ex ea reliquae octauae tam acutiores quam grauiores facile efformentur; quod fit, dum singulorum sonorum in vna octaua contentorum alii vna vel pluribus octauis tam autiores quam grauiores efficientur.

§. 7. Si igitur exponens instrumenti fuerit A, eiusque diuisores sint $1, a, b, c, d, e$, etc. praeter sonos his diuisoribus denotatos, etiam soni $2, 2a, 2b, 2c, 2d$ etc. item $4, 4a, 4b, 4c$, etc. deinde quoque isti $\frac{1}{2}, \frac{1}{2}a, \frac{1}{2}b, \frac{1}{2}c$, etc. item $\frac{1}{4}, \frac{1}{4}a, \frac{1}{4}b, \frac{1}{4}c$ etc. in instrumentum debebunt induci. Multiplicatione autem sublatis fractionibus omnes soni instrumento contenti erunt $2^n, 2^n a, 2^n b, 2^n c, 2^n d$, – – – – – $2^n A$, vbi n quemuis numerum integrum designat. Instrumenti ergo hoc modo instructi exponens non amplius erit A, sed $2^m A$ denotante m numerum indefinitum tam paruum vel magnum, quoad soni sint perceptibiles.

§. 8. Instrumentum igitur ita comparatum non solum erit idoneum ad opera musica edenda, quorum exponen-

tes

tes in A contineantur, fed etiam ad talia opera, quorum exponentes in 2^mA comprehenduntur. Ex quo intelligitur omnibus octauis aequaliter fonis replendis inftrumenta mufica maiorem confequi perfectionem, atque ad plura opera mufica effe accommodata. Deinceps Tyrones quoque hoc inde habent commodum, vt cognitis fonis in vna octaua contentis fimul facile reliquarum octauarum fonos cognofcant.

§. 9. Pro exponentibus ergo operum muficorum in pofterum huiusmodi formam 2^mA affumemus, atque inueftigabimus quot et cuiusmodi fonos quaelibet octaua continere debeat. Pro A autem tantum numeros impares fumi conueniet, cum fi pares fumerentur, foret fuperfluum, ob binarios iam in 2^m contentos. Dabit ergo quiuis exponens 2^mA peculiarem octauae diuifionem, tam ratione numeri fonorum, quam ratione interuallorum, quae fonfinter fe tenent. Huiusmodi autem octauae diuifio a muficis genus muficum appellari folet; taliumque generum tria a longo tempore funt cognita, quae funt genus Diatonicum, Chromaticum, et Enharmonicum.

§. 10 Si octauae, cuius diuifio ex dato exponente 2^mA quaeritur, grauiffimus fonus fuerit E; erit acutiffimus 2E, reliquique foni omnes intra limites E et 2E, continebuntur. Quare fingulos diuifores ipfius A per eiusmodi binarii poteftates multiplicari oportet, vt facta fint maiora quam E minora vero quam 2E, haecque facta omnia dabunt fonos in octaua contentos. Ex quo perfpicitur in octaua tot contineri debere fonos, quot A habeat

beat

beat diuifores cum vnusquisque diuifor ipfius A fonum
in quamque octauam inferat.

§. 11. Si ergo exponens inftrumenti, quem poft
hac exponentem generis mufici vocabimus, fuerit $2^m a^p$,
exiftente a numero primo; vna octaua continebit $p + 1$
fonos, quia a^p totidem habet diuifores. Sin autem exponens fuerit, $2^m a^p b^q$, in octaua $(p + 1)(q + 1)$ feu
$pq + p + q + 1$ continebuntur foni; numerus enim $a^p b^q$
tot non plures habet diuifores, fi quidem a et b fuerint
numeri primi inaequales. Simili modo exponens generis
$2^m a^p b^q c^r$ dabit $(p + 1)(q + 1)(r + 1)$ fonos intra vnius
octauae interuallum contentos. Ex his ergo ftatim ex
exponente generis iudicari licet, quot foni in vna octaua
contineantur.

§. 12. Quales autem fint ifti foni in vnaquaque octaua contenti ipfi diuifores ipfius A declarabunt; finguli enim
per eiusmodi binarii poteftates debent multiplicari, vt maximus ad minimum minorem habeat rationem quam duplam.
Hoc vero commodius fumendis logarithmis, iis fcilicet
quos huc recepimus, patebit, ex quibus cum binarii log. fit
1, ftatim apparebit per quamnam binarii poteftatem quilibet diuifor multiplicari debeat, vt omnium fonorum logarithmi plus vnitate a fe inuicem non difcrepent.

§. 13. Genera ergo mufica a fimpliciffimo vsque ad
maxime compofita, quae quidem vfum habere poffunt,
tam cognita iam, quam incognita recenfebimus, atque de
quolibet annotabimus, ad quaenam opera mufica fit accommodatum. Simpliciffimum autem fine dubio mufi-

cum

cum genus eſt 2^m, quod habetur ſi eſt $A = 1$. In interuallo ergo octauae vnicus continetur ſonus 1, quem ſtatim ſonus 2 integra octaua ſuperans ſequitur. Omnes ergo ſoni in inſtrumento muſico contenti erunt $1 : 2 : 4 : 8 : 16$, quia raro inſtrumenta muſica plures quam 4 octauas complectuntur. Hoc autem genus ob nimiam ſimplicitatem ineptum eſt ad vllam harmoniam producendam.

§. 14. Exponens ergo 2^m A dabit ordine ſequens muſicum genus, ſi ponatur $A = 3$, cuius diuiſores ſunt 1 et 3; indeque ſoni octauam conſtituentes $2 : 3 : 4$. In hoc igitur genere octaua in duas partes diuiditur, quarum altera eſt interuallum quinta altera quarta. Forma etiam huius octauae, infimum ſonum ponendo 3, ita poteſt repraeſentari $3 : 4 : 6$, vbi interuallum inferius eſt quarta, ſuperius vero quinta. Soni vero omnes inſtrumenti ſecundum exponentem 2^m. 3 inſtructi erunt $2 : 3 : 4 : 6 : 8 : 12 : 16 : 24 : 32$. Ceterum hoc genus eſt nimis ſimplex, ita vt nunquam fuerit in vſu.

§. 15. In Muſica ad hunc vsque diem aliae conſonantiae non ſunt receptae, niſi quarum exponentes conſtent numeris primis ſolis 2, 3 et 5, adeo vt muſici vltra quinarium in formandis conſonantiis non proceſſerint. Hanc ob rem hic etiam in initio loco A praeter 3 et 5 eorumque poteſtates alios numeros non aſſumam; his vero, quae hinc oriri poſſunt, generibus muſicis expoſitis, tentabimus quoque 7 introducere; vnde forte aliquando noua muſicae genera formari, nouaque adhuc atque inaudita opera muſica confici poterunt.

§. 16. Erit ergo tertium muficae genus 2^m. 5, in quo foni in octaua contenti funt 4 : 5 : 8, quorum duorum interuallorum inferius tertiam maiorem, fuperius fextam minorem conficit. Hoc autem genus tam quia eft nimis fimplex, quam quod numerum 5 continet omiffo ternario, ideoque confonantias magis compofitas omiffis fimplicioribus habet, vfum habere nequit. In congruum enim foret in confonantiis maiores numeros primos adhibere, neglectis minoribus, eo quod hoc modo harmonia praeter neceffitatem magis intricata minusque accepta redderetur.

§. 17. In his duobus generibus in A vnica fuit dimenfio vel ipfius 3 vel 5. Nunc itaque fumamus duas dimenfiones, fitque quarti generis exponens 2^m. 3^z, in quo quantitatis A feu 3^z diuifores funt 1 : 3 : 9. Octaua ergo hos continebit fonos 8 : 9 : 12 : 16, et tribus conftat interuallis, quorum primum eft tonus maior, duo reliqua vero quartae. Hocque eft primum genus, quod in vfu fuiffe perhibetur, cuius auctor erat primus muficae inuentor in Graecia Mercurius, qui hos quatuor fonos totidem chordis expreffit, vnde inftrumentum tetrachordon eft appellatum. Ab hoc etiam inftrumento fequentes mufici venerationis erga Mercurium oftendendae gratia fua magis compofita genera in tetrachorda diuidere funt foliti:

§. 18. In hoc ergo primo muficae genere, quod cum legibus harmoniae mirifice congruit, atque etiam ob hanc caufam auditores, qui ante nullam adhuc harmoniam cognouerant, in fummam admirationem pertraxit, praeter quintam, quartam, tonum maiorem et octauam, alia non

inerant

inerant auribus grata interualla.   Atque etiam post hoc
tempus vsque ad tempora Ptolemaei incognita mansit
consonantia tertia dicta, quippe quam Ptolemaeus primus
in musicam introduxit.

§. 19. Quinti generis musici exponens erit $2^m.3.5$,
quod ob diuisores $1:3:5:15$, ipsius 3.5 in vna octaua
continebit sonos $8:10:12:15:16$.   Interuallis igitur
gaudet tertia maiore et minore, sexta maiore et minore,
quinta et quarta, hemitonio maiore et septima maiore
vtique perquam gratis.   Interim tamen non constat hoc
genus vnquam fuisse in vsu, etiamsi plurium varietatum
capax fuisset quam praecedens Mercurii genus.   Cuius rei
ratio procul dubio est, quod tertiam tam maiorem quam
minorem propter numerum 5 vsque ad Ptolemaeum igno-
rauerint; hic autem iam magis compositum genus intro-
duxerit.

§. 20. Sextum genus constituit exponens $2^m.5^2$, in
cuius octaua propter $1:5:25$ diuisores ipsius 5^2 insunt
istam rationem tenentes soni $16:20:25:32$, quibus
octaua in tria interualla secatur, quorum duo priora sunt
tertiae maioris, postremum vero Tertia maior cum diesi.
Quod genus mirum non est, nunquam fuisse vsu receptum, cum quoniam antiquissimis temporibus tertiae fuerunt incognitae, tum quod consonantiae in hoc genere
contentae non admodum sint suaues, atque ad haec accedit quod hoc genus suauissimis interuallis, qualia sunt
quinta et quarta, careat.

§. 21. Septimum nobis genus erit, cuius exponens
est $2^m.3^3$.   Diuisores ergo ipsius 3^3 sunt $1:3:9.27$, ex
quibus

quibus fequens octaua conftituitur 16:18:24:27:32,
quam autem vnquam fuiffe in vfu non conftat. Octaui
generis exponens eft $2^m. 3^2. 5$, cuius fex funt diuifores impares 1:3:5:9:15:45, vnde fequentes foni octauam
conftituent 32:36:40:45:48:60:64. Hocque genus
fummam continet gratiam, merereturque in vfum recipi,
nifi iam in receptis generibus contineretur. Nonum genus exponentem habet $2^m. 3. 5^2$, atque in octaua fequentes fonos continet 64:75:80:96:100:120:128. Decimum autem genus exponentis $2^m. 5^3$ in octaua hos habebit fonos 64:80:100:125:128.

§. 22. Vndecimum genus ergo exponentem habebit
$2^m 3^4$, hincque in octaua continebit fonos 64:72:81:96:
108:128. De quo genere vti et de praecedente eft notandum, quod in iis interualla et confonantiae infint, quae
in genere hoc quidem tempore recepto non continentur:
quare etiam genus, quod nunc eft in vfu et diatonico-chromaticum appellatur, haec duo poftrema genera in fe non
complectitur; praecedentia vero genera omnia in fe comprehendit, ita vt, ad quae opera mufica praecedentia genera omnia fint accommodata, iisdem quoque genus nunc
vfu receptum inferuiat.

§. 23. Duodecimum genus porro exponente $2^m. 3^3. 5$
determinatur, in octaua ergo continebit hos octo fonos
128:135:144:160:180:192:216:240:256. Hocque
genus pioxime conuenit cum veterum genere diatonico,
etiamfi veteres feptem tantum fonos in hoc genere colla-
cauerint. Omiffo enim fono 135 hoc genus apprime congruit cum genere diatonico fyntono Ptolemaei, in quo

Tr. de Muf.   Q   octa-

octaua in duo tetrachorda diuiditur, quorum vtrumque interuallum diateſſaron complectitur et in tria interualla ita diuiditur, vt infimum ſit hemitonium maius, ſequens tonus maior et tertium tonus minor.

§. 24. Hanc vero ipſam diuiſionem et noſtrum hoc genus habet omiſſo ſono 135; incipiendo enim octauam a ſono 120, hanc habebit faciem

$$120:128:144:160 \mid 180:192:216:240,$$

quarum duarum partium vtraque eſt interuallum diateſſaron ita diuiſum, vt infima interualla 120:128 et 180:192 ſint hemitonia maiora, media vero 128:144 et 192:216 toni maiores, atque ſuprema 144:160 et 216:240 toni minores. Eximia ergo ſuauitate Ptolemaei genus diatonicum erat praeditum, vti etiam experientia ſatis teſtatur, cum hoc genus etiamnum ſit in vſu, dum alia veterum genera minore vel nulla gratia praedita negligantur.

§. 25. Cum autem hoc veterum genus diatonicum ſono 135, qui tamen aeque in octauam pertinet ac reliqui, careat, non omnino pro perfecto eſt habendum; interim tamen, quia tanta eſt congruentia inter hoc noſtrumque genus duodecimum, id diatonicum correctum vocabimus. Intelligitur autem ex hoc quam pertinaciter veteres muſici primo Mercurii inuento adhaeſerint, ita vt inſtrumenta muſica in tetrachorda, ſingulaque tetrachorda in tres partes diuiſerint, quod quidem inſtitutum in hoc genere ſatis cum harmonia conſtitit, in reliquis vero ingratae harmoniae cauſa ſuit.

§. 26.

§. 26. Praeter hoc vero genus diatonicum fyntonum Ptolemaei apud veteres plures generis diatonici fpecies in vfu fuerunt, quarum interualla in tetrachordis fingulis contenta ita fe habebant.

Diatonicum Pythagorae.	243 : 256 ; 8 : 9 ; 8 : 9.
Diatonicum Molle.	20 : 21 ; 9 : 10 ; 7 : 8.
Diatonicum Toniaeum.	27 : 28 ; 7 : 8 ; 8 : 9.
Diatonicum Aequale.	11 : 12 ; 10 : 11 ; 9 : 10.

In quibus omnibus hoc erat inftitutum, vt prius interuallum fit fere hemitonium, reliqua duo fere toni, omnia autem fimul diateffaron compleant. Facile autem perfpicitur, quam imperfecta atque abfurda fint haec genera, ita vt mirum non fit, quod penitus fint xtincta.

§. 27. Quaemadmodum autem hoc tempore inftrumenta mufica fecundum octauas diuidi, omnesque octauae aequaliter partiri folent, ita veteres fua inftrumenta in quartas diuidere, fingulasque quartas aequaliter in tria interualla fecare amabant, qua in re potius Mercurii tetrachordon quam ipfam harmoniam fequebantur. Hancque diuifionem Pythagorici praecipue mufici numeris arbitrariis nullo ad harmoniam refpectu habito, perfecerunt, vti ex allatis exemplis fatis apparet; hocque modo iftis numeris muficae non paruum damnum attulerunt, ita vt merito ab Ariftoxeno eiusque affeclis fint reprehenfi,

§. 28. Genus autem diatonicum fyntonum Ptolemaei, quod feliciter ex peruerfo hoc muficam tractandi modo emanauit, etiamnum merito eft in vfu, et in cymba-

lis,

lis, clauichordis, aliisque inftrumentis manualibus inftructis confpicitur, in quibus duplicis generis claues habentur, quarum longiores et inferiores fonos generis diatonici fyntoni edunt. Quaemadmodum igitur hae claues litteris fignari folent ita etiam commode ipfi foni iisdem literis denotantur. Hinc ergo erit fonus numero 192 indicatus C, fequentes 216, D; 240, E; 256, F; 288, G; 320, A; 360, H; et 384, c.

§. 29. Iisdem porro litteris fed minusculis foni octaua acutiores, feu numeris duplo maioribus expreffi indicantur; haecque minusculae litterae cum vna pluribusue octauis acutiores indicant. Ita cum 320 fit A, erit 640, a; 1280, $\bar{a}$; 2560, $\bar{a}$; 5120, $\tilde{a}$ etc. Hanc ob rem huiusmodi literis fiue maiusculis fiue minusculis refpondebuntfoni fequentibus numeris expreffi. C fcilicet vocantur omnes foni in hac formula $2^n. 3$ contenti; D foni in $2^n. 3^3$ contenti; E foni in $2^n. 3.5$ contenti; F foni in 2^n contenti; G foni in $2^n. 3^2$ contenti; A foni in $2^n. 5$ contenti; et H foni in $2^n. 3^2. 5$ contenti. Sonus autem in vfitato genere omiffus $2^n. 3^3. 5$ nuncupatur Fs, hoc eft F cum hemitonio.

§. 30. Decimum tertium genus deinceps conftituet exponens $2^n. 3^2. 5^2$, cuius ergo octauam ifti 9 foni complent, 128 : 144 : 150 : 160 : 180 : 192 : 200 : 225 : 240 : 256, ad quod genus Veteres collineaffe videntur, dum genus chromaticum excogitauerunt, fi quidem vllam harmoniam in hoc genere chromatico perceperunt. Conftituerunt enim in huius generis tetrachordo primo duo hemitonia poft eaque tertiam minorem feu potius complemenmentum duorum hemitoniorum ad quartam. In noftro autem genere bis duo hemitonia fe exciṛiunt, quae omif-fis aliquot fonis tertiae minores fequuntur, Interim tamen Veterum genus chromaticum admodum imperfectum fuiffe neceffe eft, ideoque hoc genus decimum tertium nobis rite chromaticum correctum.

§. 31. Apud Veteres tres potiſſimum generis chro-matici fpecies verfabantur, quas in duo tetrachoda, tetra-chordum vero in tria interualla diuidebant, quae fe in illis tribus fpeciebus ita habebant.

Chromaticum antiquum.	243:256; 67:76; 4864:5427
Chromaticum molle.	27:28; 14:15; 5:6;
Chromaticum fyntonum.	21:22; 11:12; 6:7.

Quae generis chromatici fpecies, quantum veris harmo-niae principiis repugnent, quilibet facile perfpiciet. Genus autem hoc noftrum chromaticum retenta in tetrachorda di-uifione, fequenti modo omiffis fonis 225 et 150 in vfum vocare potuiffent recipiendis in octauam his fonis

$$120:128; 144:160 \mid 180:192; 200:240.$$

in quibus quidem prioris tetrachordi diuifio eft diatonica fyntona, alterius vero chromatica genuina.

§. 32. Decimum quartum genus, cuius exponens eft $2^m . 3 . 5^3$, in octaua habebit hos fonos 256:300:320: 375:384:400:480:500:512; quod genus vocabimus enharmonicum correctum, cum ad veterum genus enhar-monicum quodammodo accedere videatur. Veteres qui-dem fequentes huius generis tetrachordi diuifiones relique-runt.   Q 3   *En-*

Enharmonicum antiquum | 125:128; 243:250;64:81
EnharmonicumPtolemaicum. | 45:46; 23:24:4:5.

quarum neutra cum harmonia confiftere poteft. Potuiffent autem Veteres loco generis enharmonici cum aliqua gratia vti hac octauae in tetrachorda et tetrachordorum diuifione

$$240:250:256:320 \mid 375:384:400:480.$$

omiffo fcilicet fono 300; fed hoc ipfo deficiente genus imperfectum eft cenfendum.

§. 33. Decimum quintum genus continebitur ifto exponente $2^m. 5^4$ habebitque in octaua fequentes fonos 512:625:640:800:1000:1024, quod autem genus propter duriora interualla, et defectum gratiorum confonantiarum ternario expofitarum vfum habere nequit. Decimum fextum vero genus conftituet exponens $2^m.3^5$, in eiusque octaua inerunt ifti foni 128:144:162:192:216: 243:256, quod genus ob defectum confonantiarum ex 5 ortarum non fatis varietatis continet. Decimum feptimum autem genus exponente $2^m. 3^4. 5$ expreffum minime incongruum effe videtur, quod vfu recipiatur, continebit enim eius quaelibet octaua fonos fequenti ratione progredientes 256:270:288.320:324:360:384: 405:432:480:512. Contra hoc enim genus aliud quicquam excipi nequit, nifi quod nimis parua interualla, comma fcilicet, auditu vix percipienda in eo occurrant.

§. 34. Sequeretur ergo exponendum genus decimum octauum, cuius exponens eft $2^m. 3^5. 5^2$; quod vero quia

eft

eft ipfum genus diatonico chromaticum hoc tempore apnd omnes muficos vfu receptum, dignum eft, vt peculiari capite pertractetur. Ceterum, quo hactenus expofita genera cum fuis exponentibus clarius ob oculos ponantur, fequentem adiicere vifum eft tabulam, in qua tam exponentes cuiusque generis, quam foni in quaque octaua contenti, itemque interualla inter quosque fonos contiguos funt defcripta. Nomina etiam fonorum recepta appofui, et fonos vulgo non cognitos afterifco notaui litterae proximae adfcripto.

Tabula Generum Musicorum.

Signa Sonor.	Soni.	Interualla.	Nomina Interuallorum.
		GENVS I. Exponens 2ᵐ.	
F f	1 2	1 : 2	Diapafon feu Octaua.
		GENVS II. Exponens 2ᵐ.3.	
F c f	2 3 4	2 : 3 3 : 4	Diapente feu Quinta. Diateffaron feu Qaurta.
		GENVS III. Exponens 2ᵐ.5.	
F A f	4 5 8	4 : 5 5 : 8	Tertia maior. Sexta minor.

GE-

Signa Sonor.	Soni.	Interualla.	Nomina Interuallorum.

GENVS IV. Exponens $2^m.3^2.$

F	8	8 : 9	Tonus maior. ⎫ Genus muſicum anti-
G	9	3 : 4	Quarta. ⎬ quiſſimum Mercurii.
c	12	3 : 4	Quarta. ⎭
f	16		

GENVS V. Exponens $2^m.3.5.$

F	8	4 : 5	Tertia maior.
A	10	5 : 6	Tertia minor.
c	12	4 : 5	Tertia maior.
e	15	15 : 16	Hemitonium maius.
f	16		

GENVS VI. Exponens $2^m.5^2.$

F	16	4 : 5	Tertia maior.
A	20	4 : 5	Tertia maior.
cſ	25	25 : 32	Tertia maior cum Dieſ.
f	32		

GENVS VII. Exponens $2^m.3^3.$

F	16	8 : 9	Tonus maior
G	18	3 : 4	Quarta.
c	24	8 : 9	Tonus maior
d	27	27 : 32	Tertia minor commate minuta
f	32		

Signa

Sign. Sonor.	Soni.	Interualla.	Nomina Interuallorum.

GENVS VIII. Exponens $2^m . 3^2 : 5$

F	32	8 : 9	Tonus maior.
G	36	9 : 10	Tonus minor.
A	40	8 : 9	Tonus maior.
H	45	15 : 16	Hemitonium maius.
c	48	4 : 5	Tertia maior.
e	60	15 : 16	Hemitonium maius.
f	64		

GENVS IX. Exponens $2^m . 3 . 5 .^2$

F	64	64 : 75	Tertia minor Diesi minuta.
Gs	75	15 : 16	Hemitonium maius.
A	80	5 : 6	Tertia minor.
c	96	24 : 25	Hemitonium minus.
es	100	5 : 6	Tertia minor.
e	120	15 : 16	Hemitonium maius.
f	128		

GENVS X. Exponens $2^m . 5^3$.

F	64	4 : 5	Tertia maior.
A	80	4 : 5	Tertia maior.
cs	100	4 : 5	Tertia maior.
f*	125	125 : 128	Diesis Enharmonica.
f	128		

GENVS XI. Exponens $2^m . 3^4$.

F	64	8 : 9	Tonus maior.
G	72	8 . 9	Tonus maior.
A*	81	27 : 32	Tertia minor commate minuta.
c	96	8 : 9	Tonus maior.
d	108	27 : 32	Tertia minor commate minuta.
f	128		

Signa Sonor.	Soni.	Interualla.	Nomina Interuallorum.	
			GENVS XII. Exponens $2^m. 3^s. 5$.	
F	128	128:135	Limma minus	
F*s*	135	15:16	Hemitonium maius.	
G	144	9:10	Tonus minor.	
A	160	8:9	Tonus maior.	Genus Diatonicum Veterum Correctum.
H	180	15:16	Hemitonium maius.	
c	192	8:9	Tonus maior.	
d	216	9:10	Tonus minor.	
e	240	15:16	Hemitonium maius.	
f	256			
			GENVS XIII. Exponens $2^m. 3^s. 5^s$.	
F	128	8:9	Tonus maior.	
G	144	24:25	Hemitonium minus.	
G*s*	150	15:16	Hemitonium maius.	
A	160	8:9	Tonus maior.	
H	180	15:16	Hemitonium maius.	Genus Chromaticum Veterum Correctum.
c	192	24:25	Hemitonium minus.	
c*s*	200	8:9	Tonus maior.	
d*s*	225	15:16	Hemitonium maius.	
e	240	15:16	Hemitonium maius.	
f	256			
			GENVS XIV. Exponens $2^m. 3. 5^s$.	
F	256	64:75	Tertia minor Diesi minuta.	
G*s*	300	15:16	Hemitonium maius.	
A	320	64:75	Tertia minor Diesi minuta.	Genus Enharmonicum Veterum Correctum.
H*	375	125:128	Diesis Enharmonica.	
c	384	24:25	Hemitonium minus.	
c*s*	400	5:6	Tertia minor.	
e	480	24:25	Hemitonium minus.	
f*	500	125:128	Diesis Enharmonica.	
f	512			

Signa Sonor.	Soni.	Interualla.	Nomina Interuallorum.

GENVS XV. Exponens 2ᵐ.5ᵗ.

F	512	512:625	Tertia maior Diesi minuta.
A	625	125:128	Diesis Enharmonica.
A	640	4:5	Tertia maior.
cs	800	4:5	Tertia maior.
f*	1000	125:128	Diesis Enharmonica.
f	1024		

GENVS XVI. Exponens 2ᵐ.3ᵗ.

F	128	8:9	Tonus maior.
G	144	8:9	Tonus maior.
A*	162	27:32	Tertia minor commate minuta.
c	192	8:9	Tonus maior.
d	216	8:9	Tonus maior.
e*	243	243:256	Limma Pythagorieum.
f	256		

GENVS XVII. Exponens 2ᵐ.3ᵗ.5.

F	256	128:135	Limma minus.
Fs	270	15:16	Hemiton. maius.
G	288	9:10	Tonus minor.
A	320	80:81	Comma.
A*	324	9:10	Tonus minor.
H	360	15:16	Hemitonium maius.
c	384	128:135	Limma minus.
cs*	405	15:16	Hemitonium maius.
d	432	9:10	Tonus minor.
e	480	15:16	Hemitonium maius.
f	512		

CAPVT NONVM.

DE
GENERE DIATONICO-CHROMATICO.

§. 1.

QVod genus noftrum decimum octauum Diatoni-co-Chromaticum appellemus, ratio ex ipfo ex-ponente $2^m. 3^r. 5^s$ eft manifefta, quippe qui eft minimus communis diuiduus exponentium generis dia-tonici $2^m. 3^r. 5$ et chromatici $2^m. 3^r. 5^r$, ideoque haec duo genera coniuncta exhibet. Ex quo ftatim fufpicari licet, hoc noftrum genus cum nunc a muficis recepto ge-nere conueniens fore, fi quidem mufici quoque iftud ge-nus ex veterum chromatico et diatonico compofuerunt.

§. 2. Primo igitur fonos inueftigabimus, qui in quaque generis noftri octaua ineffe debent. Quamob-rem fumemus numeri $3^r. 5^s$ omnes diuifores, qui funt fequentes $1; 3; 5; 3^2; 3.5; 5^2; 3^3; 3^2.5; 3.5^2; 3^3.5;$ $3^3.5^2; 3^3.5^2$, feu in numeris ordinariis $1; 3; 5; 9; 15;$ $25; 27; 45; 75; 135; 225; 675$. Quorum cum maximus fit 675, reliqui per huiusmodi poteftates binarii debe-bunt multiplicari, vt omnes intra rationem $1:2$, hoc eft intra interualium diapafon contineantur. Dabunt ergo hi numeri iuxta quantitatis ordinem difpofiti fe-quentes fonos vnius octauae $512:540:576:600:640:$ $675:720:768:800:864:900:960:1024.$

§. 3.

§. 3. In huius ergo noſtri generis vna octaua continentur 12 ſoni, qui quidem numerus cum recepti generis diatonico-chromatici numero ſonorum conuenit; num autem plane iidem in vtroque ſint ſoni, interualla declarabunt. In noſtro quidem genere interualla inter quosque ſonos contiguos hoc ordine progrediuntur.

512	Limma minus.	720	Hemiton. maius.
540	Hemiton. maius.	768	Hemiton. minus.
576	Hemiton. minus.	800	Limma maius.
600	Hemiton. maius.	864	Hemiton. minus.
640	Limma minus.	900	Hemiton. maius.
675	Hemiton. maius.	960	Hemiton. maius.
720		1024	

Quae interualla, quomodo cum recepta octauae diuiſione conueniant, videamus.

§. 4. Quamuis autem muſici etiamnunc circa octauae diuiſionem diſſentiant, pluresque diuerſi modi hinc inde vſurpentur, tamen prae aliis in muſicorum ſcriptis vnum deprehendi, qui maxime probatus videtur. In hoc autem interualla a ſono F notato incipiendo ita progrediuntur:

F	Limma minus.	H	Hemitonium maius.
Fs	Hemiton. maius.	c	Hemitonium minus.
G	Hemiton. minus.	cs	Limma maius.
Gs	Hemiton. maius.	d	Hemitonium minus.
A	Limma maius.	ds	Hemitonium maius.
B	Hemitonium minus.	e	Hemitonium maius.
H		f	

Haec interualla ſunt deſumta ex Mattheſoni Libro die General-𝕭𝖆𝖘 𝕾𝖈𝖍𝖚𝖑 inſcripto.

R 3 §. 5.

§. 5. Ista octauae diuidendae ratio satis noua esse videtur, cum ante plures annos musici alia ratione sint vsi. Quod autem ad allatum modum peruenerint, dubitandum non est, quin experientia deprehenderint hunc modum ad harmoniam producendam magis esse idoneum. Cum igitur iste modus receptus a vero genere harmonico tam parum discrepet; duo enim tantum habent interualla dissidentia, vnicumque sonum B differentem; veritas nostrorum principiorum, alias quidem satis euicta, isto tam stricto theoriae nostrae cum longa experientia consensu mirifice confirmatur

§. 6. Receptus ergo octauam diuidendi modus iam ad tantam perfectionem sola exponentia est euectus, vt, quo perfectissimus reddatur alia correctione non sit opus, nisi vt solus sonus littera B signatus diesi tantum, quae est differentia inter limma maius et minus, grauior efficiatur. Hac autem correctione adhibita habebitur genus musicum perfectissimum et ad harmoniam producendam aptissimum. Quod enim ad numerum sonorum attinet, tot continebit hoc genus sonos nec plures nec pauciores, quam quot harmonia requirit; Atque praeterea omnes soni inter se eam ipsam tenebunt relationem, quae ex legibus harmoniae determinatur.

§. 7. Soni ergo eorumque interualla generis diatonico-chromatici vsu nunc quidem recepti, sed theoria correcti se habebunt vt sequens tabula repraesentat. Adornata autem est tabula haec more musicorum consueto, dum incipit a sono C et progreditur ad c. sonos autem duplici modo numeris expressimus tum solutis tum in factores resolutis, quo facilius de eorum mutua relatione et interuallis iudicari possit.

GENVS XVIII. Exponens $2^m \cdot 3^6 \cdot 5^2$.

Signa Son.	Soni.	Interualla.	Nomina Interuallorum.
C	$2^7 \cdot 3$	384	
Cs	$2^4 \cdot 5^2$	400	24 : 25 Hemitonium minus.
D	$2^4 \cdot 3^3$	432	25 : 27 Limma maius.
Ds	$2 \cdot 3^2 \cdot 5^2$	450	24 : 25 Hemiton. minus.
E	$2^5 \cdot 3 \cdot 5$	480	15 : 16 Hemitonium maius.
F	2^9	512	15 : 16 Hemitonium maius.
Fs	$2^2 \cdot 3^3 \cdot 5$	540	128 : 135 Limma minus.
G	$2^6 \cdot 3^2$	576	15 : 16 Hemitonium maius.
Gs	$2^3 \cdot 3 \cdot 5^2$	600	24 : 25 Hemitonium minus.
A	$2^7 \cdot 5$	640	15 : 16 Hemitonium maius.
B	$3^3 \cdot 5^2$	675	128 : 135 Limma minus.
H	$2^4 \cdot 3^2 \cdot 5$	720	15 : 16 Hemitonium maius.
c	$2^8 \cdot 3$	768	15 : 16 Hemitonium maius.

Genus Diatonico-Chromaticum dieratum correctum.

Haecque tabula est continuatio generum musicorum praecedenti capiti annexae.

§. 8. Ex hac ergo tabula statim cognoscitur quamnam rationem teneat quisque sonus ad quemlibet alium. Hae autem rationes, quo distinctius ob oculos ponantur, sequentem tabulam apponere visum est, in qua omnia interualla simplicia singulorum sonorum ad singulos continentur.

Soni

Soni.	Interualla.	Nomina Interuallorum.
C : Cs	24 : 25	Hemitonium minus.
C : D	8 : 9	Tonus maior.
C : Ds	64 : 75	Tertia minor diefi minuta.
C : E	4 : 5	Tertia maior.
C : F	3 : 4	Quarta.
C : Fs	32 : 45	Tritonus.
C : G	2 : 3	Quinta.
C : Gs	16 : 25	Sexta minor demta diefi.
C : A	3 : 5	Sexta maior.
C : B	128 : 225	Septima minor.
C : H	8 : 15	Septima maior.
C : c	1 : 2	Octaua.
Cs : D	25 : 27	Limma maius.
Cs : Ds	8 : 9	Tonus maior.
Cs : E	5 : 6	Tertia minor.
Cs : F	25 : 32	Tertia maior cum Diefi.
Cs : Fs	20 : 27	Quarta cum commate.
Cs : G	25 : 36	Tritonus.
Cs : Gs	2 : 3	Quinta.
Cs : A	5 : 8	Sexta minor.
Cs : B	16 : 27	Sexta maior cum commate.
Cs : H	5 : 9	Septima minor.
Cs : c	25 : 48	Septima maior.
Cs : cs	1 : 2	Octaua.

Soni.

Soni.	Interualla	Nomina Interuallorum.	
D:Ds	24:25	Hemitonium minus	
D:E	9:10	Tonus minor	
D:F	27:32	Tertia minor commate minuta	
D:Fs	4:5	Tertia maior	
D:G	3:4	Quarta.	
D:Gs	18:25	Tritonus	
D:A	27:40	Quinta demto commate	
D:B	16:25	Sexta minor demta diesi	
D:H	3:5	Sexta maior	
D:c	9:16	Septima minor	
D:cs	27:50	Septima maior	
D:d	1:2	Octaua.	
Ds:E	15:16	Hemitonium maius	
Ds:F	225:256	Tonus maior cum dieschismate	
Ds:Fs	5:6	Tertia minor	
Ds:G	25:32	Tertia maior cum diesi	
Ds:Gs	3:4	Quarta.	
Ds:A	45:64	Tritonus.	
Ds:B	2:3	Quinta.	
Ds:H	5:8	Sexta minor.	
Ds:c	75:128	Sexta maior cum diesi.	
Ds:cs	9:16	Septima minor.	
Ds:d	25:48	Septima maior.	
Ds:ds	1:2	Octaua.	

Soni.	Intervalla.	Nomina Intervallorum.		
E:F	15:16	Hemitonium maius.		
E:Fs	8:9	Tonus maior.		
E:G		Tertia minor.		
E:Gs	4:5	Tertia maior.	4:5	
E:A	3:4	Quarta.	3:4	
E:B	32:45	Tritonus.		
E:H		Quinta.		
E:c		Sexta minor.		
E:cs	3:5	Sexta maior.	3:5	
E:d'	5:9	Septima minor.		
E:ds	8:15	Septima maior.		
E:e	1:2	Octaua.		
F:Fs	128:135	Limma minus.		
F:G		Tonus maior.		
F:Gs	64:75	Tertia minor diesi minuta.		
F:A	4:5	Tertia maior.		
F:B	512:675	Quarta demto diaschismate.		
F:H	32:45	Tritonus.		
F:c	2:3	Quinta.		
F:cs	16:25	Sexta minor demta diesi.		
F:d'	16:27	Sexta maior cum commate.		
F:ds	128:225	Septima minor.		
F:e	8:15	Septima maior.		
F:f	1:2	Octaua.		

Soni.	Intervalla.	Nomina Intervallorum.
Fs : G	15:16	Hemihordium maius.
Fs : Gs	9:10	Tonus minor.
Fs : A	27:32	Tertia minor comate minuta.
Fs : B	4:5	Tertia maior.
Fs : H	3:4	Quarta.
Fs : c	45:64	Tritonus.
Fs : cs	27:40	Quinta demta comate.
Fs : d	5:8	Sexta minor.
Fs : ds	3:5	Sexta maior.
Fs : e	9:16	Septima minor.
Fs : f	135:256	Septima maior.
Fs : fs	1:2	Octava.
G : Gs	24:25	Hemitonium minus.
G : A	9:10	Tonus minor.
G : B	64:75	Tertia minor Diesi minuta.
G : H	4:5	Tertia maior.
G : c	3:4	Quarta.
G : cs	18:25	Tritonus.
G : d	2:3	Quinta.
G : ds	16:25	Sexta minor demta diesi.
G : e		Sexta maior.
G : f	9:16	Septima minor.
G : fs	8:15	Septima maior.
G : g	1:2	Octava.

Soni.	Intervalla	Nomina Intervallorum.
Gs:A	15:16	Hemitonium maius
Gs:B	8:9	Tonus maior
Gs:H	5:6	Tertia minor
Gs:c	25:32	Tertia maior cum Diesi
Gs:cs	3:4	Quarta
Gs:d	25:36	Tritonus
Gs:ds		Quinta
Gs:e	5:8	Sexta minor
Gs:f	75:128	Sexta maior cum Diesi
Gs:fs	5:9	Septima minor
Gs:g	25:48	Septima maior
Gs:gs	1:2	Octaua
A:B	128:135	Limma minus
A:H	8:9	Tonus maior
A:c		Tertia minor
A:cs	4:5	Tertia maior
A:d	20:27	Quarta cum commate
A:ds	32:45	Tritonus
A:e	2:3	Quinta
A:f	5:8	Sexta minor
A:fs	16:27	Sexta maior cum commate
A:g	5:9	Septima minor
A:gs	8:15	Septima maior
A:a	1:2	Octaua

Soni.	Interualla.	Nomina Interuallorum.
B:H	15:16	Hemitonium maius.
B:c	225:256	Tonus maior cum Diaschismate.
B:cs	27:32	Tertia minor demto Commate.
B:d	25:32	Tertia maior cum Diesi.
B:ds	3:4	Quarta.
B:e	45:64	Tritonus.
B:f	675:1024	Quinta cum Diaschismate.
B:fs	5:8	Sexta minor.
B:g	75:128	Sexta maior cum Diesi.
B:gs	9:16	Septima minor.
B:a	135:156	Septima maior.
B:b	1:2	Octaua.
H:c	15:16	Hemitonium maius.
H:cs	9:16	Tonus minor.
H:d	5:6	Tertia minor.
H:ds	4:5	Tertia maior.
H:e	3:4	Quarta.
H:f	45:64	Tritonus.
H:fs	2:3	Quinta.
H:g	5:8	Sexta minor.
H:gs	3:5	Sexta maior.
H:a	9:16	Septima minor.
H:b	8:15	Septima maior.
H:b	1:2	Octaua.

§. 8.

§. 8. Omnia ergo interualla in hoc genere vel sunt ipsae illae consonantiae, quibus haec nomina sunt imposita, vel tantum interuallis minimis ab his differunt, quae crassioribus auribus sint imperceptibilia. Quod cum etiam a musicis summopere intendatur, ne vllum interuallum a nominato plus quam minimo interuallo differat hoc est vel commate vel diesi, vel diaschismate, ipsi musici practici agnoscere debebunt, correctionem nostram iure esse factam. Namque sono B, vt Musici volunt, diesi acutiore admisso, tum interuallum C*s* : B foret sexta maior cum commate et diesi, quae duo interualla etsi minima hemitonium minus tamen coniunctim fere conficiunt, ita vt in hoc vsitato genere interuallum C*s* : B pro septima minore potius quam pro sexta maiore haberetur. Simili modo foret B : *cs* tertia minor commate et diesi minuta, ideoque tono quam tertia similior.

§. 9. Ex praecedente autem tabula formauimus sequentem, in qua interualla aequalia in ordine coniunctim posita conspicere licet.

Secundae minores.

24 : 25	Hemitonium	15 : 16	Hemitonium
C : C*s*	minus.	D*s* : E	maius.
D : D*s*		E : F	
G : G*s*		F*s* : G	
128 : 135		G*s* : A	
F : F*s*	Limma minus	B : H	
A : B		H : *c*	
		25 : 27	Limma maius.
		C*s* : D	

Secundae Maiores.		Tertiae maiores.	
9:10	Tonus minor.	4:5	Tertia Maior Perfecta.
D:E		C:E	
Fs:Gs		D:Fs	
G:A		E:Gs	
H:cs		F:A	
8:9	Tonus maior.	Fs:B	
C:D		G:H	
Cs:Ds		A:Cs	
E:Fs		H:ds	
F:G		25:32	Tertia maior cum Diesi.
Gs:B		Cs:F	
A:H		Ds:G	
225:256	Tonus maior cum Diaschismate.	Gs:c	
Ds:F		B:d	
B:c			

Tertiae Minores.		Quartae.	
64:75	Tertia minor Diesi minuta.	512:675	Quarta Diaschism: minI
C:Ds		F:B	
F.Gs		3:4	Quarta Perfecta.
G:B		C:F	
27:32	Tertia minor cum Commate minuta.	D:G	
D:F		Ds:Gs	
Fs:A		E:A	
B:cs		Fs:H	
5:6	Tertia minor Perfecta.	G:c	
Cs:E		Gs:cs	
Ds:Fs		B:ds	
E:G		H:e	
Gs:H		20:27	Quarta cum commate.
A:c		Cs:Fs	
H:d		A:d	

Tritoni.		Sextae Minores.	
18:25	Quarta cum hemitonio minore.	16:25	Sexta minor Diesi minuta.
D:Gs		C:Gs	
G:cs		D:B	
32:45	Quinta Hemitonio maiore minuta.	F:cs	
C:Fs		G:ds	
E:B		5:8	Sexta maior Perfecta.
F:H		Cs:A	
A:ds		Ds:H	
45:64	Quarta cum Hemitonio maiore.	E:c	
Ds:A		Fs:d	
Fs:c		Gs:e	
B:d		A:f	
H:f		B:fs	
25:36	Quinta Hemitonio minore minuta.	H:g	
Cs:G			
Gs:d		**Sextae Maiores.**	
Quintae.		3:5	Sexta Maior Perfecta.
27:40	Quinta commate minuta.	C:A	
D:A		D:H	
Fs:cs		E:cs	
2:3	Quinta Perfecta.	Fs:ds	
C:G		G:e	
Cs:Gs		H:gs	
Ds:B		16:27	Sexta maior cum commate.
E:H		Cs:B	
F:c		F:d	
G:d		A:fs	
Gs:ds		75:128	Sexta maior cum Diesi.
A:e		Ds:c	
H:fs		Gs:f	
675:1024	Quinta cum Diaschismate.	B:g	
B:f			

Septimae Minores.			Septimae Maiores.		
128:225		Sexta maior cum Limmate minore.	27:50		Octaua Limmate maiore minuta.
C:B			D:cs		
F:ds			8:15		Octaua Hemitonio maiore minuta.
9:16		Octaua Tono maiore minuta.	C:H		
D:c			E:ds		
Ds:cs			F:e		
Fs:e			G:fs		
G:f			A:gs		
B:gs			H:b		
H:a			135:256		Octaua Limmate minore minuta.
5:9		Octaua Tono minore minuta.	Fs:f		
Cs:H			B:a		
E:d			25:48		Octaua Hemitonio minore minuta.
Gs:fs			Cs:c		
A:g			Ds:d		
			Gs:g		

§. 10. Ex hac igitur tabula statim conspiciuntur interualla, quae duo quique soni intra octaue interuallum comprehensi inter se tenent. Simul vero etiam perspicitur differentia ingens inter interualla eiusdem nominis, quae vulgo ab imperitioribus pro aequalibus habentur. Hemitoniorum scilicet quatuor dantur species, tres tonorum, totidemque tertiarum minorum etc. vti ex tabula intelligere licet. Octauarum autem omnium vnica est species eaque perfecta ratione 1:2 contenta; hoc enim interuallum propter perfectionem vix aberrationem à ratione 1:2 pati posset; quin simul auditus ingenti molestia afficeretur.

Tr. de Muf.   T   Namque

Namque quo perfectius perceptuque facilius est interuallum, eo magis sensibilis sit error vel minimus; minus autem sentitur exigua aberratio in interuallis minus perfectis.

§. 11. Instrumenta autem musica ad hoc diatonico-chromaticum genus ope monochordi facile attemperari poterunt, monochordo scilicet iisdem rationibus secando, quas soni inter se tenere debent, cuius quidem operationis praecepta capite primo tradidimus. Qui autem solo auditu ad hunc modum instrumenta musica attemperare voluerit, eum tribus istis requisitis praeditum esse oportet, vt primo interuallum octauam distinguere et solo auditu efformare possit; secundo vt quintam quoque ratione 2 : 3 contentam; et tertio denique vt tertiam maiorem chordis vel intendendis vel remittendis exacte producere valeat.

§. 12. Qui igitur tanta auditus sollertia pollet, is sequenti ordine temperationem instrumenti musici aggrediatur. Primo figat sonum F, prout circumstantiae postulant, ex eoque habebit omnes sonos eadem littera signatos. Deinde formet eius quintam *c*, tertiamque maiorem A, habebitque omnes reliquos sonos iisdem litteris signatos per requisitum primum. Tertio ex sono C formet eius quintam G, tertiamque maiorem E, qui sonus E simul erit quinta soni A, atque ex A quoque formet eius tertiam maiorem *cs*. Quarto ex sono G formet quintam *d*, itemque tertiam maiorem H; ex E vero quoque tertiam maiorem Gs, qui sonus quoque erit quinta ipsius Cs. Quinto ex H faciat *fs* quintam et *ds* tertiam maiorem seu ex Gs poterit quoque formare *ds*. Denique quinta ipsius Ds dabit sonum

T

B,

B, hocque pacto sumendis octauis totum instrumentum erit rite attemperatum.

§. 13. Totus autem hic temperationis procellus ex adiecta hic figura distinctius percipietur.

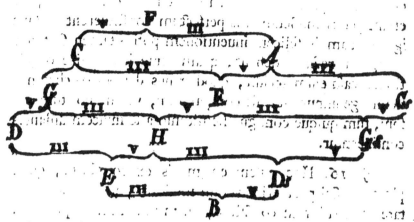

Cum ergo soni E, H, Gs, Fs, Ds et B duplici modo tum per quintas tum per tertias determinentur, ex hoc non contemnendum obtinebitur subsidium in temperandis instrumentis, cum error qui forte sit commissus, statim percipi et corrigi queat.

§. 14. Quamuis autem hodierna musica ad hoc musicum genus perfectum experientia potissimum pertigerit, ex quo huius musicae praestantia abunde perspicitur, tamen etiam fortunae multum est tribuendum, quod eo peruenerint. Dum enim in genere diatonico tum tonos tum hemitonia inesse deprehenderunt, genus magis perfectum construere sunt arbitrati, si singulos tonos in duas partes secarent, et intra quaeque interualla, tonum distantia sonos ternouos interfererent, quo quosque fonos contiguos hemitqnio latiori faltem fenfu accepto diftantes obtinerent.

§. 15. Hocque in negotio non folum phantafiae fed etiam harmoniae litarunt, dum tales fonos interpolare decreuerunt, qui cum harmonia non tantum confifterent; fed etiam genus muficum fatis perfectum conftituerent Hanc igitur quamuis felicem inuentionem potius tamen fortunae acceptam referre debent, quam verae harmoniae cognitioni: cafu enim accidit, quod genus diatonico-chromaticum genuinum ita fit comparatum, vt in eo tum 12 foni, tum quique contigui hemitonio a fe inuicem diftantes contineantur.

§. 16. Hoc autem eo magis ex eo elucet, quod plures mufici putauerint veram muficam potius in aequalitate interuallorum confiftere, quam in eorum fimplicitate. Hi igitur vt fibi magis quam harmoniae fatisfacerent, non dubitauerunt interuallum diapafon in duodecim partes aequales diffecare, atque fecundum hanc diuifionem fonos 12 confuetos conftituere. In hoc autem inftituto eo magis confirmabantur, quod hoc pacto omnia interualla fiant aequalia, atque hancobrem quoduis opus muficum fine vlla alteratione in omnibus ita dictis modis liceat modulari, et ex genuino modo in quemque alium transponere. In qua quidem fententia minime falluntur; fed hoc pacto ex omni modo harmoniam tolli non animaduerterunt.

§. 17. Quod quo clarius appareat fingulos fonos tum noftri generis diatonico-chromatici, tum etiam huius generis aequabilis logarithmis expreffos exhibebimus, quo ftatim

de

de discrepantia interuallorum iudicari poſſit, ponemus autem logarithmum ſoni F = 0.

Soni.	Genus geminum.	Genus aequabile.	Differentiae
F	0,000000	0,000000	0,000000
Fs	0,076815	0,083333	+0,006518
G	0,169924	0,166666	—0,003258
Gs	0,228819	0,250000	+0,021180
A	0,321928	0,333333	+0,011405
B	0,398743	0,416666	+0,017923
H	0,491852	0,500000	+0,008147
c	0,584962	0,583333	—0,001629
cs	0,643856	0,666666	+0,022810
d	0,754886	0,750000	—0,004886
ds	0,813781	0,833333	+0,019552
e	0,906891	0,916666	+0,009775
f	1,000000	1,000000	0,000000

Perſpicuum igitur eſt inter ſonos eosdem vtriusque generis differentiam commate paſſim eſſe maiorem, quo harmonia non parum turbatur. Quintae quidem et quartae parum a genuinis discrepant vix nimirum decima diaſchismatis parte, sed tertiae maiores et minores multomagis aberrant, quibus tamen non minus quam quintis et quartis harmonia conſtat. Denique ob nullam ſonorum rationem rationalem, praeter octauas, hoc genus harmoniae maxime contrarium eſt cenſendum, etiamſi hebetiores aures discrepantiam vix percipiant.

§. 18. Alii autem retentis fonis generis diatonici inuariatis reliquos chromaticos dictos suo arbitrio nullo ad harmoniam habito respectu definire non dubitauerunt. Huiusmodi genus muficum non ita pridem in Anglia prodiit, in quo tam tonus maior, quam minor in duas partes fere aequales fecatur, quarum tamen inferius maius est superiori, vtrumque vero ratione superparticulari definitur. Qua in re auctor Pythagoram fecutus videtur, qui folas rationes fuperparticulares in muficam ad harmoniam efficiendam admittendas iudicauit: ita inter fonos tonum maiorem diftantes inferit fonum ad grauiorem rationem 17: 16, ad acutiorem vero rationem 17:18 tenentem. Quae quidem diuifio quam parum harmoniae confentanea fit, fatis ex allatis conftat.

§. 19. Expofitum igitur eft genus decimum octauum Diatonico-Chromaticum dictum vfu hoc quidem tempore ita receptum, vt omnes omnino modulationes in eo fieri foleant. Habet autem hoc genus prae aliis hanc infignem proprietatem, vt omnia in eo fita interualla ad fenfum fere aequalia exiftant; vnde non incommode quaeuis melodiae vel hemitonio vel tono vel quolibet interuallo fiue acutiores fiue grauiores cantari poffunt. Id quod euenire non poffet in alio genere, in quo maior interuallorum inaequalitas ineft. Ante quam autem regulas componendi generales ad hoc genus accommodemus, alia genera confiderabimus, hoc ipfum, quod tractauimus, ratione ordinis fequentia.

CAPVT

CAPVT DECIMVM.
DE
ALIIS MAGIS COMPOSITIS
GENERIBVS MVSICIS.

§. 1.

Expositis iam octodecim prioribus generibus, in quibus tam antiqua quam hodierna musica continetur, non incongruum erit genera aliquot magis composita persequi, quae vel ad iam tractata arctam tenent relationem, vel non incommode ad ampliorem musicae perfectionem in vsum recipi possent. Non igitur, vti occepimus, in recensendis generibus sequentibus ordine progrediemur, omniaque in medium afferemus, quod opus foret infinitum, nulliusque vtilitatis; sed ea tantum, quae ad institutum idonea videbuntur, explicabimus.

§. 2. Considerabimus ergo genus, cuius exponens est $2^m . 3^2 . 5^3$, quod merito chromatico Enharmonicum appellari conuenit, cum iste exponens sit compositus ex exponentibus generum chromatici et enharmonici, horumque exponentium sit minimus communis diuiduus. In huius ergo generis octaua continebuntur ter quatuor seu duodecim soni pariter ac in genere diatonico-chromatico, qui orientur ex diuisoribus totidem ipsius $3^2 . 5^3$, eruntque sequentes.

2^{10}: $3^2 . 5^3$: $2^7 . 3^2$: $2^4 . 3 . 5^2$: $2^5 . 5$: $2^5 . 3^2 . 5$: $2^2 . 3 . 5^3$:
1024: 1125: 1152: 1200: 1280: 1440: 1500:

$2^9 . 3$: $2^6 . 5^2$: $2^3 . 3^2 . 5^2$: $2^7 . 3 . 5$: $2^4 . 5^3$: 2^{11}.
1536: 1600: 1800: 1920: 2000: 2048.

§. 3.

§. 3. Soni autem huius generis Chromatico-Enharmonici, quomodo progrediantur, et quanta interualla inter se teneant, ex tabula sequente apparebit.

Signa	Soni		Internalla.	Nomina Internallorum.
C	$2^8.3$	768		
			24 : 25	Hemitonium minus.
Cſ	$2^5.5^2$	800		
			8 : 9	Tonus maior.
Dſ	$2^2.3^2 5^2$	900		
			15 : 16	Hemitonium maius.
E	$2^6.3.5$	960		
			24 : 25	Hemitonium minus.
F*	$2^3.5^3$	1000		
			125 : 128	Diesis Enharmonica.
F	2^{10}	1024		
			1024 : 1125	Tonus maior Diesi minuta.
G*	$3^2.5^3$	1125		
			125 : 128	Diesis Enharmonica.
G	$2^7.3^2$	1152		
			24 : 25	Hemitonium minus.
Gſ	$2^4.3.5^2$	1200		
			15 : 16	Hemitonium maius.
A	$2^8.5$	1280		
			8 : 9	Tonus maior.
H	$2^5.3^2.5$	1440		
			24 : 25	Hemitonium minus.
c*	$2^3.3.5^3$	1500		
			125 : 128	Diesis Enharmonica.
c	$2^9.3$	1536		

§ 4. In hoc ergo genere interualla inter ſonos contiguos maxime ſunt inaequalia, toni ſcilicet maiores hemitonia, et dieſes; ita vt melodia in hoc genere compoſita in nullum alium ſonum transponi poſſet. Hincque eo magis praerogatiua generis in praecedente capite expoſiti diatonico-chromatici elucet, in quo interualla omnia ad ſenſum fere ſunt aequalia; ſimulque intelligitur hanc aequalitatem fortuito eſſe natam, neque eam ad harmoniam producendam eſſe abſolute neceſſariam, prout quidem pluribus eſt viſum.

§. 5. Inſunt vero in hoc genere tres ſoni, qui in genere recepto Diatonico-Chromatico non reperiuntur, eosque

eosque signani litteris F*, G*, c*, afterisco notatis, cum ad sonos in genere confueto his litteris designatos proxime accedant: tantum enim ab iis diesi deficiunt. Quare cum tantilla differentia ab auribus vix percipi queat, instrumentis folito more ad genus diatonico - chromaticum attemperatis, etiam non incongrue opera musica ad genus $2^m. 3^s. 5^1$ pertinentia edi poterunt, sumendis loco sonorum F*, G*, c*, sonis confuetis F, G, c, qui error sensui auditus propemodum infensibilis euadit

§. 6. Maiore certe gratia genus diatonico-chromaticum ad opera musica exponentis $2^m. 3^s. 5^1$ erit accommodatum, quam, quod a muficis frequenter fieri folet, dum melodiam ex datis sonis compofitam ad alios sonos transferunt, quo saepius fit, vt quod interuallum ante erat hemitonium minus, eius loco hemitonium maius vel adeo limma maius adhibeant, quae differentia adhuc maior diesi exiftit. Praeterea etiamfi inftrumenta ad genus chromatico-enharmonicum accommodata haberentur, nifi ea exactiffime effent temperata, quod tamen vix poffet praeftari, maiorem fuauitatem non afferrent, quam inftrumenta confueta.

§. 7. Latius ergo patet genus diatonico-chromaticum, quam eius exponens $2^m. 3^s. 5^1$ declarat, cum etiam non incommode adhiberi queat ad opera musica in exponente $2^m. 3^s. 5^1$ contenta, ex quo praeftantia recepti generis mufici non obfcure perfpicitur. Adhuc autem latius eius vfus extenditur etiam ad genera magis compofita, quae ita funt comparata, vt foni a genere diatonico-chromatico difcrepantes, ad fonos huius generis proxime accedant, ideo-

Tr. de Muf.   V   que

que hi illorum loco tuto adhiberi queant. Cuiusmodi ergo haec fint genera, quibus genus diatonico-chromaticum fatisfacere poteft, hic fufius exponemus.

§. 8. Coalefcant omnium trium veterum generum exponentes in vnum, ita vt prodeat genus diatonico-enharmonicum, cuius exponens erit $2^m . 3^3 . 5^r$, in hocque genere continentur coniunctim genera diatonicum, chromaticum et enharmonicum, quatenus fcilicet a nobis funt correcta. Huius ergo generis vna octaua continebit 16 fonos, duodecim nimirum fonos generis diatonico-chromatici, et praeter eos 4 nouos, qui autem tam parum ab illis funt diuerfi; vt fine fenfibili harmoniae iactura, plane omitti queant, pariter ac de praecedente genere notauimus. Soni autem 16 vnius octauae erunt fequentes.

Signa,

Sign	Soni.		Interualla.	Nomina Interuallorum.
C	$2^{10}.3$	3072		
			24:25	Hemitonium minus.
Cs	$2^7.5^2$	3200		
			128:135	Limma minus.
D*	$3^3.5^3$	3375		
			125:128	Diesis.
D	$2^7.3^3$	3456		
			24:25	Hemitonium minus.
Ds	$2^4.3^2.5^2$	3600		
			15:16	Hemitonium maius.
E	$2^8.3.5$	3840		
			24:25	Hemitonium minus.
F*	$2^3.5^3$	4000		
			125:128	Diesis.
F	2^{12}	4096		
			128:135	Limma minus.
Fs	$2^5.3^3.5$	4320		
			24:25	Hemitonium minus.
G*	$2^2.3^2.5^3$	4500		
			125:128	Diesis.
G	$2^9.3^2$	4608		
			24:25	Hemitonium minus.
Gs	$2^6.3.5^2$	4800		
			15:16	Hemitonium maius.
A	$2^{10}.5$	5120		
			128:135	Limma minus.
B	$2^3.3^3.5^2$	5400		
			15:16	Hemitonium maius.
H	$2^7.3^2.5$	5760		
			24:25	Hemitonium minus.
c*	$2^4.3.5^3$	6000		
			125:128	Diesis.
c	$2^{11}.3$	6144		

Loco sonorum ergo peregrinorum D*, F*, G*, c qui diesi tantum differunt a primariis D, F, G, c, satis tuto hi
poterunt vsurpari.

§. 9. Si forte cuiquam differentia haec, quae est diesis, maior videatur, quam vt primarios loco peregrinorum adhiberi posse arbitretur, cum diesis sit maximum inter minima interuallum, is tamen admittet sine dubio er-
rorem commate non maiorem. Commate autem ad sum-
mum soni peregrini a principalibus differunt in generibus,
~~quorum~~ exponentes continentur in $2^m. 3^n. 5^2$ existente *n*
numero ternario maiore. Huiusmodi autem generum
octauas, si *n* est minor quam 8, in adiecta tabula simul
conspicere licet.   V 2   Ge-

Generis exponens $2^m . 3^r . 5^s$.

Sig	Soni.	Log. Sonor.	Interualla.	Nomina Interuallorum.
F	2^{15}	15, 00000		
Fs	$2^1.3^1.5$	15, 07682	0, 07682	Limma minus.
Fs*	$2^4.3^7$	15, 09475	0, 01792	Comma.
G*	$2.3^6.5^2$	15, 15363	0, 05888	Hemitonium minus
G	$2^{11}.3^1$	15, 16993	0, 01628	Diaschisma.
Gs	$2^9. 3.5^2$	15, 22882	0, 05888	Hemitonium minus
Gs*	$2^5. 3^5. 5$	15, 24675	0, 01792	Comma.
A	$2^{13}.5$	15, 32193	0, 07517	Hemit. minus cum diaschis.
A*	$2^9. 3^4$	15, 33986	0, 01792	Comma.
B	$2^6.3^3.5^2$	15, 39874	0, 05888	Hemitonium minus.
B*	$2^1.3^7.5$	15, 41668	0, 01792	Comma.
H	$2^{10}.3^2.5$	15, 49185	0, 07517	Hemit. minus cum diaschis.
H*	$2^6.3^6$	15, 50978	0, 01792	Comma
c*	$2^3.3^5.5$	15, 56867	0, 05888	Hemitonium minus.
c	$2^{14}. 3$	15, 58496	0, 01628	Diaschisma.
cs	$2^{11}. 5^2$	15, 64385	0, 05888	Hemitonium minus.
cs*	$2^7.3^4.5$	15, 66178	0, 01792	Comma.
d*	$3^7.5^2$	15, 73860	0, 07681	Limma minus.
d	$2^{11}.5^3$	15, 75489	0, 01628	Diaschisma.
ds	$2^8.3^2.5$	15, 81377	0, 05888	Hemitonium minus.
ds*	$2^4.3^6.5$	15, 83171	0, 01792	Comma
e	$2^{12}.3.5$	15, 90689	0, 07517	Hemit. minus cum diaschis.
e*	$2^8.3^5$	15, 92482	0, 01792	Comma.
f*	$2^5.3^4.5^2$	15, 98371	0, 05888	Hemitonium minus.
f	2^{16}	16, 00000	0, 01628	Diaschisma.

In hoc ergo genere ad duodecim fonos generis diatonico-chromatici duodecim noui foni accedunt, quorum autem

ab

ab illis differentiae funt vel commata vel diaſchismata, quae cum auditu vix diſtingui queant, hi noui ſoni tuto omitti, eorumque loco conſueti vſurpari poterunt. Genus itaque diatonico-chromaticum aeque late patet ac cenſendum eſt genus, cuius exponens eſt $2^m . 3^7 . 5^2$.

§. 10. Satis igitur concinne genus diatonico-chromaticum, cuius exponens duntaxat eſt $2^m . 3^3 . 5^2$ adhiberi poteſt ad opera muſica, quorum exponentes multo magis ſunt compoſiti, atque in $2^m . 3^7 . 5$ contenti, exprimenda. Quamuis enim octaua pro huiusmodi operibus duplo maiore ſonorum numero, prout exponens requirit, inſtrueretur, tamen ob tantillam differentiam in harmonia vix vlla variatio percipi poſſet ſiue completum ſiue incompletum genus vſurparetur. Simili autem modo vltra ſeptenarium progredi licet, ita vt genus muſicum hodie vſu receptum inſeruiat pro generali exponente $2^m . 3^x . 5^2$, quantumuis magnus etiam numerus n accipiatur.

§. 11. Hoc autem ita ſe habere, genusque diatonico-chromaticum latiſſime patere, quotidianae muſicorum compoſitiones ſatis ſuperque teſtantur. Vix enim vllum hodiernum opus muſicum reperitur, cuius exponens non magis eſſet compoſitus, quam exponens ipſius generis $2^m . 3^3 . 5^2$. Interim tamen ipſi quoque muſici fateri coguntur, quod ſummo rigore rem conſiderando, ſoni recepti non ſufficiant, ſed ob minimam aberrationem hi ſoni potius adhibeantur, quam vt nouis introducendis ſonis muſica tractatu difficilior efficeretur.

V 3 §. 12.

§ 12. Minus autem feliciter res fuccedit, fi augendo exponentem ipfius 5 genus noftrum diatonico-chromaticum magis amplificare voluerimus. Aucta enim poteftate ipfius 5 eiusmodi foni infuper ad fonos confuetos accedunt, qui plus quam commate fcilicet diefi plerumque a confuetis discrepant, qui error, cum diefis fit circiter medietas hemitonii animaduerti poteft. Interim tamen, quo hoc melius perfpiciatur, adiecimus octauam generis cuius exponens eft $2^m. 3^s. 5^s$.

Sign.	Soni.	Log. Son r.	Interualla	Nomina Interuallorum.
F	2^{61}	16,00000		
			0,04259	Hemitonium minus demto diafchis.
Fs*	$2^2. 3^3. 5^4$	16,04259	0,03422	Diefis.
Fs	$2^9. 3^3. 5$	16,07682	0,05890	Hemitonium minus,
G*	$2^6. 3^2. 5^3$	16,13571	0,03422	Diefis.
G	$2^{13}. 3^2$	16,16992	0,02468	Hemitonium minus demta diefi,
Gs*	$2^3. 3. 5^5$	16,19460	0,03422	Diefis.
Gs	$2^{10}. 3. 5^2$	16,22882	0,05890	Hemitonium minus,
A*	$2^7. 5^4$	16,28771	0,03422	Diefis.
A	$2^{14}. 5$	16,32193	0,04260	Hemitonium minus demto diafchis.
B*	$3^3. 5^5$	16,36453	0,03422	Diefis.
B	$2^7. 3^3. 5^2$	16,36874	0,05890	Hemitonium minus.
H*	$2^4. 3^2. 5^4$	16,45763	0,03422	Diefis,
H	$2^{11}. 3^2. 5$	16,49185	0,05890	Hemitonium minus.
c*	$2^1. 3. 5^3$	16,55075	0,03422	Diefis.
c	$2^{15}. 3$	16,58496	0,02468	Hemitonium minus demta diefi,
cs*	$2^5. 5^5$	16,60964	0,03422	Diefis.
cs	$2^{12}. 5^2$	16,64386	0,07681	Limma minus.
d*	$2^5. 3^3. 5^3$	16,72067	0,03422	Diefis.
d	$2^{12}. 3^3$	16,75488	0,02468	Hemitonium minus demta diefi,
ds*	$2^2. 3^2. 5^5$	16,77956	0,03422	Diefis.
ds	$2^9. 3. 5^2$	16,81378	0,05890	Hemitonium minus.
e*	$2^6. 3. 5^4$	16,87267	0,03422	Diefis.
e	$2^{13}. 3. 5$	16,90689	0,05490	Hemitonium minus.
f*	$2^{10}. 5^3$	16,96578	0,03422	Diefis.
f	2^{17}	17,00000		

§. 13.

§. 13. In hoc igitur genere foni de nouo accedentes ad confuetos alternatiue funt interferti; et eorum quisque a principali fuo diftat diefi; quae differentia cum non fit infenfibilis, omiffionem fonorum peregrinorum vix tolerare poteft. Praeterea quidam horum fonorum propiores funt fonis principalibus praecedentibus, quam fequentibus, a quibus figna fumus mutuati, fonus fcilicet Gs^* propior eft fono G quam fono Gs, ita vt eius loco fonum G vfurpare potius conueniret; quod vero itidem magnam haberet difficultatem, cum fonus G loco foni G^* adhiberi debeat; diuerfi autem foni G^* et Gs^* non eodem fono exprimi queant. Potius ergo ad talem muficam conueniret octauam in 24 interualla diuidere quod genus quoque eam habiturum effet praerogatiuam, vt omnia interualla inter fe fere effent aequalia.

§. 14. Duplicato autem hac ratione numero fonorum hoc nouum muficae genus latiffime pateret, non folum enim ad genera poffet accomodari fub exponente $2^m.3^r.$ $5^s.$ contenta; fed etiam fub exponente $2^m.3^r.5^p.$ denotante p numerum quinario maiorem. Quin etiam fufficeret ad genus vniuerfale hoc $2^m.3^n.5^p.$ id quod fatis conftat, nifi n et p fint numeri valde magni, perquam autem magnos numeros loco n et p fubftituere ipfa harmonia non permittit.

§. 15. Generi igitur diatonico-chromatico, cuius exponens eft $2^m.3^3.5^s$, illaefa harmonia amplior extenfio concedi non poteft, quam ad opera mufica fub exponente $2^m.3^r.5^s$ contenta. Quamuis enim eodem iure ternarius

rius maiorem quam feptimam poteftatem habere poffet, tamen ipfae harmoniae leges vetant talia opera componere, quorum exponens magis effet compofitus. Quamobrem vfum huius generis recepti latius extendere non conueniet, quam ad opera mufica in exponente $2^m . 3^r$. 5^s, contenta; neque etiam mufici hodierni iftum terminum transgredi folent.

§. 16. Quo autem genus muficum receptum, cuius exponens eft $2^m . 3^r . 5^s$, exponenti magis compofito $2^m . 3^r . 5^t$ fatisfaciat, cuilibet fono feu claui inftrumentorum duplex fonus affingitur, vti ex fchemate huius generis §. 9. annexo intelligitur: claues enim verbi gratia H fignatae tam fonos fub exponente $2^m . 3^r . 5$ quam fub exponente $2^m . 3^t$ contentos exhibebunt. Quamobrem fequentem tabulam adiecimus, ex qua ftatim intelligitur, qua claue quilibet fonus in exponente 2^m. $3^r . 5^s$ contentus debeat exprimi, pofito pro primario ipfius F fono 2^n, denotante n numerum fixum pro arbitrio affumtum.

Claues.

Cla-ues.	Soni Prima-rii	Soni Secun-darii.	Cla-ues.	Soni Prima-rii.	Soni Secun-darii.
C	$2^{n-2}.3$	$2^{n-15}.3^5.5^2$	c̄	$2^{n-1}.3$	$2^{n-11}.3^5.5^2$
Cs	$2^{n-5}.5^2$	$2^{n-9}.3^4.5$	c̄s	$2^{n-1}.5^2$	$2^{n-7}.3^4.5$
D	$2^{n-5}.3^3$	$2^{n-16}.3^7.5^2$	d̄	$2^{n-3}.3^3$	$2^{n-14}.3^7.5^2$
Ds	$2^{n-12}.3^2.5^2$	$2^{n-1}.3^6.5$	d̄s	$2^{n-6}.3^2.5^2$	$2^{n-10}.3^6.5$
E	$2^{n-4}.3.5$	$2^{n-8}.3^5$	ē	$2^{n-2}.3.5$	$2^{n-6}.3^5$
F	2^{n}	$2^{n-13}.3^4.5^2$	f̄	2^{n+2}	$2^{n-9}.3^4.5^2$
Fs	$2^{n-7}.3^3.5$	$2^{n-11}.3^7$	f̄s	$2^{n-5}.3^3.5$	$2^{n-9}.3^7$
G	$2^{n-3}.3^2$	$2^{n-14}.3^6.5^2$	ḡ	$2^{n-1}.3^2$	$2^{n-12}.3^6.5^2$
Gs	$2^{n-6}.3.5^2$	$2^{n-10}.3^5.5$	ḡs	$2^{n-4}.3.5^2$	$2^{n-8}.3^5.5$
A	$2^{n-2}.5$	$2^{n-6}.3^4$	ā	$2^{n}.5$	$2^{n-4}.3^4$
B	$2^{n-9}.3^3.5^2$	$2^{n-12}.3^7.5$	b̄	$2^{n-7}.3^3.5^2$	$2^{n-10}.3^7.5$
H	$2^{n-5}.3^3.5$	$2^{n-9}.3^6$	b̄	$2^{n-3}.3^2.5$	$2^{n-7}.3^6$
c	$2^{n-1}.3$	$2^{n-14}.3^5.5^2$	c̄	$2^{n+1}.3$	$2^{n-10}.3^5.5^2$
cs	$2^{n-4}.5^2$	$2^{n-8}.3^4.5$	c̄s	$2^{n-2}.5^2$	$2^{n-6}.3^4.5$
d	$2^{n-4}.3^3$	$2^{n-15}.3^7.5^2$	d̄		$2^{n-13}.3^7.5^2$
ds	$2^{n-7}.3^2.5^2$	$2^{n-11}.3^6.5$	d̄s	$2^{n-5}.3^2.5^2$	$2^{n-9}.3^6.5$
e	$2^{n-3}.3.5$	$2^{n-7}.3^5$	ē	$2^{n-1}.3.5$	$2^{n-8}.3^5$
f	2^{n+1}	$2^{n-12}.3^4.5^2$	f̄	2^{n+3}	$2^{n-8}.3^4.5^2$
fs	$2^{n-6}.3^3.5$	$2^{n-10}.3^7$	f̄s	$2^{n-4}.3^3.5$	$2^{n-8}.3^7$
g	$2^{n-2}.3^2$	$2^{n-13}.3^6.5^2$	ḡ	$2^{n}.3^2$	$2^{n-11}.3^6.5^2$
gs	$2^{n-5}.3.5^2$	$2^{n-9}.3^5.5$	ḡs	$2^{n-3}.3.5^2$	$2^{n-7}.3^5.5$
a	$2^{n-1}.5$	$2^{n-5}.3^4$	ā	$2^{n+1}.5$	$2^{n-3}.3^4$
b	$2^{n-8}.3^3.5^2$	$2^{n-11}.3^7.5$	b̄	$2^{n-6}.3^3.5^2$	$2^{n-9}.3^7.5$
b	$2^{n-4}.3^2.5$	$2^{n-8}.3^6$	b̄	$2^{n-2}.3^2.5$	$2^{n-6}.3^6$
c̄	$2^{n}.3$	$2^{n-13}.3^5.5^2$	c̄	$2^{n+2}.3$	$2^{n-9}.3^5.5^2$

§ 17. In hac ergo tabula exhibentur soni tam prima-rii quam secundarii, ad quos edendos quaelibet clauis est apta.

apta. Primarii quidem sunt ipsi soni ex exponente generis $2^m . 3^i . 5^i$ deriuati, ad quos proinde claues quam exactissime debent esse adaptatae. Soni vero secundarii summo rigore ab iisdem clauibus edi nequeunt; quia vero tam parum à primariis discrepant, ad eos exprimendos hae claues sine sensibli harmoniae iactura tuto adhiberi possunt. Nam etiamsi ab acutioribus auribus comma seu diaschisma, quibus interuallis soni secundarii a primariis differunt, distingui queat, tamen quia soni secundarii cum primariis neque in eadem consonantia neque in duarum consonantiarum successione misceri possunt, error etiam ab acutissimo auditu percipi non poterit. Si enim verbi gratia clauis F in prima consonantia ad sonum 2^n exprimendum fuerit vsurpata, eadem in centesima post primam consonantia sub sonum $2^{n-n} . 3^i . 5^i$ repraesentare poterit.

§. 18. Ex hac ergo tabula statim quoque intelligitur, si proposita fuerit in numeris series vel sonorum vel consonantiarum, quibusnam clauibus pulsandis ea series exprimi debeat. Ad hoc autem efficiendum numerum π ita accipi oportet, vt omnes numeri propositi in tabula reperiantur, si quidem maximus minimum non plus quam sedecies comprehendat. Quare numerus π vel ex maximo numerorum propositorum debebit definiri vel ex minimo; hocque facto pro reliquis sonis facile debitae claues habebuntur; siquidem, quod ponimus, numerorum propositorum minimus communis diuidus in $2^m . 3^i . 5^i$ contineatur.

§. 19. Omnia ergo opera musica, ad quae genus nostrum diatonico-chromaticum est accommodatum, in hoc ex-

exponente $2^m . 3^7 . 5^2$ funt comprehenfa, ita vt alia opera diuerfi exponentis inftrumentis fecundum hoc genus attemperatis edi nequeant. Quamobrem omnium muficorum operum exponentes ex folis his tribus numeris 2, 3, 5 eorumque poteftatibus debent effe compofiti, neque infuper poteftas quinarii fecundam nec poteftas ternarii feptimam fuperare poterit; adeo vt Leibnitii effatum omnino locum habeat, cum diceret, in mufica etiamnum vltra quinarium numerari non folere.

§. 20. Atque fane difficile effet in muficam praeter hos tres numeros alium puta 7 introducere, cum confonantiae, in quarum exponentes feptinarius ingrederetur nimis dure fonarent, harmoniamque turbarent. Confonantiae enim in quarum exponentibus folus feptinarius cum binario ineffet, vix effent admittendae, ob interualla ftrauiora a 3 et 5 orta neglecta. Iuncto autem 7 cum 3 et 5 vt prodiret confonantiae exponens $2^m . 3 . 5 . 7$, confonantia nimis feret compofita, vt auditui placere non poffet. Interim tamen fonos in octaua conftitutos pro genere, cuius exponens eft $2^m . 3^3 . 5^2 . 7$, ob oculos ponemus.

Ge-

Generis Exponens $2^m. 3^s. 5^2. 7$.

Signa Sonor	Soni.	Log. Sonor.	Interualla	
F	2^{12}	12,00000		
F♯*	$2^5.3.5^2.7$	12,03617	0,03617	512:525
F♯	$2^5.3^3.5$	12,07681	0,04064	35:36
G*	$2^7.5.7$	12,12928	0,05247	27:28
G	$2^8.3^2$	12,16992	0,04064	35:36
G♯*	$3^3.5^2.7$	12,20610	0,03618	512:525
G♯	$2^6.3.5^2$	12,22882	0,02272	63:64
A*	$2^4.3^2.5.7$	12,29921	0,07039	20:21
A	$2^{11}.5$	12,32193	0,02272	63:64
B*	$2^4.3.7$	12,39232	0,07039	20:21
B	$2^4.3^2.5^2$	12,39874	0,00642	224:225
H*	$2^5.5.7$	12,45121	0,05247	27:28
H	$2^7.3^2.5$	12,49185	0,04064	35:36
c*	$2^5.3^2.7$	12,56224	0,07039	20:21
c	$2^{12}.3$	12,58496	0,02272	63:64
cs*	$2^4.3^2.5^2.7$	12,62114	0,03618	512:525
cs	$2^4.5^2$	12,64386	0,02272	63:64
d*	$2^6.3.5.7$	12,71425	0,07039	20:21
d	$2^8.3^3$	12,75489	0,04064	35:36
ds*	$2^{10}.7$	12,80736	0,05247	27:28
ds	$2^5.3^2.5^2$	12,81378	0,00642	224:225
e*	$2^3.3^3.5.7$	12,88417	0,07039	20:21
e	$2^9.3.5$	12,90689	0,02272	63:64
f*	$2^7.3^2.7$	12,97728	0,07039	20:21
f	2^{13}	13,00000	0,02272	63:64

CAPVT VNDECIMVM

DE

CONSONANTIIS
IN GENERE
DIATONICO-CHROMATICO.

§. I.

Q vinam soni insint in genere diatonico-chromatico in capite praecedente §. 16 clare est ostensum, in quo loco non solum soni sunt definiti, quos claues instrumentorum per se significant, sed etiam secundarii soni, quos eaedem claues satis commode repraesentare possunt. Nunc igitur ad consonantias progrediemur, et exponemus, ad quas consonantias exprimendas genus diatonico-chromaticum sit aptum, praetereaque quibus clauibus quamque consonantiam repraesentari conueniat.

§. 2. Cum binarius sonos octaua vel eleuet vel deprimat, soni vero octaua vel octauis differentes, etsi non pro iisdem tamen pro similibus habeantur, eandem ob rationem consonantias, quarum exponentes non nisi potestate binarii differunt, pro similibus haberi conueniet. Huius modi igitur consonantiarum similium congeries nomine speciei consonantiarum appellabitur. Ita verbi gratia $2^m . 3 . 5$ exponit speciem quandam consonantiarum, ac substituendis loco m numeris, definitis prodibunt singulae consonantiae hanc speciem constituentes.

X 3   §. 3.

§. 3. Species igitur confonantiarum huiusmodi formis 2^m. A poft hac exprimemus, in quibus m numerum indefinitum, A vero definitum imparem fignificat. Ipfae autem confonantiae fub hac fpecie comprehenfae determinabuntur his exponentibus A, 2A, 2^2A, 2^3A, 2^4A, etc. Soni enim has confonantias conftituentes in fingulis iisdem exprimentur litteris, et differentia tantum in octauis confiftet, quibus foni harum confonantiarum a fe inuicem discrepabunt; quae differentia naturam confonantiae non multum immutabit.

§. 4. Interim tamen hae confonantiae fub vna fpecie contentae non penitus pro iisdem funt habende, differunt enim vtique ratione fuauitatis, qua quaeque auditu percipitur. Ita fi confonantia exponentis A ad gradum fuauitatis n pertineat, tum confonantia 2A ad gradum $n + 1$, confonantia 2^2A ad gradum $n + 2$, confonantia 2^3A ad gradum $n + 3$ etc. referetur. Quamobrem confonantiarum eiusdem fpeciei fimpliciffima et perceptu facillima erit, quae exponentem habet A eam ordine fuauitatis fequetur confonantia 2A, hanc vero 2^2A et ita porro

§. 5. Quo maior ergo in exponente fpeciei confonantiarum 2^mA loco m numerus fubftituitur, eo magis confonantia fit compofita, audituique perceptu difficilior. Cum igitur noftra facultas percipiendi non vltra datum gradum extendatur, terminus in gradibus fuauitatis eft figendus, vltra quem confonantias magis compofitas reddere non liceat. Talis autem terminus nifi per experientiam conftitui non poteft; conftat vero a muficis confonantias magis compofitas vfurpari rariffime folere, quam quae ad

gra-

gradum XII. pertineant, et si talibus vtantur, ideo non probandum esse videtur. Sit igitur nobis iste terminus constitutus, quem consonantiae superantes sint illicitae, atque ex harmonia exterminandae.

§. 6. Quo igitur consonantias, quae in genere nostro diatonico-chromatico locum inueniunt, enumeremus et exponamus, pro iis eiusmodi exponentes sunt accipiendi, qui in exponente generis $2^m \cdot 3^s \cdot 5^z$ contineantur. Etiamsi enim hoc genus quoque exponenti $2^m \cdot 3^s \cdot 5^z$ satisfaciat, tamen ob allatam causam consonantiae adhiberi nequeunt, quae in $2^m \cdot 3^s \cdot 5^z$ non contineantur. Habebimus ergo sequentes duodecim consonantiarum species:

I. 2^m.	V. $2^m \cdot 3 \cdot 5$.	IX. $2^m \cdot 3 \cdot 5^z$.
II. $2^m \cdot 3$.	VI. $2^m \cdot 5^z$.	X. $2^m \cdot 3^s \cdot 5$.
III. $2^m \cdot 5$.	VII. $2^m \cdot 3^s$.	XI. $2^m \cdot 3^s \cdot 5^z$.
IV. $2^m \cdot 3^s$.	VIII. $2^m \cdot 3^s \cdot 5$.	XII. $2^m \cdot 3^s \cdot 5^z$.

§. 7. Hae quidem species consonantiarum, si ad exponentes insuper indices adiungantur, pluribus formis occurrere possunt. Quiuis enim speciei exponens 2^m. A indice quocunque B poterit determinari, vt species hoc modo exprimatur 2^m.A (B), dummodo 2^m.A B fuerit diuisor ipsius $2^m \cdot 3^s \cdot 5^z$; si quidem generi diatonico-chromatico haec latior extensio concedatur. Cum autem basis cuiusque consonantiae sit sonus vnitate denotatus, erit consonantiae 2^m.A (B) basis B; ita vt, quomodocunque varietur index B, consonantiae per 2^m.A (B) expressae tantummodo ratione basium discrepent.

§. 8.

§. 8. Cum autem hic nobis tantum propositum fit consonantias in se spectatas tractare, eae vero indicibus non immutentur, indices hic negligemus, seu potius pro indice vnitatem sumemus. Consonantia enim hoc modo descripta facile ad quemuis indicem poterit transformari, substituendo loco soni vnitate designati sonum indice expressum, et loco reliquorum alios a basi iisdem interuallis distantes. Cum igitur 1 sonum det littera F signandum, seu aliquot integris octauis a sono F distantem, basis in hoc capite perpetuo erit sonus vel F vel aliquot octauis grauior quam F.

§. 9. In omnibus igitur consonantiis, quas hic repraesentabimus, sonus seu clauis F nobis vel vnitate vel binario vel potestate binarii indicabitur prout circumstantiae postulabunt. Consonantias enim omnes intra trium octauarum interuallum exhibere visum est, ita vt sonos vel grauiores quam F vel acutiores quam J simus neglecturi; Cum igitur secundum hoc institutum raro consonantias completas exhibere queamus, modo 1 modo 2 modo 4 etc. clauem F denotabit, quo omnes formas, quibus quaeque consonantia intra praescriptum trium octauarum interuallum comparere potest, obtineamus.

§. 10. Ad sonos hos exprimendos vtemur binis pentagrammatis ordinariis, quorum alterum Discanti alterum Bassi claue est instructum, in hisque consonantias more consueto ita repraesentabimus, vt omnes notae inter haec pentagrammata contineantur. Haecque etiam est ratio, cur sonos neque grauiores quam F, neque acutiores quam J simus adhibituri. Neque vero etiam amplius spatium

assumi

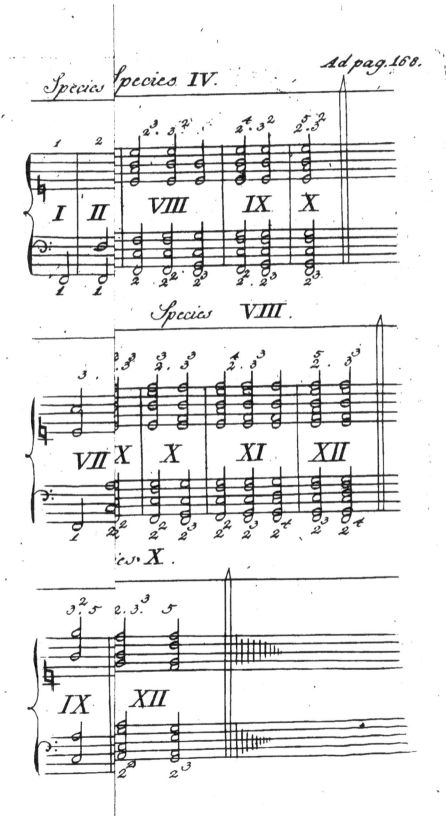

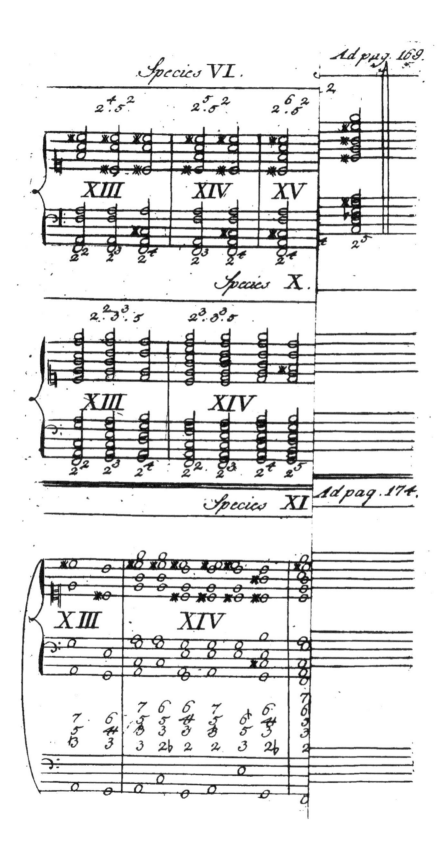

affumi poteft propter alios fonos in pofterum loco F fubfti-
tuendos, ne plures confonantiae fucceffiuae maius quam
quatuor octauarum interuallum requirerent.

§. 11. Hac igitur ratione cuiusque fpeciei confonantias fecundum ordinem fuauitatis notis muficis more confueto defcripfimus. Supra quidem exponentem confonantiarum defcriptarum; inter pentagrammata vero gradum
fuauitatis, atque infra numeros adiunximus, quibus in
quaque confonantia fonus F indicatur. Praeterea confonantias in priore parte huius tabulae ad gradum XII. tantum produximus tanquam faepius in vfum receptas; infra
tamen confonantias ad XV. graduum vsque continua-
uimus, quae reuera pro diffonantiis funt habendae. Ple-
rasque quidem fpecies non eo vsque continuare licuit ob
interuallum nimis anguftum, in quo confonantiae magis
compofitae repraefentari poffent. Sic primae fpeciei confonantia 2^3 intra interuallum trium octauarum exhiberi
non poteft, multoque minus fequentes confonantiae, quam
ob rem eae quoque funt omiffae.

§. 12. Incipit ergo haec tabula ab vnifono feu fono
fimplici, qui vtique eft confonantiarum fimpliciffima.
Hunc fequitur confonantia octana dicta, cuius duo foni eam
conftituentes interuallo octauae a fe inuicem diftant; haecque eft poft vnifonum fimpliciffima confonantia, quae faci-
lime percipitur, et ad quam edendam duae chordae folo
auditu facile temperati poffunt. Tertia confonantia eft tri-
fona, eiusque foni octauis a fe inuicem diftant, ideoque
gratam harmoniam conficiunt. Atque hae funt confonantiae fpeciei primae, quarum plures intra interuallum trium octauarum non cadunt.

Tr. de Muf.   Y   §. 15.

§. 13. Secunda species complectitur eas consonantias, in quibus praeter octauam interualla quinta et quarta occurrunt. Quod quidem ad quintam attinet, patet eam simpliciffimam reddi, si octaua augeatur, ita vt octaua cum quinta non solum gratius se auribus offerat, quam simplex quinta, sed etiam ad temperanda instrumenta feliciori cum successu adhibeatur. Fixo scilicet sono F ex eo multo facilius erit sonum $\bar{c}$ formare, quam c. Quamobrem qui instrumenta musica solo auditu temperare voluerit, non simplites quintas, sed octauas cum quintis efformet; vnde non parui momenti percipiet subsidium. Reliquae huius speciei consonantiae frequenter occurrunt, audituique admodum sunt acceptae.

§. 14. Tertiae speciei simpliciffima consonantia est duplex octaua cum tertia maiore, quod interuallum auditui multo suauius est quam vel simplex tertia maior vel octaua cum tertia maiore. Hancobrem ad bene temperanda instrumenta musica magis expediet duplices octauas cum tertiis maioribus formare quam simplices tertias maiores; seu si soni nimis videantur remoti, octauae cum tertiis maioribus saltem ad hoc adhiberi poterunt. His igitur auxiliis in temperandis instrumentis musicis secundum regulas supra traditas maxime vti conueniet, quibus operatio praescripta eo facilior et exactior reddetur.

§. 15. Hae igitur sunt tres simpliciffimae species, in quarum prima vnicus tantum sonus, in reliquis duo solum occurrunt, si quidem soni vna vel pluribus octauis a se inuicem discrepantes pro iisdem habeantur; atque hanc ob rem nisi in diphoniis ob tantam simplicitatem rato adhiberi solent.

Sequen-

Sequentes vero species maiorem sonorum copiam complectuntur, vt in polyphoniis etiam commode locum habere queant. Huiusmodi est species quarta, in cuius consonantiis tres soni F, C et G reperiuntur; saepius autem musici hac specie vtuntur, quando ad bassum vel quintam cum secunda, vel septimam cum quarta adiungunt: quae quidem consonantiae a musicis dissonantiae appellari solent: non tam eo quod minus sint suaues, quam quod speciem sequentem cum tribus prioribus solam consonantias appellare consueuerint.

§. 16. Sequitur ergo species quinta, quae tam omnes consonantias magis compositas, quam plures dissonantias musicis suppeditat. Tales consonantiae sunt potissimum duae, quae statim ab initio huius speciei conspiciuntur, quarum prima ex sonis F, A, C, altera vero ex sonis A, C, E constat. Haeque duae consonantiae, quocunque ordine soni collocentur, triades harmonicae vocari solent, Triades autem principales appellantur, si soni ita fuerint dispositi, vt ad infimum reliquorum alter tertia siue maiore siue minore distet, alter vero quinta. Ex iisdem igitur triadibus principalibus minus principales oriuntur, si soni alio ordine disponantur.

§. 17. Trias porro harmonica dura vocatur, in qua tertia maior cum quinta est coniuncta, mollis vero in qua tertia minor cum quinta coniungitur; dura igitur est trias F, A, C, mollis vero A, C, E. Harum ergo triadum, quomodo vtraque suauissime sonis sit exprimenda ex tabula clare perspicitur, ex qua simul patet, quantum suauitati decedat, si soni alio ordine disponantur. De aptissimo

au-

autem quamque confonantiam feu *accortum*, prout a muſicis vocari ſolet, exprimendi modo infra plura tradentur.

§. 18. Praeter has duas triades haec eadem ſpecies
quinta continet plures diſſonantias a muſicis ita vocatas,
quas ex vtraque parte tabulae videre licet. Solent enim
muſici in componendis operibus tantum triadibus tam dura
quam molli pro conſonantiis vti, iisque maximam operum partem implere; reliquas vero conſonantias omnes,
quas illis tantum intermiſcent, tanquam ſecundarias tra-
ctant, nomineque diſſonantiarum appellant; quamuis ſaepius tantundem vel etiam plus ſuauitatis habeant, quam
triades, prout quidem hae efferri ſolent.

§. 19. Speciei ſextae conſonantiae ſunt admodum
durae, cum ſimpliciſſima, quae intra interuallum trium
octauarum exprimi poteſt, ad gradum vndecimum aſcen-
dat; rariſſime igitur a muſicis adhibetur, raroque ea vti
conuenit. Septimae ſpeciei vt et octauae conſonantiae ſunt
magis tolerabiles et magna cum gratia conſonantiis ſimpli-
cioribus intermiſceri poſſunt. Nona vero et decima ſpecies ob nimiam ruditatem non niſi cum ſumma circumſpe-
ctione vſurpari poſſunt. Reſiduarum duarum ſpecierum
ne conſonantia quidem exhiberi poteſt, quae gradum duodecimum non transcenderet; earum igitur ſpecierum conſonantiae ſeu potius diſſonantiae in altera tabulae parte ſunt
quaerendae.

§. 20. Hinc vtiles regulae deduci poſſunt pro baſſo
continuo, quam fieri poteſt, ſuauiſſime efferendo, in quo
poſito conſonantiae edendae ſono grauiſſimo numeris ad-
ſcriptis indicari ſolet, cuiusmodi ſoni acutiores cum eo ſi-

mul

imul sint edendi.) Hi autem soni per numeros ab interuallorum nominibus receptis petitos indicantur, ita vt 6 denotet sextam, 7 septimam etc. esse cum basso coniungen-
dam. Non autem hi numeri simplicia tantum interualla
denotant; sed vna pluribusue octauis aucta, prout occasio
postulat: atque sollertiae musici relinquitur, vtrum interuallis simplicibus an compositis vti expediat.

§. 21. Vt igitur huiusmodi regulas tradamus, incipiemus a simplicibus interuallis, quibus ad bassum vnicus
tonus adiungi debet. Ac primo quidem si octaua fuerit
signata suauius erit simplicem octauam adiungere, quam vel
duplicem vel triplicem. Si quinta tam perfecta quam
imperfecta; (imperfectae enim quintae in hoc negotio pro
perfectis haberi solent) adiungi iubeatur, non simplicem
sed octauam cum quinta adhibere conueniet. Quarta contra simplex suauior erit auditui, quam vna pluribusue octauis aucta, et hancobrem si forte circumstantiae prohibeant
simplici vti, tam parum quam fieri potest a basso remota
adhiberi debet.

§. 22. Si tertia maior fuerit praecepta, eius loco
non simplicem sed duabus octauis auctam adhibere decet,
tertia vero minor e contrario auditui est gratior, si
simplex capiatur, vel saltem a basso quam minime remota. Sextae porro tam maiores quam minores sunt
suauiores, quo minus a basso distantes capiuntur. Simili
modo septima minor basso proxima seu simplex remotio-
ribus est praeferenda; septima vero maior, quo maiore
a basso interuallo distat, eo erit gratior. Secunda maior
tono maiore constans a basso maxime, ea vero quae tono
minore continetur, a basso minime distare debet. Pari mo-

do

do fecunda minor, quo baffo propior capitur, eo erit fuauior. Tritonus denique quo longius a baffo accipitur, eo minus fuauitatem turbabit.

§. 23. Hae ergo regulae funt obferuandae, fi vnicus fonus ad baffum adiungi debet, quod quidem rariffime vfu venit: interim tamen hae regulae vfum fuum aeque retinent, fi plures foni cum baffo debent coniungi, de quolibet enim eadem valent, quae fi folus adeffet, obferuanda forent. Quomodo autem foni, fi plures numeri baffo fuerint infcripti fuauiffime exprimi debeant ex tabula hic adiecta videre licebit, quae ex priore eft formata reiectis tantum aliquot fonis grauiffimis, vt quiuis fonus baffi locum obtineat.

§. 24. Ad haec autem diftincte exprimenda opus erat tribus pentagrammatis, in quorum infimo folae baffi notae cum numeris fuprafcriptis, vti in baffo continuo feu generali fieri folet, repraefentantur; duo reliqua pentagrammata vero continent integram confonantiam, qua numeri baffo adfcripti commodiffime et fuauiffime exprimuntur. Scala hic quidem vfi fumus vacua, fed facile erit per transpofitionem huius tabulae vfum ad quamuis aliam fcalam fonosque alios accommodare. Diftinguimus vt ante gradus fuauitatis, atque etiam fpecies, ad quam quaeque confonantia pertinet, notauimus. Duabus denique haec tabula quoque conftat partibus, in quarum priore confonantiae vsque ad fpeciem decimam, in pofteriore vero duarum reliquarum fpecierum confonantiae funt enumeratae.

CA.

Species I. Species VIII.

CAPVT DVODECIMVM.

DE

MODIS ET SYSTEMATIBVS
IN GENERE
DIATONICO · CHROMATICO.

§. 1.

POſt conſonantias generis diatonico-chromatici tracta-
ri conueniret de conſonantiarum ſucceſſione. Sed
cum ſucceſſio conſonantiarum ad modum muſicum
ſit accomodanda, conſultius viſum eſt ante modos enumerare atque exponere, quam regulas tradamus, ſecundum quas inquoque modo conſonantias coniungere oporteat. Fixis enim terminis, intra quos in coniungendis
conſonantiis ſubſiſtere debemus, facilius erit normam compoſitionis explicare, et concentum muſicum formare.

§. 2. Cum modus muſicus nil aliud ſit niſi exponens
ſeriei conſonantiarum, atque exponens modi ſingularum
conſonantiarum exponentes in ſe complectatur, perſpicuum
eſt modi exponentem non nimis ſimplicem eſſe poſſe; alias
enim non ſufficiens varietas in conſonantiis locum habere
poſſet. Hancobrem hos exponentes 2^n; $2^n. 3$; $2^n. 3^2$;
$2^n. 3. 5$; $2^n. 5^2$ tanquam inutiles ad modos deſignandos
reliciemus, ac tractationem a magis compoſitis ordiemur.

§. 3. Quia autem exponens modi in genere diatonico-chromatico cuius exponens eſt $2^n. 3^3. 5^2$ debet eſſe
contentus, ſex ſequentes habebimus modos, quorum exponentes eruit

I.

$$\text{I. } 2^x. 3^x$$
$$\text{II. } 2^x. 3^x. 5$$
$$\text{III. } 2^x. 3. 5^2$$
$$\text{IV. } 2^x. 3^x. 5$$
$$\text{V. } 2^x. 3^x. 5^2$$
$$\text{VI. } 2^x. 3^x. 5^2$$

Quamuis enim genus diatonico-chromaticum latius pateat quam ad exponentem $2^x. 3^x. 5^2$; tamen modus non poteſt eſſe magis compoſitus, cum ne fiat imperceptibilis, tum vero ne in eodem modo eadem clauis ad duos diuerſos ſonos exprimendos ſit adhibenda; quod eſſet intolerabile.

§. 4. Quando autem in integro opere muſico modi ſubinde mutantur atque ex aliis modis in alios fiunt tranſitiones, tum ſine harmoniae laeſione exponens integri operis, in quo omnium modorum exponentes continentur, magis eſſe poteſt compoſitus quam $2^x. 3^x. 5^2$. atque adeo ad $2^x. 3^7. 5^2$. exſurgere poterit. Quamobrem pro componendis integris operibus muſicis hanc legem ſtabilire oportebit, vt quisque modus in exponente $2^x. 3^x. 5^2$ contineatur, totius vero operis exponens non fiat magis compoſitus quam $2^x. 3^7. 5^2$.

§. 5. Sex recenſitorum modorum tres priores nimis ſunt ſimplices, et propterea in muſica hodierna minus locum habere poſſunt, cum tantam varietatem, quali hoc tempore muſica delectatur, non admittant. Interim tamen ad concentus planos et melodias faciliores etiamnum adhiberi poſſent, praeter primum, in quo ne quidem tertiae et ſextae locum habent. Secundus autem modus ſatis idoneus eſt ad modulationes ſimplices et hilares, quae conſonantiis facilioribus conſtant, exprimendas, et reipſa ſaepius a muſicis vſurpatur. Tertius modus etiamſi

raris-

rarissime occurrat, tamen pariter in huiusmodi planis modulationibus non incongrue adhiberi posset.

§. 6. In tribus autem posterioribus modis vniuersa musica hodierna comprehenditur. Modi enim, quibus musici vti solent, omnes tanquam species in his tribus modis continentur. Namque qui modus a musicis durus vocari solet, is ad nostrum modum quartum pertinet, mollis vero ad nostrum quintum refertur. Potissimum autem hodierni musici in suis operibus modo vti solent composito ex duro et molli, qui ad sextum modum referri debet, isque in hodiernis operibus maxime conspicitur.

§. 7. Modi hi, quemadmodum eos sine indicibus expressimus, omnes pro basi habent sonum F, qui vnitate seu potestate binarii indicatur. Quilibet autem modus transponi potest, vt basis ad alium sonum transferatur, quo quidem modus in sua natura non mutatur. Has igitur modorum transpositiones, quae in musica frequentissime ocurrere solent, variationes modorum vocabimus quas indicibus cum exponentibus coniunctis indicabimus, ita vt index basin sit designaturus, ad quam ipse modus refertur. Sic si index fuerit 3, basis modi erit sonus C, et existente indice 5, basis erit A, prout ex praecedentibus intelligitur.

§. 8. Variatio porro vocabitur pura, si exponens modi cum indice coniunctus in genuino generis diatonico-chromatici exponente fuerit contentus, qui est $2^n . 3^3 . 5^2$. Sin autem exponens modi cum indice fuerit magis compositus quam $2^n . 3^3 . 5^2$. et tamen in $2^n . 3^3 . 5^2$ contineatur, tum ea variatio impura nobis appellabitur, quia foni generis mufici non exacte, fed tantum proxime congruunt. Quae autem variatio ne in hoc quidem exponente $2^n. 3^7. 5^2$ continetur, ea iure pro illicita et harmoniae contraria haberi poterit.

§. 9. Primus igitur modus cuius exponens eft $2^n 3^2$, tres habebit variationes puras nempe $2^n. 3^7 (1)$; $2^n. 3^7 (5)$; $2^n. 3^7 (5^2)$; quarum bafes erunt F; A; Cs; impuras autem variationes 12 admittet, quae cum fuis bafibus erunt fequentes:

$$2^n. 3^7 (3); \quad 2^n. 3^7 (3^2); \quad 2^n. 3^7 (3^3); \quad 2^n. 3^7 (3^4);$$
$$\text{C} \qquad\qquad \text{G} \qquad\qquad \text{D} \qquad\qquad \text{A}$$

$$2^n. 3^7 (3.5); \quad 2^n. 3^7 (3^2.5); \quad 2^n. 3^7 (3^3.5); \quad 2^n. 3^7. (3^4.5);$$
$$\text{E} \qquad\qquad \text{H} \qquad\qquad \text{Fs} \qquad\qquad \text{Cs}$$

$$2^n. 3^7 (3.5^2); \quad 2^n. 3^7 (3^2. 5^2); \quad 2^n. 3^7 (3^3. 5^2); \quad 2^n. 3^7 (3^4. 5^2)$$
$$\text{Gs} \qquad\qquad \text{Ds} \qquad\qquad \text{B} \qquad\qquad \text{F}$$

vbi foni fecundarii *A*, *Cs*, *F* curfiuo charactere funt expreffi.

§. 10. In tabula ergo fequente fingulorum modorum omnes variationes tam puras quam impuras expreffimus, atque pro quaque variatione clauem adfcripfimus, qua bafis indicatur. Quia autem tales variationes omnes quoque confonantiae admittunt, atque de iis etiam noffe expedit, quaenam variationes fint purae et quae impurae, in hac tabula non folum variationes modorum, fed etiam confonantiarum omnium ob oculos ponere vifum eft.

I.

I.	**II.**
$2^n . 3$	$2^n . 5$

Variat. purae.		*Variat. purae.*	
$2^n . 3 (1)$	F	$2^n . 5 (1)$	F
$2^n . 3 (3)$	C	$2^n . 5 (3)$	C
$2^n . 3 (5)$	A	$2^n . 5 (5)$	A
$2^n . 3 (3^2)$	G	$2^n . 5 (3^2)$	G
$2^n . 3 (3.5)$	E	$2^n . 5 (3.5)$	E
$2^n . 3 (5^2)$	Cs	$2^n . 5 (3^3)$	D
$2^n . 3 (3^2.5)$	H	$2^n . 5 (3^2.5)$	H
$2^n . 3 (3.5^2)$	Gs	$2^n . 5 (3^2.5)$	Fs
$2^n . 3 (3^2.5^2)$	Ds		

Var. impurae.		*Variat. impurae.*	
$2^n . 3 (3^3)$	D	$2^n . 5 (3^4)$	A
$2^n . 3 (3^4)$	A	$2^n . 5 (3^5)$	E
$2^n . 3 (3^3.5)$	Fs	$2^n . 5 (3^4.5)$	Cs
$2^n . 3 (3^5)$	E	$2^n . 5 (3^6)$	H
$2^n . 3 (3^4.5)$	Cs	$2^n . 5 (3^5)$	Gs
$2^n . 3 (3^4.5^2)$	B	$2^n . 5 (3^6.5)$	Ds
$2^n . 3 (3^6)$	H	$2^n . 5 (3^7.5)$	B
$2^n . 3 (3^5.5)$	Gs		
$2^n . 3 (3^4.5^2)$	F	**III.**	
$2^n . 3 (3^6.5)$	Ds	$2^n . 3^2$	
$2^n . 3 (3^5.5^2)$	C	*Variat. purae.*	
$2^n . 3 (3^6.5^2)$	G	$2^n . 3^2 (1)$	F
		$2^n . 3^2 (3)$	C

$2^n . 3^2 (5)$	A	*Var. impurae.*		
$2^n . 3^3 (3.5)$	E	$2^n . 3.5 (3^2)$	D	
$2^n . 3^2 (5^2)$	Cs	$2^n . 3.5 (3^2.5)$	Fs	
$2^n . 3^2 (3.5^2)$	Gs	$2^n . 3.5 (3^3)$	A	
		$2^n . 3.5 (3^2.5)$	Cs	
Var. impurae.		$2^n . 3.5 (3^3)$	E	
$2^n . 3^2 (3^2)$	G	$2^n . 3.5 (3^4)$	Gs	
$2^n . 3^2 (3^3)$	D	$2^n . 3.5 (3^5)$	H	
$2^n . 3^2 (3^2.5)$	H	$2^n . 3.5 (3^5.5)$	Ds	
$2^n . 3^4 (3^4)$	A			
$2^n . 3^2 (3^3.5)$	Fs	**V.**		
$2^n . 3^4 (3^3.5^2)$	Ds	$2^n . 5^2$		
$2^n . 3^2 (3^4)$	E	*Variat. purae.*		
$2^n . 3^2 (3^4.5)$	Cs	$2^n . 5^2 (1)$	F	
$2^n . 3^2 (3^4.5^2)$	B	$2^n . 5^2 (3)$	C	
$2^n . 3^2 (3^5.5)$	Gs	$2^n . 5^2 (3^2)$	G	
$2^n . 3^2 (3^4.5^2)$	F	$2^n . 5^2 (3^3)$	D	
$2^n . 3^2 (3^5.5^2)$	C			
		Var. impurae.		
IV.		$2^n . 5^2 (3^4)$	A	
$2^n . 3 . 5$		$2^n . 5^2 (3^5)$	E	
Variat. purae.		$2^n . 5^2 (3^9)$	H	
$2^n . 3.5 (1)$	F	$2^n . 5^2 (3^7)$	Fs	
$2^n . 3.5 (3)$	C			
$2^n . 3.5 (5)$	A			
$2^n . 3.5 (3^2)$	G			
$2^n . 3.5 (3.5)$	E			
$2^n . 3.5 (3^2.5)$	H			

Me-

Modus I.		Modus IV.	Variat. impurae.
$(2^n.3^2.)$	$2^n.3^2.5(5)$ A	$2^n.3^1.5.$	$2^n.3^2.5^2(3^1)$ G
Variat. purae.	$2^n.3^2.5(3.5)$ E		$2^n.3^2.5^2(3^2)$ D
$2^n.3^2(1).3.$ F	Variat. impurae.	Variat. purae.	$2^n.3^2.5^2(3^4)$ A
$2^n.3^2(5)$ A	$2^n.3^2.5(3^2)$ G	$2^n.3^1.5(1)$ F	$2^n.3^2.5^2(3^5)$ E
$2^n.3^2.(5^2)$ C	$2^n.3^2.5(3^2.5)$ H	$2^n.3^1.5(5)$ A	
Variat. impurae.	$2^n.3^2.5(3^3)$ D		
$2^n.3^2(3).3.$ G	$2^n.3^2.5(3.5)$ Es	Variat. impurae.	Modus VI.
$2^n.3^2(3.5)$ E	$2^n.3^2.5(3^3)$ A	$2^n.3^1.5(3^2)$ C	$2^n.3^1.5^2.$
$2^n.3^2(3.5^2)$ G	$2^n.3^2.5(3.5)$ Cs	$2^n.3^1.5(3.5)$ E	
$2^n.3^2(3^2)$ G	$2^n.3^2.5(3.5)$ E	$2^n.3^1.5(3^2)$ G	Variat. purae.
$2^n.3^2(3.5)$ H	$2^n.3^2.5(3.5)$ G	$2^n.3^1.5(3^3.5)$ H	$2^n.3^1.5^2(1)$ F
$2^n.3^2(3^2.5^2)$ D	Modus III.	$2^n.3^1.5(3^3)$ D	
$2^n.3^2(3^3)$ D	$(2^n.3.5^2.)$	$2^n.3^1.5(3^3.5)$ F	Variat. impurae.
$2^n.3^2(3.5)$ Es	Variat. purae.	$2^n.3^1.5(3.5)$ A	
$2^n.3^2(3.5^2)$ B	$2^n.3.5^2(1)$ F	$2^n.3^1.5(3.5)$ Cs	$2^n.3^1.5^2(3)$ C
$2^n.3^2(3^4)$ A	$2^n.3.5^2(3)$ C		$2^n.3^1.5^2(3^2)$ G
$2^n.3^2(3^4.5)$ Cs	$2^n.3.5^2(3^2)$ G	Modus V.	$2^n.3^1.5^2(3^3)$ D
$2^n.3^2(3^3.5^2)$ F	Variat. impurae.	$2^n.3.5^2.$	$2^n.3^1.5^2(3^4)$ A
Modus II.	$2^n.3.5^2(3^3)$ D		
$2^n.3^2.5^n$	$2^n.3.5^2(3^4)$ A	Variat. purae.	
Variat. purae.	$2^n.3.5^2(3^5)$ E		
$2^n.3^2.5(1)$ F	$2^n.3.5^2(3^6)$ H	$2^n.3^2.5^2(1)$ F	
$2^n.3^2.5(3)$ C		$2^n.3^2.5^2(3)$ C	

§. 11. Ex hac igitur tabula intelligitur, quot variationes tam puras quam impuras quaelibet consonantia pariter ac quilibet modus in instrumento recte attemperato admittat. Ita apparet triadem harmonicam, quae exponente 2^n. 3. 5 continetur, sex habere variationes puras,

tras, retracto impuras, quarum tamen impuriarum tres
cum puris congruunt, quia bases secundariae A, E, H et
C tamquam primariae exciderunt, ita ut
quinque tantum impurae sint censendae, quarum bases
sunt D, F, I, C, D et G. Deinde etiam transpor-
tationes modorum ex hac tabula determinantur tam puras
quam impuras, atque statim apparet quanto interuallo
datam modulationem transponere liceat, quo vel pura
maneat, vel impura euadat, et quibus casibus etiam fiat
illicita. Quae igitur de vna modi cuiusdam variatione
dicentur, ea ad omnes reliquas facile erit transferre.

§. 12. Post variationes modorum diuersae cuiuslibet modi species sunt considerandae, quae oriuntur si loco
indefinitae potestatis binarii in exponente modi potestates
definitae substituantur. Ita modi 2^n. 3^3. 5 species sequentibus exponentibus exprimentur 3^3. 5; 2. 3^3. 5; 2^2. 3^3. 5;
2^3. 3^3. 5; 2^4. 3^3. 5; etc. Substituendo scilicet loco n successiue numero integros affirmatiuos 0, 1, 2, 3, 4 etc.
Quaelibet autem modi species easdem habet variationes
tam puras quam impuras, quas ipse modus, cum variationes non ex potestate binarii, quae in exponente modi
inest, sed tantum ex numeris indicibus 3 et 5 determinentur, qui in speciebus non immutantur.

§. 13. Eiusdem modi species inter se differunt ratione
graduum suauitatis, ad quos pertinent. Eo enim simplicior cuiusque modi species habetur quo minor numerus loco
n substituitur. Ita cuiuslibet modi species simplicissima
prodit, si ponatur $n=0$: vna autem gradu magis fit composita ponendo $n=1$, duobusque gradibus ascendet ponendo $n=2$, et ita porro: quemadmodum ex iis quae

Z 3

upra de inueniendo gradu fuauitatis , ad quem quilibet
exponens determinatus eſt referendus , intelligere licet.

§. 14. Specierum quidem cuiusque modi numerus in
ſe ſpectatus eſſet infinitus , ob innumeros valores deter-
minatos, qui loco *n* ſubſtitui poſſent. Sed praeterquam,
quod ea , quae in ſenſus occurrunt, numerum infinitum
reſpuant , interuallum inter infimam grauitatem et ſupre-
mum acumen ſonorum fixum in quolibet modo ſpecierum
numerum determinat. Quilibet enim modus in ſe complectitur datum ſonorum primitiuorum numerum , qui
augendo numerum *n* in variis octauis ſaepius repetuntur, ita
vt ſi idem ſonus iam in omnibus octauis occurrat , vlteri-
or numeri *n* multiplicatio nullam amplius diuerſitatem
inducere poſſit.

§. 15. Quod quo clarius percipiatur, notandum eſt
quemque modum ſuos habere ſonos primitiuos, qui numeris imparibus exprimuntur, ex quibus per 2 vel eiusdem
poteſtates multiplicatis, reliqui deriuatiui oriantur. Quo
maior igitur fuerit poteſtas binarii, per quam fit multiplicatio , eo plures ſoni deriuatiui ex eodem primitiuo naſcen-
tur; atque tandem fixus octauarum numerus his ſonis ita
replebitur , vt etiamſi vltra augeretur poteſtas binarii , tamen plures ſoni locum inuenire nequeant. Haec autem
ex ſequentibus tabulis diſtincte apparebunt.

§. 16. Tertiam varietatem cuiusuis tam modi quam
ſpeciei affert accomodatio ad receptum in inſtrumentis
muſicis ſonorum ſyſtema , quod vulgo quatuor octauas
continere ſolet, in quibus grauiſſimus ſonus hoc charactere
C et acutiſſimus iſto 7 deſignatur. Intra hos ergo limites
ſoni cuiusuis modi et ſpeciei, qui quidem in inſtrumentis

ſunt

funt exprimendi, contenti effe debent; ita vt foni tam grauiores quam C quam acutiores quam 7 tanquam inutiles fint reiiciendi. Congeries autem hæ fonorum cuiusuis fpeciei intradictos limites contentorum fyftema iftius fpeciei nobis appellabitur.

§. 17. Pluribus autem modis eadem fpecies plerumque intra fixum illud fonorum interuallum includi poteft, prout fonus F alia aliaque binarii poteftate exprimitur. Nam fi ponatur F $=$ 1, omnes foni maioribus numeris quam 12 expreffi reiici debebunt; atque fi F $=$ 2; ii tantum foni poterunt exprimi qui inter numeros 2 et 24 continentur. Si porro F $=$ 4, foni idonei intra limites 3 et 48. interiacebunt, et fi F $=$ 8 limites erunt 6 et 96; atque fimili modo limites fe habebunt pro aliis binarii poteftatibus quibus clauis F exprimitur.

§. 18. Syftema ergo cuiusque modorum fpeciei definitur data binarii poteftate ad clauem F fignificandum asfumta. Atque hoc pacto eadem fpecies fæpe numero plura habebit fyftemata, quæ variis fonorum congeriebus conftabunt. Huiusmodi fyftema fonorum, quos data fpecies dato modo determinata continet a muficis ambitus vocari folet, qui ex genere diatonico-chromatico eas determinat claues, quas in data modulatione adhibere licet. Ambitum quidem vnicum pro quoque modo mufici agnofcunt, fed ex fequentibus perfpicietur, non folum quemlibet modum, fed etiam quamuis cuiusque modi fpeciem plura admittere fyftemata feu ambitus, quibus mufica etiamnum mirifice poterit variari.

§. 19. Quo igitur completa omnium cuiuslibet modi fpecierum et fyftematum acquiratur notitia fequentem adieci tabulam, in qua fingulos fupra defcriptos modos ita

euol-

euolui; vt pro fingulis clauis F exponentibus fingulas eiuſ-
dem modi fpecies cum fuis fyftematibus recenfeam. In
hac ergo tabula non folum cuiusuis modi omnes fpecies,
quae quidem in interuallo 4 octauarum locum habent,
comparent, fed etiam omnia fyftemata, in quibus claues
notis confuetis funt defignatae.

Modi.	Syſtemata.
$2^n.3^3.$	
Species.	Si F $= 4.$
$2^3.3^3$	C:F:c:g:c̄:ḡ:d̄:ḡ.
$2^5.3^3$	C:F:c:f:g:c̄:ḡ:d̄:ḡ.
$2^4.3^3$	C:F:c:f:g:c̄:f̄:ḡ:d̄:ḡ.
$2^6.3^3$	C:F:c:f:g:c̄:f̄:ḡ:c̄:d̄:f̄:ḡ.
	Si F $= 8.$
$2^3.3^3$	C:F:G:c:g:c̄:ḡ:d̄:ḡ.
$2^4.3^3$	C:F:G:c:f:g:c̄:ḡ:d̄:ḡ.
$2^5.3^3$	C:F:G:c:f:g:c̄:d̄:f̄:ḡ:d̄:ḡ.
$2^6.3^3$	C:F:G:c:f:g:c̄:d̄:f̄:ḡ:c̄:d̄:f̄:ḡ.
	Si F $= 16.$
$2^4.3^3$	C:F:G:c:d:g:c̄:d̄:ḡ:d̄:ḡ.
$2^5.3^3$	C:F:G:c:d:f:g:c̄:d̄:ḡ:d̄:ḡ.
$2^6.3^3$	C:F:G:c:d:f:g:c̄:d̄:f̄:ḡ:d̄:ḡ.
$2^7.3^3$	C:F:G:c:d:f:g:c̄:d̄:f̄:ḡ:d̄:f̄:ḡ.
	Si F $= 32.$
$2^5.3^3$	C:D:F:G:c:d:g:c̄:d̄:ḡ:d̄:ḡ.
$2^6.3^3$	C:D:F:G:c:d:f:g:c̄:d̄:ḡ:d̄:ḡ.
$2^7.3^3$	C:D:F:G:c:d:f:g:c̄:d̄:f̄:ḡ:c̄:d̄:ḡ.
$2^8.3^3$	C:D:F:G:c:d:f:g:c̄:d̄:f̄:ḡ:c̄:d̄:f̄:ḡ.

Modi. $2^n.3^2.5$ Species.	Systemata.
	Si F = 1.
$3^2.5$	$F:\bar{c}:\bar{a}:\bar{g}.$
$2.3^2.5$	$F:f:\bar{c}:\bar{a}:\bar{c}:\bar{g}:\bar{a}.$
$2^2.3^2.5$	$F:f:\bar{c}:\bar{f}:\bar{a}:\bar{c}:\bar{g}:\bar{a}:\bar{c}.$
$2^3.3^2.5$	$F:f:\bar{c}:\bar{f}:\bar{a}:\bar{c}:\bar{f}:\bar{g}:\bar{a}:\bar{c}.$
	Si F = 2.
$3^2.5$	$c:a:\bar{g}:\bar{e}.$
$2.3^2.5$	$F:c:a:\bar{c}:\bar{g}:\bar{a}:\bar{e}:\bar{g}.$
$2^2.3^2.5$	$F:c:f:a:\bar{c}:\bar{g}:\bar{a}:\bar{c}:\bar{e}:\bar{g}:\bar{a}.$
$2^3.3^2.5$	$F:c:f:a:\bar{c}:\bar{f}:\bar{g}:\bar{a}:\bar{c}:\bar{e}:\bar{g}:\bar{a}:\bar{c}.$
$2^4.3^2.5$	$F:c:f:a:\bar{c}:\bar{f}:\bar{g}:\bar{a}:\bar{c}:\bar{e}:\bar{f}:\bar{g}:\bar{a}:\bar{c}.$
	Si F = 4.
$3^2.5$	$C:A:g:\bar{e}:\flat.$
$2.3^2.5$	$C:A:c:g:a:\bar{e}:\bar{g}:\bar{a}:\flat.$
$2^2.3^2.5$	$C:F:A:c:g:a:\bar{c}:\bar{e}:\bar{g}:\bar{a}:\bar{e}:\bar{g}:\flat.$
$2^3.3^2.5$	$C:F:A:c:f:g:a:\bar{c}:\bar{e}:\bar{g}:\bar{a}:\bar{c}:\bar{e}:\bar{g}:\bar{a}:\flat.$
$2^4.3^2.5$	$C:F:A:c:f:g:a:\bar{c}:\bar{e}:\bar{f}:\bar{g}:\bar{a}:\bar{c}:\bar{e}:\bar{g}:\bar{a}:\flat:\bar{c}.$
$2^5.3^2.5$	$C:F:A:c:f:g:a:\bar{c}:\bar{e}:\bar{f}:\bar{g}:\bar{a}:\bar{c}:\bar{e}:\bar{f}:\bar{g}:\bar{a}:\flat\bar{c}$
	Si F = 8.
$2.3^2.5$	$C:G:A:e:g:\bar{e}:\flat:\flat.$
$2^2.3^2.5$	$C:G\cdot A:c:e:g:a:\bar{e}:\bar{g}:\flat:\bar{e}:\flat.$
$2^3.3^2.5$	$C:F:G:A:c:e:g:a:\bar{c}:\bar{e}:\bar{g}:\bar{a}:\flat:\bar{e}:\bar{g}:\flat.$
$2^4.3^2.5$	$C:F:G:A:c:e:f:g:a:\bar{c}:\bar{e}:\bar{g}:\bar{a}:\flat:\bar{e}:\bar{g}:\bar{a}:\flat$
$2^5.3^2.5$	$C:F:G:A:c:e:f:g:a:\bar{c}:\bar{e}:\bar{f}:\bar{g}:\bar{a}\flat\bar{c}\bar{e}:\bar{g}:\bar{a}:\flat\bar{c}$
$2^6.3^2.5$	$C:F:G:A:c:e:f:g:a:\bar{c}:\bar{e}:\bar{f}:\bar{g}:\bar{a}:\flat\bar{c}:\bar{e}:\bar{f}:\bar{g}:\bar{a}:\flat\bar{c}$

Si F = 16.

$2^2.3^2.5$	C:E:G:A:e:g:b:ē:♮:♭.
$2^3.3^2.5$	C:E:G:A:c:e:g:a:b:ē:ḡ:♮:ē:♭.
$2^4.3^2.5$	C:E:F:G:A:c:e:g:a:b:c̄:ē:ḡ:ā:♮:c̄:ḡ:♭
$2^5.3^2.5$	C:E:F:G:A:c:e:f:g:a:b:c̄:ē:ḡ:ā:♮:c̄:ē:ḡ:ā:♭
$2^6.3^2.5$	C:E:F:G:A:c:e:f:g:a:b:c̄:ē:f̄:ḡ:ā:♮:c̄:ē:ḡ:ā:♭:c̄
$2^7.3^2.5$	C:E:F:G:A:c:e:f:g:a:b:c̄:ē:f̄:ḡ:ā:♮:c̄:ē:f̄:ḡ:ā:♭:c̄

Si F = 32.

$2^3.3^2.5$	C:E:G:A:H:e:g:b:ē:♮:♭.
$2^4.3^2.5$	C:E:G:A:H:c:e:g:a:b:ē:ḡ:♮:ē:♭.
$2^5.3^2.5$	C:E:F:G:A:H:c:e:f:g:a:b:c̄:ē:ḡ:ā:♮:ē:ḡ:♭
$2^6.3^2.5$	C:E:F:G:A:H:c:e:f:g:a:b:c̄:ē:ḡ:ā:♮:c̄:ē:ḡ:ā:♭
$2^7.3^2.5$	C:E:F:G:A:H:c:e:f:g:a:b:c̄:ē:f̄:ḡ:ā:♮:c̄:ē:ḡ:ā:♭
$2^8.3^2.5$	C:E:F:G:A:H:c:e:f:g:a:b:c̄:ē:f̄:ḡ:ā:♮:c̄:ē:f̄:ḡ:ā:♭:c̄

Modi. $2^n.3.5^2$ Species.	# Syſtemata.

Si F : ± 4.

3.5^2	C:A:ē:c̄s.
$2.3.5^2$	C:A:c:a:ē:c̄s:ē.
$2^2.3.5^2$	C:F:A:c:a:c̄:ē:ā:c̄s:ē.
$2^3.3.5^2$	C:F:A:c:f:a:c̄:ē:ā:c̄:c̄s:ē:ā.
$2^4.3.5^2$	C:F:A:c:f:a:c̄:ē:f̄:ā:c̄:c̄s:ē:ā:c̄.
$2^5.3.5^2$	C:F:A:c:f:a:c̄:ē:f̄:ā:c̄:c̄s:ē:f̄:ā:c̄.

Si F = 8.

$2.3.5^2$	C:A:e:c̄s:ē:c̄s:ḡs.
$2^2.3.5^2$	C:A:c:e:a:c̄s:ē:c̄s:ē:ḡs.
$2^3.3.5^2$	C:F:A:c:e:a:c̄:c̄s:ē:ā:c̄s:ē:ḡs.
$2^4.3.5^2$	C:F:A:c:e:f:a:c̄:c̄s:ē:ā:c̄:c̄s:ē:ḡs:ā.
$2^5.3.5^2$	C:F:A:c:e:f:a:c̄:c̄s:ē:f̄:ā:c̄:c̄s:ē:ḡs:ā:c̄
$2^6.3.5^2$	C:F:A:c:e:f:a:c̄:c̄s:ē:f̄:ā:c̄:c̄s:ē:f̄:ḡs:ā:c̄

Si

Si F = 16.

$2^2. 3. 5^2$ C : E : A : cs : e : c̄s : ē : ḡs : c̄s : ḡs.

$2^3. 3. 5^2$ C. E : A : c : cs : e : a : c̄s : ē : ḡs : c̄s : ē : ḡs.

$2^4. 3. 5^2$ C : E : F : A : c : cs : e : a : c̄ : c̄s : ē : ḡs : ā :: c̄s : ē : ḡs.

$2^5. 3. 5^2$ C : E : F : A : c : cs : e : f : a : c̄ : c̄s : ē : ḡs : ā : c̄ : c̄s : ē : ḡs : ā

$2^6. 3. 5^2$ C : E : F : A : c : cs : e : f : a : c̄ : c̄s : ē : f̄ : ḡs : ā : c̄ : c̄s : ē : ḡs : ā̄ : c̄

$2^7. 3. 5^2$ C : E : F : A : c : cs : e : f : a : c̄ : c̄s : ē : f̄ : ḡs : ā : c̄ : c̄s : ē : f̄ : ḡs : ā : c̄

Si F = 32.

$2^3. 3. 5^2$ C : Cs : E : A : cs : e : gs : c̄s : ē : ḡs : c̄s : ḡs.

$2^4. 3. 5^2$ C : Cs : E : A : c : cs : e : gs : a : c̄s : ē : ḡs : c̄s : ē : ḡs

$2^5. 3. 5^2$ C : Cs : E : F : A : c : cs : e : gs : a : c̄ : c̄s : ē : ḡs : ā : c̄s : ē : ḡs

$2^6. 3. 5^2$ C : Cs : E : F : A : c : cs : e : f : gs : a : c̄ : c̄s : ē : ḡs : ā : c̄ : c̄s : ē : ḡs : ā

$2^7. 3. 5^2$ C : Cs : E : F : A : c : cs : e : f : gs : a : c̄ : c̄s : ē : f̄ : ḡs : ā : c̄ : c̄s : ē : ḡs : ā : c̄

$2^8. 3. 5^2$ C : Cs : E : F : A : c : cs : e : f : gs : a : c̄ : c̄s : ē : f̄ : ḡs : ā : c̄ : c̄s : ē : f̄ : ḡs : ā : c̄

Si F = 64.

$2^4. 3. 5^2$ C : Cs : E : Gs : A : cs : e : gs : c̄s : ē : ḡs : c̄s : ḡs.

$2^5. 3. 5^2$ C : Cs : E : Gs : A : c : cs : e : gs : a : c̄s : ē : ḡs : c̄s : ē : ḡs.

$2^6. 3. 5^2$ C : Cs : E : F : Gs : A : c : cs : e : gs : a : c̄ : c̄s : ē : ḡs : ā : c̄s : ē : ḡs

$2^6. 3. 5^2$ C : Cs : E : F : Gs : A : c : cs : e : f : gs : a : c̄ : c̄s : ē : ḡs : ā : c̄ : c̄s : ē : ḡs : ā.

$2^8. 3. 5^2$ C : Cs : E : F : Gs : A : c : cs : e : f : gs : a : c̄ : c̄s : ē : f̄ : ḡs : ā : c̄ : c̄s : ē : ḡs : ā : c̄

$2^9. 3. 5^2$ C : Cs : E : F : Gs : A : c : cs : e : f : gs : a : c̄ : c̄s : ē : f̄ : ḡs : ā : c̄ : c̄s : ē : f̄ : ḡs : ā : c̄.

Syſtemata.

Si F = 4.

Modi	Systemata
$3^3 \cdot 5$	C : A : g : $\bar{e}$. $\bar{d}$: $\natural$.
$2 \cdot 3^3 \cdot 5$	C : A : c : g : a : $\bar{e}$. $\bar{g}$. $\bar{d}$. $\bar{e}$: $\natural$.
$2^2 \cdot 3^3 \cdot 5$	C : F : A : c : g : a : $\bar{c}$. $\bar{e}$. $\bar{g}$: $\bar{a}$. $\bar{e}$. $\bar{g}$: $\natural$.
$2^3 \cdot 3^3 \cdot 5$	C : F : A : c : f : g : a : $\bar{c}$. $\bar{e}$. $\bar{g}$. $\bar{a}$: $\bar{c}$: $\bar{d}$. $\bar{e}$. $\bar{g}$: $\bar{a}$. $\natural$.
$2^4 \cdot 3^3 \cdot 5$	C : F : A : c : f : g : a : $\bar{c}$. $\bar{e}$: $\bar{f}$. $\bar{g}$: $\bar{a}$. $\bar{c}$. $\bar{d}$. $\bar{e}$. $\bar{g}$: $\bar{a}$. $\natural$. $\bar{c}$.
$2^5 \cdot 3^3 \cdot 5$	C : F : A : c : f : g : a : $\bar{c}$. $\bar{e}$: $\bar{f}$. $\bar{g}$: $\bar{a}$. $\bar{c}$. $\bar{d}$. $\bar{e}$. $\bar{f}$: $\bar{g}$: $\bar{a}$: $\natural$. $\bar{c}$.

Si F = 8.

Modi	Systemata
$2 \cdot 3^3 \cdot 5$	C : G : A : e : g : $\bar{d}$. $\bar{e}$: $\natural$. $\bar{d}$. $\natural$.
$2^2 \cdot 3^3 \cdot 5$	C : G : A : c : e : g : a : $\bar{d}$. $\bar{e}$. $\bar{g}$: $\natural$. $\bar{d}$. $\bar{e}$: $\natural$.
$2^3 \cdot 3^3 \cdot 5$	C : F : G : A : c : e : g : a : $\bar{c}$. $\bar{d}$. $\bar{e}$: $\bar{g}$: $\bar{a}$. $\natural$. $\bar{d}$. $\bar{e}$. $\bar{g}$: $\natural$.
$2^4 \cdot 3^3 \cdot 5$	C : F : G : A : c : e : f : g : a : $\bar{c}$. $\bar{d}$. $\bar{e}$: $\bar{g}$: $\bar{a}$. $\natural$: $\bar{c}$. $\bar{d}$. $\bar{e}$. $\bar{g}$: $\bar{a}$. $\natural$.
$2^5 \cdot 3^3 \cdot 5$	C : F : G : A : c : e : f : g : a : $\bar{c}$. $\bar{d}$. $\bar{e}$: $\bar{f}$: $\bar{g}$: $\bar{a}$. $\natural$: $\bar{c}$. $\bar{d}$. $\bar{e}$. $\bar{g}$. $\bar{a}$. $\natural$. $\bar{c}$.
$2^6 \cdot 3^3 \cdot 5$	C : F : G : A : c : e : f : g : a : $\bar{c}$. $\bar{d}$. $\bar{e}$: $\bar{f}$: $\bar{g}$: $\bar{a}$. $\natural$. $\bar{c}$. $\bar{d}$. $\bar{e}$. $\bar{f}$: $\bar{g}$. $\bar{a}$: $\natural$. $\bar{c}$.

Si F = 16.

Modi	Systemata
$2^2 \cdot 3^3 \cdot 5$	C : E : G : A : $\bar{d}$: e : g : $\natural$. $\bar{d}$. $\bar{e}$: $\natural$: $\bar{d}$. $\bar{f}s$: $\natural$.
$2^3 \cdot 3^3 \cdot 5$	C : E : G : A : c : $\bar{d}$: e : g : a : $\natural$. $\bar{d}$. $\bar{e}$. $\bar{g}$: $\natural$. $\bar{d}$. $\bar{e}$. $\bar{f}s$. $\natural$.
$2^4 \cdot 3^3 \cdot 5$	C : E : F : G : A : c : d : e : g : a : $\natural$: $\bar{c}$. $\bar{d}$. $\bar{e}$. $\bar{g}$: $\bar{a}$. $\natural$. $\bar{d}$. $\bar{e}$. $\bar{f}s$. $\bar{g}$: $\natural$.
$2^5 \cdot 3^3 \cdot 5$	C : E : F : G : A : c : d : e : f : g : a : $\natural$. $\bar{c}$. $\bar{d}$. $\bar{e}$. $\bar{g}$: $\bar{a}$. $\natural$. $\bar{c}$. $\bar{d}$. $\bar{e}$. $\bar{f}s$. $\bar{g}$: $\bar{a}$. $\natural$.
$2^6 \cdot 3^3 \cdot 5$	C : E : F : G : A : c : d : e : f : g : a : $\natural$. $\bar{c}$. $\bar{d}$. $\bar{e}$: $\bar{f}$. $\bar{g}$: $\bar{a}$. $\natural$. $\bar{c}$. $\bar{d}$. $\bar{e}$. $\bar{f}s$. $\bar{g}$. $\bar{a}$: $\natural$. $\bar{c}$.
$2^7 \cdot 3^3 \cdot 5$	C : E : F : G : A : c : d : e : f : g : a : $\natural$. $\bar{c}$. $\bar{d}$. $\bar{e}$. $\bar{f}$. $\bar{g}$: $\bar{a}$. $\natural$. $\bar{c}$. $\bar{d}$. $\bar{e}$. $\bar{f}$. $\bar{f}s$. $\bar{g}$. $\bar{a}$. $\natural$. $\bar{c}$.

Si

Si F = 32.

$2^3 \cdot 3^3 \cdot 5$	C:D:E:G:A:H:d:e:g:h:d̄:ē:J̄s:h̄:d̄:J̄s:ħ.
$2^4 \cdot 3^3 \cdot 5$	C:D:E:G:A:H:c:d:e:g:a:h:d̄:ē:J̄s:ḡ:h̄:d̄:ē:J̄s:ħ.
$2^5 \cdot 3^3 \cdot 5$	C:D:E:F:G:A:H:c:d:e:g:a:h:c̄:d̄:ē:J̄s:ḡ:ā:h̄:d̄:ē:J̄s:ḡ:ħ.
$2^6 \cdot 3^3 \cdot 5$	C:D:E:F:G:A:H:c:d:e:f:g:a:h:c̄:d̄:ē:J̄s:ḡ:ā:h̄:c̄:d̄:ē:J̄s:ḡ:ā:ħ.
$2^7 \cdot 3^3 \cdot 5$	C:D:E:F:G:A:H:c:d:e:f:g:a:h:c̄:d̄:ē:J̄:J̄s:ḡ:ā:h̄:c̄:d̄:ē:J̄s:ḡ:ā:h̄:c̄.
$2^8 \cdot 3^3 \cdot 5$	C:D:E:F:G:A:H:c:d:e:f:g:a:h:c̄:d̄:ē:J̄:J̄s:ḡ:ā:h̄:c̄:d̄:ē:J̄:J̄s:ḡ:ā:h̄:c̄.

Si F = 64.

$2^4 \cdot 3^3 \cdot 5$	C:D:E:G:A:H:d:e:fs:g:h:d̄:ē:J̄s:h̄:d̄:J̄s:ħ.
$2^5 \cdot 3^3 \cdot 5$	C:D:E:G:A:H:c:d:e:fs:g:a:h:d̄:ē:J̄s:ḡ:h̄:d̄:ē:J̄s:ħ
$2^6 \cdot 3^3 \cdot 5$	C:D:E:F:G:A:H:c:d:e:fs:g:a:h:c̄:d̄:ē:J̄s:ḡ:ā:h̄:d̄:ē:J̄s:ḡ:ħ.
$2^7 \cdot 3^3 \cdot 5$	C:D:E:F:G:A:H:c:d:e:f:fs:g:a:h:c̄:d̄:ē:J̄s:ḡ:ā:h̄:c̄:d̄:ē:J̄s:ḡ:ā:h̄
$2^8 \cdot 3^3 \cdot 5$	C:D:E:F:G:A:H:c:d:e:f:fs:g:a:h:c̄:d̄:ē:J̄:J̄s:ḡ:ā:h̄:c̄:d̄:ē:J̄s:ḡ:ā:h̄:c̄.
$2^9 \cdot 3^3 \cdot 5$	C:D:E:F:G:A:H:c:d:e:f:fs:g:a:h:c̄:d̄:ē:J̄:J̄s:ḡ:ā:h̄:c̄:d̄:ē:J̄:J̄s:ḡ:ā:h̄:c̄.

Si F = 128.

$2^5 \cdot 3^3 \cdot 5$	C:D:E:Fs:G:A:H:d:e:fs:g:h:d̄:ē:J̄s:h̄:d̄:J̄s:ħ.
$2^6 \cdot 3^3 \cdot 5$	C:D:E:Fs:G:A:H:c:d:e:fs:g:a:h:d̄:ē:J̄s:ḡ:h̄:d̄:ē:J̄s:ħ.
$2^7 \cdot 3^3 \cdot 5$	C:D:E:F:Fs:G:A:H:c:d:e:fs:g:a:h:c̄:d̄:ē:J̄s:ḡ:ā:h̄:d̄:ē:J̄s:ḡ:ħ.
$2^8 \cdot 3^3 \cdot 5$	C:D:E:F:Fs:G:A:H:c:d:e:f:fs:g:a:h:c̄:d̄:ē:J̄s:ḡ:ā:h̄:c̄:d̄:ē:J̄s:ḡ:ā:h̄.
$2^9 \cdot 3^3 \cdot 5$	C:D:E:F:Fs:G:A:H:c:d:e:f:fs:g:a:h:c̄:d̄:ē:J̄:J̄s:ḡ:ā:h̄:c̄:d̄:ē:J̄s:ḡ:ā:h̄:c̄.
$2^{10} \cdot 3^3 \cdot 5$	C:D:E:F:Fs:G:A:H:c:d:e:f:fs:g:a:h:c̄:d̄:ē:J̄:J̄s:ḡ:ā:h̄:c̄:d̄:ē:J̄:J̄s:ḡ:ā:h̄:c̄

Syste-

Syſtemata.

Modi. $2^n \cdot 3^2 \cdot 5^2$ Species.	
	Si F = 4.
$3^2 \cdot 5^2$	C:A:g:ē:c̄s:♄.
$2 \cdot 3^2 \cdot 5^2$	C:A:c:g:a:ē:ḡ:c̄s:ē:♄.
$2^2 \cdot 3^2 \cdot 5^2$	C:F:A:c:g:a:c̄:ē:ḡ:ā:c̄s:ē:ḡ:♄.
$2^3 \cdot 3^2 \cdot 5^2$	C:F:A:c:f:g:a:c̄:ē:ḡ:ā:c̄:c̄s:ē:ḡ:ā:♄.
$2^4 \cdot 3^2 \cdot 5^2$	C:F:A:c:f:g:a:c̄:ē:f̄:ḡ:ā:c̄:c̄s:ē:ḡ:ā:♄:c̄.
$2^5 \cdot 3^2 \cdot 5^2$	C:F:A:c:f:g:a:c̄:ē:f̄:ḡ:ā:c̄:c̄s:ē:f̄:g:ā:♄:c̄.
	Si F = 8.
$3^2 \cdot 5^2$	G:e:c̄s:♄:ḡs.
$2 \cdot 3^2 \cdot 5^2$	C:G:A:e:g:c̄s:ē:♄:c̄s:ḡs:♄.
$2^2 \cdot 3^2 \cdot 5^2$	C:G:A:c:e:g:a:c̄s:ē:ḡ:♄:c̄s:ē:ḡs:♄.
$2^3 \cdot 3^2 \cdot 5^2$	C:F:G:A:c:e:g:a:c̄:c̄s:ē:ḡ:ā:♄:c̄s:ē:ḡ:ḡs:♄.
$2^4 \cdot 3^2 \cdot 5^2$	C:F:G:A:c:e:f:g:a:c̄:c̄s:ē:ḡ:ā:♄:c̄:c̄s:ē:ḡ:ḡs:ā:♄.
$2^5 \cdot 3^2 \cdot 5^2$	C:F:G:A:c:e:f:g:a:c̄:c̄s:ē:f̄:ḡ:ā:♄:c̄:c̄s:ē:ḡ:ḡs:ā:♄:c̄.
$2^6 \cdot 3^2 \cdot 5^2$	C:F:G:A:c:e:f:g:a:c̄:c̄s:ē:f̄:ḡ:ā:♄:c̄:c̄s:ē:f̄:g:ḡs:ā:♄:c̄.
	Si F = 16.
$2 \cdot 3^2 \cdot 5^2$	E:G:cs:e:♄:c̄s:ḡs:♄:ḡs.
$2^2 \cdot 3^2 \cdot 5^2$	C:E:G:A:cs:e:g:a:♄:c̄s:ē:ḡs:♄:c̄s:ḡs:♄.
$2^3 \cdot 3^2 \cdot 5^2$	C:E:G:A:c:cs:e:g:a:♄:c̄s:ē:ḡ:ḡs:♄:c̄s:ē:ḡs:♄.
$2^4 \cdot 3^2 \cdot 5^5$	C:E:F:G:A:c:cs:e:g:a:♄:c̄:c̄s:ē:ḡ:ḡs:ā:♄:c̄s:ē:ḡ:ḡs:♄.
$2^5 \cdot 3^2 \cdot 5^2$	C:E:F:G:A:c:cs:e:f:g:a:♄:c̄:c̄s:ē:ḡ:ḡs:ā:♄:c̄:c̄s:ē:ḡ:ḡs:ā:♄.
$2^6 \cdot 3^2 \cdot 5^2$	C:E:F:G:A:c:cs:e:f:g:a:♄:c̄:c̄s:ē:f̄:ḡs:ā:♄:c̄:c̄s:ē:g:ḡs:ā:♄:c̄.
$2^7 \cdot 3^2 \cdot 5^2$	C:E:F:G:A:c:cs:e:f:g:a:♄:c̄:c̄s:ē:f̄:ḡ:ḡs:ā:♄:c̄:c̄s:ē:f̄:g:ḡs:ā:♄:c̄.

Si

Si F = 32.

$2^3 \cdot 3^2 \cdot 5^2$ Cs:E:G:H:cs:egs:b:c̄s:ḡs:b̄:d̄s:ḡs.

$2^3 \cdot 3^2 \cdot 5^2$ C:E:G:A:H:cs:eggs:b:c̄s:ē:ḡs:b̄:c̄s:d̄s:ḡs:♭.

$2^4 \cdot 3^2 \cdot 5^2$ C:E:G:A:H:c:cs:eggs:a:b:c̄s:ē:ḡ:ḡs:b̄:c̄s:d̄s:ē:ḡs:♭.

$2^5 \cdot 3^2 \cdot 5^2$ C:E:F:G:A:H:c:cs:eggs:a:b:c̄:c̄s:ē:ḡ:ḡs:ā:b̄:c̄s:d̄s:ē:ḡ:ḡs:♭.

$2^6 \cdot 3^2 \cdot 5^2$ C:E:F:G:A:H:c:cs:e:f:ggs:a:b:c̄:c̄s:ē:ḡ:ḡs:ā:b̄:c̄:c̄s:d̄s:ē:ḡ:ḡs:ā:♭.

$2^7 \cdot 3^2 \cdot 5^2$ C:E:F:G:A:H:c:cs:e:f:ggs:a:b:c̄:c̄s:ē:f̄:ḡ:ḡs:ā:b̄:c̄:c̄s:d̄s:ē:ḡ:ḡs:ā:b̄:c̄.

$2^8 \cdot 3^2 \cdot 5^2$ C:E:F:G:A:H:c:cs:e:f:ggs:a:b:c̄:c̄s:ē:f̄:ḡ:ḡs:ā:b̄:c̄:c̄s:d̄s:ē:f̄:ḡ:ḡs:ā:b̄:c̄.

Si F = 64.

$2^3 \cdot 3^2 \cdot 5^2$ Cs:E:G:Gs:H:cs:egs:b:c̄s:d̄s:ḡs:b̄:d̄s:ḡs.

$2^4 \cdot 3^2 \cdot 5^2$ C:Cs:E:G:Gs:A:H:cs:e:g:gs:b:c̄s:d̄s:ē:ḡs:b̄:c̄s:d̄s:ḡs:♭.

$2^5 \cdot 3^2 \cdot 5^2$ C:Cs:E:G:Gs:A:H:c:cs:e:g:gs:b:c̄s:d̄s:f̄:ḡ:ḡs:b̄:c̄s:d̄s:ē:ḡs:♭.

$2^6 \cdot 3^2 \cdot 5^2$ C:Cs:E:F:G:Gs:A:H:c:cs:e:g:gs:a:b:c̄:c̄s:d̄s:ē:ḡ:ḡs:ā:b̄:c̄s:d̄s:ē:ḡ:ḡs:♭.

$2^7 \cdot 3^2 \cdot 5^2$ C:Cs:E:F:G:Gs:A:H:c:cs:e:f:ggs:a:b:c̄:c̄s:d̄s:ē:ḡ:ḡs:ā:b̄:c̄:c̄s:d̄s:ḡ:ḡs:ā:♭.

$2^8 \cdot 3^2 \cdot 5^2$ C:Cs:E:F:G:Gs:A:H:c:cs:e:f:ggs:a:b:c̄:c̄s:d̄s:ē:f̄:ḡ:ḡs:ā:b̄:c̄:c̄s:d̄s:ē:ḡ:ḡs:ā:b̄:c̄.

$2^9 \cdot 3^2 \cdot 5^2$ C:Cs:E:F:G:Gs:A:H:c:cs:e:f:ggs:a:b:c̄:c̄s:d̄s:ē:f̄:ḡ:ḡs:ā:b̄:c̄:c̄s:d̄s:ē:f̄:ḡ:ḡs:ā:b̄:c̄.

Si F = 128.

$2^4 \cdot 3^2 \cdot 5^2$ Cs:E:G:Gs:H:cs:ds:egs:b:c̄s:d̄s:ḡs:b̄:d̄s:ḡs.

$2^5 \cdot 3^2 \cdot 5^2$ C:Cs:E:G:Gs:A:H:cs:ds:eggs:b:c̄s:d̄s:ē:ḡs:b̄:c̄s:d̄s:ḡs:♭.

$2^6 \cdot 3^2 \cdot 5^2$ C:Cs:E:G:Gs:A:H:c:cs:ds:eggs:a:b:c̄s:d̄s:ē:ḡ:ḡs:b̄:c̄s:d̄s:ē:ḡs:♭.

$2^7 \cdot 3^2 \cdot 5^2$ C:Cs:E:F:G:Gs:A:H:c:cs:ds:e:ggs:a:b:c̄:c̄s:d̄s:ē:ḡ:ḡs:ā:b̄:c̄s:d̄s:ē:ḡ:ḡs:♭.

$2^8 \cdot 3^2 \cdot 5^2$ C:Cs:E:F:G:Gs:A:H:c:cs:ds:e:f:ggs:a:b:c̄:c̄s:d̄s:ē:ḡ:ḡs:ā:b̄:c̄:c̄s:d̄s:ē:ḡ:ḡs:ā:♭.

$2^9 \cdot 3^2 \cdot 5^2$ C:Cs:E:F:G:Gs:A:H:c:cs:ds:e:f:ggs:a:b:c̄:c̄s:d̄s:ē:f̄:ḡ:ḡs:ā:b̄:c̄:c̄s:d̄s:ē:ḡ:ḡs:ā:b̄:c̄.

$2^{10} \cdot 3^2 \cdot 5^2$ C:Cs:E:F:G:Gs:A:H:c:cs:ds:e:f:ggs:a:b:c̄:c̄s:d̄s:ē:f̄:ḡ:ḡs:ā:b̄:c̄:c̄s:d̄s:ē:f̄:ḡ:ḡs:ā:b̄:c̄.

Si F = 256.

$3^2 \cdot 5^2$ Cs:Ds:E:G:Gs:H:cs:ds:e:gs:h:c̄s:ḡs:ḡ:ḡs: ♭.d̄s:ḡs.

$3^2 \cdot 5^2$ C:Cs:Ds:E:G:Gs:A:H:c:cs:ds:e:gs:h:c̄s:ds:ē:ḡs: ♭:c̄s:ds:ḡs:♭.

$3^2 \cdot 5^2$ C:Cs:Ds:E:G:Gs:A:H:c:cs:ds:e:gs:a:h:c̄s:ds:ē:ḡs: ♭:c̄s:ds:ē:ḡs:♭.

$3^2 \cdot 5^2$ C:Cs:Ds:E:F:G:Gs:A:H:c:cs:ds:e:gs:a:h:c̄s:ds:ē:ḡs:ā:ḥ:c̄s:ds:ē:ḡs:ḡs:♭.

$3^2 \cdot 5^2$ C:Cs:Ds:E:F:G:Gs:A:H:c:cs:ds:e:f:gs:a:h:c̄s:ds:ē:ḡs:ā:h:c̄s:ds:ē:ḡs:ā:♭.

$3^2 \cdot 5^2$ C:Cs:Ds:E:F:G:Gs:A:H:c:cs:ds:e:f:gs:a:h:c̄s:ds:ē:f̄:ḡs:ā:h:c̄s:ds:ē:ḡs:ā:h:c̄.

$3^2 \cdot 5^2$ C:Cs:Ds:E:F:G:Gs:A:H:c:cs:ds:e:f:g:gs:a:h:c̄s:ds:ē:f̄:ḡs:ā:h:c̄s:ds:ē:f̄:ḡs:ā:h:c̄.

Syſtemata.

Si F = 4.

$3 \cdot 5^2$ C:A:g:ē:c̄s:d̄:♭.

$3^3 \cdot 5^2$ C:A:c:g:a:ē:ḡ:c̄s:d̄:ē:♭.

$3^3 \cdot 5^2$ C:F:A:c:g:a:c̄:ē:ḡ:ā:c̄s:d̄:ē:ḡ:♭.

$3^3 \cdot 5^2$ C:F:A:c:f:g:a:c̄:ē:ḡ:ā:c̄:c̄s:d̄:ē:ḡ:ā:♭.

$3^3 \cdot 5^2$ C:F:A:c:f:g:a:c̄:ē:f̄:ḡ:ā:c̄:c̄s:d̄:ē:ḡ:ā:♭:c̄.

$3^3 \cdot 5^2$ C:F:A:c:f:g:a:c̄:ē:f̄:ḡ:ā:c̄:c̄s:d̄:ē:f̄:ḡ:ā:♭:c̄.

Si F = 8.

$3 \cdot 5^2$ G:e:c̄s:d̄:♭:ḡs.

$3^3 \cdot 5^2$ C:G:A:e:g:c̄s:d̄:ē:♭:c̄s:d̄:ḡs:♭.

$3^3 \cdot 5^2$ C:G:A:c:e:g:a:c̄s:d̄:ē:ḡ:♭:c̄s:d̄:ē:ḡs:♭.

$3^3 \cdot 5^2$ C:F:G:A:c:e:g:a:c̄:c̄s:d̄:ē:ḡ:ā:♭:c̄s:d̄:ē:ḡ:ḡs:♭.

$3^3 \cdot 5^2$ C:F:G:A:c:e:f:g:a:c̄:c̄s:d̄:ē:ḡ:ā:♭:c̄:c̄s:d̄:ē:ḡ:ḡs:ā:♭.

$3^3 \cdot 5^2$ C:F:G:A:c:e:f:g:a:c̄:c̄s:d̄:ē:f̄:ḡ:ā:♭:c̄:c̄s:d̄:ē:ḡ:ḡs:ā:♭:c̄.

$3^3 \cdot 5^2$ C:F:G:A:c:e:f:g:a:c̄:c̄s:d̄:ē:f̄:ḡ:ā:♭:c̄:c̄s:d̄:ē:f̄:ḡ:ḡs:ā:♭:c̄.

Si

3^1

$2.\ 3^1$

$2^2.3^1$

$2^3.3$

$2^4.3^3$

$2^5.3^3$

$2^6.3^3$

$2^7.3^3$

3^1

$2.\ 3$

$2^2.\ 3$

$2^3.3^1$

$2^4.3^1$

$2^5.3^3$

$2^6.3^1 ♄.$

$2^7.3\,\overline{a}:♄:\overline{c}.$

$2^8.3^1\,\overline{g}s:\overline{a}:♄:\overline{c}.$

$2.\ 3^3$

$2^2.3^3$

$2^3.3^3$

$2^4.3^3$

$2^5.3^3$

$2^6.3\,\overline{g}s:♄:♄.$

$2^7.3\ s:\overline{g}:\overline{g}s:\overline{a}:♄:♄.$

$2^8.3\ \mathfrak{J}s:\overline{g}:\overline{g}s:\overline{a}:♄:♄:\overline{c}.$

$2^9.3\ \mathfrak{J}:\mathfrak{J}s:\overline{g}:\overline{g}s:\overline{a}:♄:♄:\overline{c}.$

Si

$2^2 . 3^3 . 5^2$

$2^3 . 3^3 . 5^2$

$2^4 . 3^3 . 5^2$

$2^5 . 3^3 . 5^2$

$2^6 . 3^3 . 5^2$ $b : \flat.$

$2^7 . 3^3 . 5^2$ $\bar{f}s : \bar{g} : \bar{g}s : \bar{b} : \flat.$

$2^8 . 3^3 . 5^2$ $\bar{e} : \bar{f}s : \bar{g} : \bar{g}s : \bar{a} : \bar{b} : \flat.$

$2^9 . 3^3 . 5^2$ $\bar{d}s : \bar{e} : \bar{f}s : \bar{g} : \bar{g}s : \bar{a} : \bar{b} : \flat : \bar{c}.$

$2^{10} . 3^3 . 5^2$ $\bar{d}s : \bar{e} : \bar{f} : \bar{f}s : \bar{g} : \bar{g}s : \bar{a} : \bar{b} : \bar{c}.$

$2^3 . 3^3 . 5^2$

$2^4 . 3^3 . 5^2$

$2^5 . 3^3 . 5^2$

$2^6 . 3^3 . 5^2$

$2^7 . 3^3 . 5^2$ $\bar{g}s : \bar{b} : \flat.$

$2^8 . 3^3 . 5^2$ $\bar{e} : \bar{f}s : \bar{g} : \bar{g}s : \bar{b} : \flat.$

$2^9 . 3^3 . 5^2$ $\bar{d} : \bar{d}s : \bar{e} : \bar{f}s : \bar{g} : \bar{g}s : \bar{a} : \bar{b} : \flat.$

$2^{10} . 3^3 . 5^2$ $\bar{c}s : \bar{d} : \bar{d}s : \bar{e} : \bar{f}s : \bar{g} : \bar{g}s : \bar{a} : \bar{b} : \bar{c}.$

$2^{11} . 3^3 . 5^2$ $\bar{c}s : \bar{d} : \bar{d}s : \bar{e} : \bar{f} : \bar{f}s : \bar{g} : \bar{g}s : \bar{a} : \bar{b} : \flat : \bar{c}.$

$2^4 . 3^3 . 5^2$

$2^5 . 3^3 . 5^2$

$2^6 . 3^3 . 5^2$

$2^7 . 3^3 . 5^2$ $\flat.$

$2^8 . 3^3 . 5^2$ $\bar{g}s : \bar{b} : \flat.$

$2^9 . 3^3 . 5^2$ $\bar{d} : \bar{d}s : \bar{e} : \bar{f}s : \bar{g} : \bar{g}s : \bar{b} : \flat.$

$2^{10} . 3^3 . 5^2$ $\bar{c}s : \bar{d} : \bar{d}s : \bar{e} : \bar{f}s : \bar{g} : \bar{g}s : \bar{a} : \bar{b} : \flat.$

$2^{11} . 3^3 . 5^2$ $\bar{c} : \bar{c}s : \bar{d} : \bar{d}s : \bar{e} : \bar{f}s : \bar{g} : \bar{g}s : \bar{a} : \bar{b} : \flat : \bar{c}.$

$2^{12} . 3^3 . 5^2$ $\bar{c} : \bar{c}s : \bar{d} : \bar{d}s : \bar{e} : \bar{f} : \bar{f}s : \bar{g} : \bar{g}s : \bar{a} : \bar{b} : \flat : \bar{c}.$

§. 20.

§. 20. Circa compositionem muficam vero hic generatim fequentia funt obferuanda. Primo electo modo tam fpecies quam fyftema definitum eligi debet, in quo compofitio fiat. Determinato autem fyftemate, omnes foni, qui in compofitione mufica hac occurrere poffunt, definiuntur ita, vt quamdiu hoc fyftemate vtaris, alios fonos, praeter affignatos adhibere non liceat: nifi forte inftrumentum muficum fonos vel C grauiores, vel ipfo c̄ acutiores complectatur, quo cafu etiam tales foni vfurpari poterunt, quatenus fcilicet in exponente fpeciei continentur, id quod ex ipfo exponente facile videre licet.

§. 21. Primum igitur in hac tabula occurit, modus cuius exponens eft $2^n.3^3$, ad cuius determinationem fonus per 3^3 feu 27 expreffus adeffe debet; Nullum igitur huius modi fyftema exiftit pro F=1, neque pro F=2, cum his cafibus fonus 27 fupremum limitem c̄ fuperaret. Hanc ob rem ftatim pofitum eft F=4, in qua hypothefi fonus 3^3 claue c̄ exprimitur; praeter hunc vero fonum opus quoque eft fono per 1 vel binarii poteftatem expreffo, qui in hoc interuallum non cadit, nifi fit $n=2$. Primum ergo huius modi fyftema habet exponentem $2^2.3^3$, in hypothefi F=4.

§. 22. Manente autem F=4 ifte modus quatuor admittit fyftemata, quorum exponentes funt $2^2.3^3$, $2^3.3^3$; $2^4.3^3$ et $2^5.3^3$. nec plura in quatuor octauarum interuallo dari poffunt. Nam etfi exponens accipiatur $2^6.3^3$, tamen illi ipfi foni prodibunt, qui exponenti $2^6.3^3$ refponderunt, ita, vt diuerfum fyftema non oriretur. Simili ratione fi

Tr. de Muf.   Bb   pona-

ponatur $F = 8$ quatuor habentur fyftemata, totidemque
pofito $F = 16$ atque $F = 32$, vbi iterum terminus figitur;
in vltimo enim fyftemate, cuius exponens eft $2^x . 3^5$, iam
in fingulis octauis omnes foni primitiui adfunt, ideoque fyftema magis compofitum non datur.

§. 23. Ita ergo primi modi cuius exponens eft $2^x . 3^5$,
omnino 16 extant fyftemata, fecundus vero modus cuius
exponens eft $2^x . 3^2 . 5$ fyftemata habet 33. Tertii porro
modi cuius exponens eft $2^x . 3 . 5^2$ numerus fyftematum eft
30. Hunc fequitur modus quartus cuius exponens eft $2^x . 3^3 . 5$
a muficis hodiernis maxime vfitatus, in quo 36 diuerfa
fyftemata locum habent. In modo quinto, qui pariter
faepiffime vfurpari folet et exponentem habet $2^x . 3^3 . 5^2$
fyftemata funt 48. Sextus denique modus compofitus et
apud muficos hodiernos maxime frequens 66 obtinet fyftemata diuerfa. Quocirca omnes hi fex modi coniunctim
229 diuerfa fyftemata complectuntur.

§. 24. Qui formas omnium horum fyftematum attentius contemplabitur, obferuauit in quolibet eorum interualla diapafon diuerfimode fonis effe referta, exceptis
ultimis cuiusque modi fyftematis, quorum fingulae octauae
omnes modi fonos primitiuos continent, atque aequali
fonorum numero funt repletae. Alia autem fyftemata in
infima octaua alia in mediis alia in fuprema fonis magis
funt repleta, ex quo maxime idoneum fyftema pro dato
concentu eligi poterit. Qui enim baffo primarias partes in
modulatione tribuere velit, fyftemate habet opus, in cuius
infimis octauis foni frequentiffime occurrant, contra vero
fyftema, in quo fupremae octauae fonis maxime funt refertae,

.ad-

adhibebit , qui in difcantu maximam varietatem collocare
ftudet. Tandem etiam qui in mediis vocibus fummam
vim conftituit, inueniet pari modo fyftemata ad inftitutum
accommodata. Maximum autem hoc in modis difcrimen
hodierni mufici iam quodammodo animaduertiffe videntur , experientia potius quam theoria ducti ; quare haec
noftra enumeratio ipfis non parum fubfidii afferet , ex qua
diftincte perfpicient , quod ante tantum confufe erant
fufpicati.

CAPVT DECIMVM TERTIVM.

DE
RATIONE COMPOSITIONIS
IN DATO MODO ET SYSTEMA-
TE DATO.

§. 1.

INtegri operis mufici exponens faepiffime tam folet effe
compofitus , vt omnino percipi non poffit , nifi per
gradus conftituatur. Hancobrem iftiusmodi opus
muficum in plures partes eft diftribuendum , quarum fingulae exponentes habeant fimpliciores et perceptu faciliores. Ad integrum ergo opus muficum componendum neceffe eft ante compofitionem partium explicare , quarum
coniunctione totum opus conficitur. Huiusmodi autem
partis exponens nil aliud eft nifi modus muficus; quapropter in compofitione mufica ante ratio compofitionis in
dato modo eft exponenda , quam ad integrum opus com-

po-

ponendum aggredi liceat. Hoc enim tradito tum demum erit explicandum, quomodo plures eiusmodi partes inter se coniungi, ex iisque totum opus musicum confici oporteat.

§. 2. Cum autem doctrina de modis in capite praeced. non solum fusius sed etiam acuratius quam vulgo fieri solet, sit pertractata, atque quilibet modus in suas species atque systemata sit distributus: praeter ipsum modum quoque determinatum eius systema erit eligendum, in quo compositio fiat. Variationes quidem modorum hic non spectantur, cum fiant per solam transpositionem, iisque mutua sonorum, qui in quouis systemate ocurrunt, relatio non varietur. Quamobrem in omnibus systematis basis seu sonus vnitate expressus erit clauis F seu alius sonus octauis aliquot gravior.

§. 3. Electo igitur apto ad institutum modo, tam eius species quam systema conueniens quaeri oportet. Quod etsi ab arbitrio componentis pendeat, tamen ipsum institutum quodammodo systema determinat, prout iam in superiore capite notauimus. Nam cui octauae maiorem vim tribuere volet, tale quoque systema amplectetur, in quo ea ipsa octaua solis maxime sit referta. Sed sola cognitio tabulae supra datae ad hoc est sufficiens, ita vt superfluum foret haec pluribus persequi.

§. 4. Systemate autem dati modi dataeque eius speciei definito, omnes praesto sunt soni in tabula superiori systematum quibus in compositione vti licebit; vnde soni ad istud systema pertinentes ab alienis discerni poterunt. Similis vero circumscriptio etiam a musicis peritioribus

om-

omnino obſeruatur, ſi eorum opera ad normam noſtrorum
ſyſtematum examinentur. Ita patebit regulis harmoniae non
repugnantibus fieri poſſe, vt eiusdem operis muſici ſuperior
vox duris ſonis, inferior vero mollibus vtatur ; nam modi
cuius exponens eſt $2^x.3^3.5$ ſpecies $2^6.3^3.5$ pro ſyſtemate
F $=32$ ita eſt comparata, vt in duabus grauioribus Octauis
inſint claues F et f, in ſuperioribus vero fs et fs, quod imperitioribus ingens videri poſſet vitium. Simili modo plures
aliae compoſitiones, quae muſicis practicis paradoxae videantur, etiamſi de earum ſuauitate dubitare non poſſint,
per hanc tabulam ſyſtematum comprobabuntur, et cum
vera harmonia conciliabuntur. Fieri enim omnino nequit
vt modulatio quaepiam ſit ſuauis, quae non ſimul principiis noſtris harmonicis eſſet conſentanea.

§. 5. Aſſumto autem determinato ſyſtemate ipſa
compoſitio maximam admittet varietatem. Cum enim
compoſitio abſoluatur pluribus conſonantiis in ſeriem collo-
candis tam ordo conſonantiarum quam ipſarum natura ſum-
mam et fere infinitam pariet diuerſitatem. Quod enim ad
ipſas conſonantias attinet, eae vel omnes exe adem ſpecie vel ex variis ſpeciebus deſumuntur: vnde compoſitio vel
ſimplex naſcitur vel mixta. Compoſitionem ſcilicet ſimplicem hoc loco vocabimus, quae conſtat ex conſonantiis
eiusdem ſpeciei ſeu eodem exponente expreſſis ; mixtam
vero, in qua conſonantiae variarum ſpecierum conſtituuntur.

§. 6. Compoſitionis ſimplicis igitur primum ea ſpecies conſideranda occurrit, quae ex ſolis ſonis ſimpli-
cibus conſtat ; ſeu quod eodem redit ex conſonantiis exponente 1 expreſſis. Huiusmodi compoſitio
ad

ad vnicam vocem pertinere dicitur , cum plus vno fono fimul nunquam edatur ; atque etiam in operibus compofitis frequenter adhibetur , quando fubinde vnicae voci omnis harmonia relinquitur.

§. 7. Talis autem compofitio, quae ex meris fonis fimplicibus conftat nulla fere laborat difficultate. Affumto enim pro lubitu fyftemate ex tabula fupra data , vnico afpectu omnes comparent foni, quibus in ifta compofitione vti licebit. Hos igitur fonos electi fyftematis quisque pro arbitrio inter fe mifcere, ex iisque conuenientem melodiam formare poterit; neque in hoc negotio aliud quicquam erit obferuandum , nifi vt fuccefliones fonorum nimis durae euitentur , fi quidem exponens fyftematis electi valde fuerit compofitus, in fimplicioribus enim fyftematibus tales foni , quorum fucceffio nimis foret ingrata , nequidem infunt.

§. 8. Electo igitur fyftemate ftatim conueniet eas fonorum fucceffiones annotare, quae fint perceptu difficiliores, easque vel nunquam vfurpare, vel tum faltem , quando affectus lugubris erit excitandus. Deinde etiam harmoniae non parum gratiae accedet, fi ii foni, qui fyftemati propofito proprii funt, atque in praecedentibus fimplicioribus nondum inerant, parcius adhibeantur, ii autem faepius occurrant, qui fyftemati propofito cum fimplicioribus funt communes.

§. 9. Quando vero in dato fyftemate feries confonantiarum fiue eiusdem fiue diuerfarum fpecierum eft componenda, tum ante omnia eft exponendum quomodo quae-

uis

uis confonantia et quibus fonis in eo fyftemate fit exprimenda. Confonantiae quidem refpectu aliarum per exponentes et indices nobis indicantur, quibus foni eas conftituentes innotefcunt; at pro dato fyftemate infuper refpiciendum eft, quonam numero clauis F exprimatur. Quamobrem ad confonantiam propofitam debitis fonis efferen-
dam neceffe eft praeter exponentem et indicem ad eam binarii poteftatem attendere, qua clauis F in affumto fyftemate indicatur.

§. 10 In hunc finem fequentem adieci tabulam, ex
qua ftatim patebit quibus fonis quaelibet confonantia pro
dato clauis F valore fit exprimenda. In priori fcilicet columna quaeri debet confonantiae exponens cum indice; in
altera vero valor ipfius F pro fyftemate affumto, quo facto
haec altera columna exhibebit formam confonantiae exprimendae. Ita fi ifta confonantia $2^4 . 3 . 5$ (3^2) in fyftemate, in quo F per 32 indicatur foret exprimenda, tabula
monftrabit eam his fonis D : G : H : d : g : b : d : $\mathcal{J}s$: $\bar{g}$: b : d :
$\mathcal{J}s$: b conftare, ex quibus ii, qui inftituto funt idonei, po-
terunt eligi.

Variab

Confonantiae 2ᵃ.

Variat.	Formae.
$2^n(1)$	Si $F = 1$.
Species.	
1 (1)	F.
2 (1)	F·f.
$2^2(1)$	F·f·I.
$2^3(1)$	F·f·I·I.

Variat.	Formae.
$2^n(3)$	
Species.	Si $F = 1$.
1 (3)	$\bar{c}$.
2 (3)	$\bar{c}:\bar{c}$.
	Si $F = 2$.
1 (3)	c.
2 (3)	$c:\bar{c}$.
$2^2(3)$	$c:\bar{c}\,\bar{c}$.
	Si $F = 4$.
1 (3)	C.
2 (3)	$C:c$.
$2^2(3)$	$C:c:\bar{c}$.
$2^3(3)$	$C:c:\bar{c}:\bar{c}$.

Variat.	Formae.
$2^n(5)$	
Species.	Si $F = 1$.
1 (5)	$\bar{a}$.
2 (5)	$\bar{a}:\bar{a}$.
	Si $F = 2$.
1 (5)	a.
4 (5)	$a:\bar{a}$.
$2^2(5)$	$a:\bar{a}:\bar{a}$.

Si

Si F$=$4.

1 (5)	A.
2 (5)	A : a.
2^2(5)	A : a : $\bar{a}$.
2^3 (5)	A : a : $\bar{a}$: $\bar{\bar{a}}$.

Variat. $2^n(3^2)$ Species.	*Formae.*
	Si F$=$1.
1 (3^2)	$\bar{\bar{g}}$.
	Si F$=$2.
1 (3^2)	$\bar{g}$.
2 (3^2)	$\bar{g}$: $\bar{\bar{g}}$.
	Si F$=$4.
1 (3^2)	g
2 (3^2)	g : $\bar{g}$
2^2(3^2)	g : $\bar{g}$: $\bar{\bar{g}}$
	Si F$=$8.
1 (3^2)	G
2 (3^2)	G : g
2^2(3^2)	G : g : $\bar{g}$
2^3 (3^2)	G : g : $\bar{g}$: $\bar{\bar{g}}$

Variat. 2^n (3.5) Species.	*Formae.*
	Si F$=$2.
1 (3.5)	$\bar{\bar{e}}$
	Si F$=$4.
1 (3.5)	$\bar{e}$
2 (3.5)	$\bar{e}$: $\bar{\bar{e}}$
	Si F$=$8.
1 (3.5)	e
2 (3.5)	e : $\bar{e}$
2^2 (3.5)	e : $\bar{e}$: $\bar{\bar{e}}$

Tr. de Muſ.   Cc   Si

Si F = 16.

1 (3.5) | E
2 (3.5) | E : e
2² (3.5) | E : e : ē
2³ (3.5) | E : e : ē : ẽ

Variat. 2ⁿ (3³) Species.	Formae.
1 (5²)	c̄s	Si F = 4.
		Si F = 8.
1 (5²)	c̄s	
2 (5²)	c̄s : c̃s	
		Si F = 16.
1 (5²)	cs	
2 (5²)	cs : c̄s	
2² (5²)	cs : c̄s : c̃s	
		Si F = 32
1 (5²)	Cs	
2 (5²)	Cs : cs	
2² (5²)	Cs : cs : c̄s	
2³ (5²)	Cs : cs : c̄s : c̃s	

Variat. 2ⁿ. (3³) Species.	Formae.
1 (3³)	ã	Si F = 4.
		Si F = 8.
1 (3³)	ã	
2 (3³)	d : ã	
		Si F = 16.
1 (3³)	d	
2 (3³)	d : ã	
2² (3³)	d : ã : ã	

S

Si F = 32.

1 (3⁵)	D
2 (3⁵)	D:d
2² (3⁵)	D:d:d
2³ (3⁵)	D:d:d:d

Variat.	Formae.
$2^n (3^2 . 5)$	Si F = 4.
Species.	
1 (3². 5) ♭	Si F = 8.
1 (3². 5) ♭	
2 (3². 5) ♭:♭	Si F = 16.
1 (3². 5) ♭	
2 (3². 5) ♭:♭	
2² (3². 5) ♭:♭:♭	Si F = 32.
1 (3². 5) H	
2 (3². 5) H:♭	
2² (3². 5) H:♭:♭	
2³ (3². 5) H:♭:♭:♭	

Variat.	Formae.
$2^n (3 . 5^2)$	Si F = 8.
Species.	
1 (3. 5²) g̅s	Si F = 16.
1 (3. 5²) g̅s	
2 (3. 5²) g̅s:g̅s	Si F = 32.
1 (3. 5²) gs	
2 (3. 5²) gs:g̅s	
2² (3. 5²) gs:g̅s:g̅s	

Cc 2   Si

Si F$=$32.

$1(3.5)$	Gs
$2(3.5^2)$	$Gs:gs$
$2^2(3.5^2)$	$Gs:gs:\overline{g}s$
$2^3(3.5^2)$	$Gs:gs:\overline{g}s:\overline{\overline{g}}s$

Variat.
$2^n(3^3.5)$
Species.

Formae.

Si F$=$16.

$2(3^3.5)$	$\overline{J}s$

Si F$=$32.

$1(3^3.5)$	Js
$2(3^3.5)$	$Js:\overline{J}s$

Si F$=$64.

$1(3^3.5)$	fs
$2(3^3.5)$	$fs:\overline{J}s$
$2^2(3^3.5)$	$fs:Js:\overline{J}s$

Si F$=$128.

$1(3^3.5)$	Fs
$2(3^3.5)$	$Fs:fs$
$2^2(3^3.5)$	$Fs:fs:Js$
$2^3(2^3.5)$	$Fs:fs:Js:\overline{J}s$

Variat.
$2^n(3^2.5^2)$
Species.

Formae.

Si F$=$32.

$1(3^2.5^2)$	$\overline{d}s$

Si F$=$64.

$1(3^2.5^2)$	ds
$2(3^2.5^2)$	$ds:\overline{d}s$

Si

Si F $=$ 128.

$1(3^2.5^2) \, ds$
$2(3^2.5^2) \, ds:ds$
$2^2(3^2.5^2) \, ds:ds:ds$

Si F $=$ 256.

$1(3^2.5^2) \, Ds$
$2(3^2.5^2) \, Ds:ds$
$2^2(3^2.5^2) \, Ds:ds:ds$
$2^3(3^2.5^2) \, Ds:ds:ds:ds$

| *Variat.* |
| $2^n(3^3.5^2)$ |
| *Species.* |

$1(3^3.5^2) \, b$

Formae.

Si F $=$ 64.

Si F $=$ 128.

$1(3^3.5^2) \, b$
$2(3^3.5^2) \, b:b$

Si F $=$ 256.

$1(3^3.5^2) \, b$
$2(3^3.5^2) \, b:b$
$2^2(3^3.5^2) \, b:b:b$

Si F $=$ 512.

$1(3^3.5^2) \, B$
$2(3^3.5^2) \, B:b$
$2^2(3^3.5^2) \, B:b:b$
$2^3(3^3.5^2) \, B:b:b:b$

Si

Variat.	Consonantiae 2^n. 3
$2^n 3.$ (1)	**Formae.**
Species	Si F = 1.
3 (1)	F : $\bar{c}$
2. 3 (1)	F : f : $\bar{c}$: $\bar{c}$
2^2. 3 (1)	F : f : $\bar{c}$: $\bar{f}$: $\bar{c}$: $\bar{c}$
2^3. 3 (1)	F : f : $\bar{c}$: $\bar{f}$: $\bar{c}$: $\bar{f}$: $\bar{c}$
	Si F = 2.
2. 3 (1)	F : c : $\bar{c}$
2^2. 3 (1)	F : c : f : $\bar{c}$: $\bar{c}$
2^3. 3 (1)	F : c : f : $\bar{c}$: $\bar{f}$: $\bar{c}$: $\bar{c}$
2^4. 3 (1)	F : c : f : $\bar{c}$: $\bar{f}$: $\bar{c}$: $\bar{f}$: $\bar{c}$
	Si F = 4.
2^3. 3 (1)	C : F : c : $\bar{c}$
2^3. 3 (1)	C : F : c : f : $\bar{c}$: $\bar{c}$
2^4. 3 (1)	C : F : c : f : $\bar{c}$: $\bar{f}$: $\bar{c}$: $\bar{c}$
2^5. 3 (1)	C : F : c : f : $\bar{c}$: $\bar{f}$: $\bar{c}$: $\bar{f}$: $\bar{c}$

Variat.	**Formae.**
2^n. 3 (3)	Si F = 1.
Species.	
3 (3)	$\bar{c}$: $\bar{\bar{g}}$
2. 3 (3)	$\bar{c}$: $\bar{c}$: $\bar{\bar{g}}$
2^2. 3 (3)	$\bar{c}$: $\bar{c}$: $\bar{\bar{g}}$: $\bar{c}$
	Si F = 2
3 (3)	c : $\bar{g}$
2. 3 (3)	c : $\bar{c}$: $\bar{g}$: $\bar{g}$
2^2. 3 (3)	c : $\bar{c}$: $\bar{g}$: $\bar{c}$: $\bar{\bar{g}}$
2^3. 3 (3)	c : $\bar{c}$: $\bar{g}$: $\bar{c}$: $\bar{g}$: $\bar{g}$

Si

Si F = 4

3 (3)	C : g
2. 3 (3)	C : c : g : $\bar{g}$
2 . 3 (3)	C : c : g : $\bar{c}$: $\bar{g}$: $\bar{\bar{g}}$
2^3. 3 (3)	C : c : g : $\bar{c}$: $\bar{g}$: $\bar{c}$: $\bar{\bar{g}}$
2^4. 3 (3)	C : c : g : $\bar{c}$: $\bar{g}$: $\bar{c}$: $\bar{\bar{g}}$: $\bar{c}$

Si F = 8.

2. 3 (3)	C : G : g
2^2. 3 (3)	C : G : c : g : $\bar{g}$
2^3. 3 (3)	C : G : c : g : $\bar{c}$: $\bar{g}$: $\bar{\bar{g}}$
2^4. 3 (3)	C : G : c : g : $\bar{c}$: $\bar{g}$: $\bar{c}$: $\bar{\bar{g}}$
2^5. 3 (3)	C : G : c : g · $\bar{c}$: $\bar{g}$: $\bar{c}$: $\bar{\bar{g}}$: $\bar{c}$

Variet.	Formae.
2^n. 3 (5)	
Species.	Si F = 2.
3 (5)	a : $\bar{e}$
2. 3 (3)	a · $\bar{a}$: $\bar{e}$
2^2. 3 (5)	a : $\bar{a}$: $\bar{e}$: $\bar{a}$
	Si F = 4
3 (5)	A : $\bar{e}$
2. 3 (5)	A : a : $\bar{e}$: $\bar{e}$
2^2. 3 (5)	A : a : $\bar{e}$: $\bar{a}$: $\bar{e}$
2^3. 3 (5)	A : a : $\bar{e}$: $\bar{a}$: $\bar{e}$: $\bar{a}$
	Si F = 8.
2. 3 (5)	A : e : $\bar{e}$
2^2. 3 (5)	A : e : a : $\bar{e}$: $\bar{e}$
2^3. 3 (5)	A : e : a : $\bar{e}$: $\bar{a}$: $\bar{e}$
2^4. 3 (5)	A : e : a : $\bar{e}$: $\bar{a}$: $\bar{e}$: $\bar{a}$

Si

Si F $=$ 16.

$2^2 . 3(5)$	E:A:e:$\bar{e}$
$2^3 . 3(5)$	E:A:e:a:$\bar{e}$:$\bar{e}$
$2^4 . 3(5)$	E:A:e:a:$\bar{e}$:$\bar{a}$:$\bar{e}$
$2^5 . 3(5)$	E:A:e:a:$\bar{e}$:$\bar{a}$:$\bar{e}$:$\bar{a}$

Variat.
$2^n . 3(3^2)$
Species.

Formae.

Si F $=$ 4.

$3(3^2)$	g·$\bar{a}$
$2 . 3(3^2)$	g:$\bar{g}$:$\bar{a}$
$2^2 . 3(3^2)$	g:$\bar{g}$:$\bar{a}$:$\bar{g}$

Si F $=$ 8.

$3(3^2)$	G:$\bar{a}$
$2 . 3(3^2)$	G:g:$\bar{a}$:$\bar{a}$
$2^2 . 3(3^2)$	G:g:$\bar{a}$:$\bar{g}$:$\bar{a}$
$2^3 . 3(3^2)$	G:g:$\bar{a}$:$\bar{g}$:$\bar{a}$:$\bar{g}$

Si F $=$ 16.

$2 . 3(3^2)$	G:d:$\bar{a}$
$2^2 . 3(3^2)$	G:d:g:$\bar{a}$:$\bar{a}$
$2^3 . 3(3^2)$	G:d:g:$\bar{a}$:$\bar{g}$:$\bar{a}$
$2^4 . 3(3^2)$	G:d:g:$\bar{a}$:$\bar{g}$:$\bar{a}$:$\bar{g}$

Si F $=$ 32

$2^2 . 3(3^2)$	D:G:d:$\bar{a}$
$2^3 . 3(3^2)$	D:G:d:g:$\bar{a}$:$\bar{a}$
$2^4 . 3(3^2)$	D:G:d g:$\bar{a}$:$\bar{g}$:$\bar{a}$
$2^5 . 3(3^2)$	D:G:d:g:$\bar{a}$:$\bar{g}$:$\bar{a}$:$\bar{g}$

Variat.
$2^n . 3(3 . 5$
Species.

Formae.

Si F $=$ 4.

$3(3 . 5)$	e:$\flat$
$2 . 3(3 . 5)$	e:$\bar{e}$:$\flat$

Si

Si F = 8.

$3(3.5)e:♭$
2. $3(3.5)e:\bar{e}:♭:♭$
$2^2.3(3.5)e:\bar{e}:♭:\bar{e}:♭$

Si F = 16.

$3(3.5)E:b$
2. $3(3.5)E:e:b:♭$
$2^2.3(3.5)E:e:b\cdot\bar{e}:♭:♭$
$2^3.3(3.5)E:e:b:\bar{e}:♭:\bar{e}:♭$

Si F = 32.

2. $3(3.5)E:H:b$
$2^2.3(3.5)E:H:e:b:♭$
$2^3.3(3.5)E:H:e:b:\bar{e}.♭:♭$
$2^4.3(3.5)E:H:e:b:\bar{e}:♭:\bar{e}:♭$

Variat.	Formae.
$2^2.3(5^2)$	Si F = 8.
Species.	
$3(5^2)$	$es:\bar{\bar{g}}s$
2. $3(5^2)$	$es:\bar{e}s:\bar{\bar{g}}s$
	Si F = 16.
$3(5^2)$	$es:\bar{g}s$
2. $3(5^2)$	$es:\bar{e}s:\bar{g}s:\bar{\bar{g}}s$
$2^2.3(5^2)$	$es:\bar{e}s.\bar{g}s:\bar{e}s:\bar{\bar{g}}s$
	Si F = 32.
$3(5^2)$	$Cs:gs$
2. $3(5^2)$	$Cs:es:gs:\bar{g}s$
$2^2.3(5^2)$	$Cs:es:gs:\bar{e}s:\bar{g}s:\bar{\bar{g}}s$
$2^3.3(5^2)$	$Cs:es:gs:\bar{e}s:\bar{g}s:\bar{e}s:\bar{\bar{g}}s$
	Si F = 64.
2. $3(5^2)$	$Cs:Gs:gs$
$2^2.3(5^2)$	$Cs:Gs:es:gs:\bar{g}s$
$2^3.3(5^2)$	$Cs:Gs:es:gs:\bar{e}s:\bar{g}s:\bar{\bar{g}}s$
$2^4.3(5^2)$	$Cs:Gs:es:gs:\bar{e}s:\bar{g}s:\bar{e}s:\bar{\bar{g}}s$

Variat. $2^n.\ 3(3^2.5)$	Formae.
Species.	Si F $=$ 16.
$3(3^2.5)$	$h : \mathfrak{F}s$
$2.\ 3(3^2.5)$	$h : \mathfrak{h} : \mathfrak{F}s$
$2^2.\ 3(3^2.5)$	$h : \mathfrak{h} : \mathfrak{F}s : \mathfrak{h}$
	Si F $=$ 32.
$3(3^2.5)$	$H : \mathfrak{F}s$
$2.\ 3(3^2.5)$	$H : h : \mathfrak{F}s : \mathfrak{F}s$
$2^2.\ 3(3^2.5)$	$H : h : \mathfrak{F}s : \mathfrak{h} : \mathfrak{F}s$
$2^3.\ 3(3^2.5)$	$H : h : \mathfrak{F}s : \mathfrak{h} : \mathfrak{F}s : \mathfrak{h}$
	Si F $=$ 64.
$2.\ 3(3^2.5)$	$H : fs : \mathfrak{F}s$
$2^2.\ 3(3^2.5)$	$H : fs : h : \mathfrak{F}s : \mathfrak{F}s$
$2^3.\ 3(3^2.5)$	$H : fs : h : \mathfrak{F}s : \mathfrak{h} : \mathfrak{F}s$
$2^4.\ 3(3^2.5)$	$H : fs : h : \mathfrak{F}s : \mathfrak{h} : \mathfrak{F}s : \mathfrak{h}$
	Si F $=$ 128.
$2^2.\ 3(3^2.5)$	$Fs : H : fs : \mathfrak{F}s$
$2^3.\ 3(3^2.5)$	$Fs : H : fs : h : \mathfrak{F}s : \mathfrak{F}s$
$2^4.\ 3(3^2.5)$	$Fs : H : fs : h : \mathfrak{F}s : \mathfrak{h} : \mathfrak{F}s$
$2^5.\ 3(3^2.5)$	$Fs : H : fs : h : \mathfrak{F}s : \mathfrak{h} : \mathfrak{F}s : \mathfrak{h}$

Variat. $2^n.\ 3(3.5^2)$	Formae.
Species.	Si F $=$ 32.
$3(3.5^2)$	$gs : \overline{d}s$
$2.\ 3(3.5^2)$	$gs : \overline{g}s : \overline{d}s$
$2^2.\ 3(3.5^2)$	$gs : \overline{g}s : \overline{d}s : \overline{g}s$
	Si F $=$ 64.
$3(3.5^2)$	$Gs : \overline{d}s$
$2.\ 3(3.5^2)$	$Gs : gs : \overline{d}s : \overline{d}s$
$2^2.\ 3(3.5^2)$	$Gs : gs : \overline{d}s : \overline{g}s : \overline{g}s$
$2^3.\ 3(3.5^2)$	$Gs : gs : \overline{d}s : \overline{g}s : \overline{d}s : \overline{g}s$

Si

Si F = 128.

$2. 3(3.5^2)$ Gs: ds: d̄s

$2^2. 3(3.5^2)$ Gs: ds: gs: d̄s: d̄s

$2^3. 3(3.5^2)$ Gs: ds: gs: d̄s: ḡs: d̄s

$2^4. 3(3.5^2)$ Gs: ds: gs: d̄s: ḡs: d̄s: ḡs

Si F = 256.

$2^2. 3(3.5^2)$ Ds: Gs: ds: d̄s

$2^3. 3(3.5^2)$ Ds: Gs: ds: gs: d̄s: d̄s

$2^4. 3(3.5^2)$ Ds: Gs. ds: gs: d̄s: ḡs: d̄s

$2^5. 3(3.5^2)$ Ds: Gs: ds: gs: d̄s: ḡs: d̄s: ḡs

Variat.	Formae.
$2^n. 3(3^2.5^2)$	
Species.	Si F = 64.
$3(3^2.5^2)$	d̄s: ♭
$2. 3(3^2.5^2)$	d̄s: d̄s: ♭

Si F = 128.

$3(3^2.5^2)$ ds: ♭

$2. 3(3^2.5^2)$ ds: d̄s: ♭: ♭

$2^2. 3(3^2.5^2)$ ds: d̄s: ♭: d̄s: ♭

Si F = 256.

$3(3^2.5^2)$ Ds: ♭

$2. 3(3^2.5^2)$ Ds: ds: ♭: ♭

$2^2. 3(3^2.5^2)$ Ds: ds: ♭: d̄s: ♭: ♭

$2^3. 3(3^2.5^2)$ Ds: ds: ♭: d̄s: ♭: d̄s: ♭

Si F = 512.

$2. 3(3^2.5^2)$ Ds: B: ♭

$2^2. 3(3^2.5^2)$ Ds: B: ds: ♭: ♭

$2^3. 3(3^2.5^2)$ Ds: B: ds: ♭: d̄s: ♭: ♭

$2^4. 3(3^2.5^2)$ Ds: B: ds: ♭: d̄s: ♭: d̄s: ♭

Con-

Variat. $2^n.5(1)$ Species.	Consonantiae $2^x.5$. Formae.
	Si F = 1.
$5(1)$	F : $\bar{a}$
$2.5(1)$	F : f : $\bar{a}$: $\bar{a}$
$2^2.5(1)$	F : f : $\bar{J}$: $\bar{a}$: $\bar{a}$
$2^3.5(1)$	F : f : $\bar{J}$: $\bar{a}$: $\bar{J}$: $\bar{a}$
	Si F = 2.
$2\ 5(1)$	F : a : $\bar{a}$
$2^2.5(1)$	F : f : a : $\bar{a}$: $\bar{a}$
$2^3.5(1)$	F : f : a : $\bar{J}$: $\bar{a}$: $\bar{a}$
$2^4.5(1)$	F : f : a : $\bar{J}$: $\bar{a}$: $\bar{J}$: $\bar{a}$
	Si F = 4.
$2^2.5(1)$	F : A : a : $\bar{a}$
$2^3.5(1)$	F : A : f : a : $\bar{a}$: $\bar{a}$
$2^4.5(1)$	F : A : f : a : $\bar{J}$: $\bar{a}$: $\bar{a}$
$2^5.5(1)$	F : A : f : a : $\bar{J}$: $\bar{a}$: $\bar{J}$: $\bar{a}$

Variat. $2^n.5(3)$ Species.	Formae.
	Si F = 2.
$5(3)$	c : $\bar{e}$
$2.5(3)$	c : $\bar{c}$: $\bar{e}$
$2^2.5(3)$	c : $\bar{c}$: $\bar{e}$: $\bar{e}$
	Si F = 4.
$5(3)$	C : $\bar{e}$
$2.5(3)$	C : c : $\bar{e}$: $\bar{e}$
$2^2.5(3)$	C : c : $\bar{c}$: $\bar{e}$: $\bar{e}$
$2^3.5(3)$	C : c : $\bar{c}$: $\bar{e}$: $\bar{c}$: $\bar{e}$

Si

Si F = 8.

2. 5 (3)	C : e : $\bar{e}$
2^2. 5 (3)	C : c : e : $\bar{e}$: $\bar{\bar{e}}$
2^3. 5 (3)	C : c : e . $\bar{c}$: $\bar{e}$: $\bar{\bar{e}}$
2^4. 5 (3)	C : c : e : $\bar{c}$: $\bar{e}$: $\bar{\bar{c}}$: $\bar{\bar{e}}$

Si F = 16.

2^x. 5 (3)	C : E : e : $\bar{e}$
2^3. 5 (3)	C : E : c : e : $\bar{e}$: $\bar{\bar{e}}$
2^4. 5 (3)	C : E : c : e : $\bar{c}$: $\bar{e}$: $\bar{\bar{e}}$
2^5. 5 (3)	C : E : c : e : $\bar{c}$: $\bar{e}$: $\bar{\bar{c}}$: $\bar{\bar{e}}$

Variat.	
2^n. 5 (3)	

Formae.

Species.	Si F = 4.
5 (5)	A : $\bar{c}s$
2. 5 (5)	A : a : $\bar{c}s$
2^2 5 (5)	A : a : $\bar{a}$: $\bar{c}s$
2^3. 5 (5)	A : a : $\bar{a}$: $\bar{c}s$: $\bar{\bar{a}}$

Si F = 8.

2. 5 (5)	A : $\bar{c}s$: $\bar{c}s$
2^2. 5 (5)	A : a : $\bar{c}s$: $\bar{c}s$
2^3. 5 (5)	A : a : $\bar{c}s$: $\bar{a}$: $\bar{c}s$
2^4. 5 (5)	A : a : $\bar{c}s$: $\bar{a}$: $\bar{c}s$: $\bar{\bar{a}}$

Si F = 16.

2^x. 5 (5)	A : cs : $\bar{c}s$: $\bar{c}s$
2^3. 5 (5)	A . cs : a : $\bar{c}s$: $\bar{c}s$
2^4. 5 (5)	A : cs : a : $\bar{c}s$: $\bar{a}$: $\bar{c}s$
2^5. 5 (5)	A : cs : a : $\bar{c}s$: $\bar{a}$: $\bar{c}s$: $\bar{\bar{a}}$

Si F = 32.

2^5. 5 (5)	Cs : A : cs : $\bar{c}s$: $\bar{c}s$
2^4. 5 (5)	Cs : A : cs : a . $\bar{c}s$: $\bar{c}s$
2^5. 5 (5)	Cs : A : cs : a : $\bar{c}s$: $\bar{a}$: $\bar{c}s$
2^6. 5 (5)	Cs : A : cs : a : $\bar{c}s$: $\bar{a}$: $\bar{c}s$: $\bar{\bar{a}}$

Va-

Variat.	*Formae.*
$2^n \cdot 5(3^2)$	Si F $=$ 4.
Species.	
$5(3^2)$	$g : ♭$
$2 \cdot 5(3^2)$	$g : \bar{g} : ♭$
$2 \cdot 5(3^2)$	$g : \bar{g} : \bar{\bar{g}} : ♭$
	Si F $=$ 8.
$5(3^2)$	$G : ♭$
$2 \cdot 5(3^2)$	$G : g : ♭ : ♭$
$2^2 \cdot 5(3^2)$	$G : g : \bar{g} : ♭ : ♭$
$2^3 \cdot 5(3^2)$	$G : g : \bar{g} : ♭ : \bar{g} : ♭$
	Si F $=$ 16.
$2 \cdot 5(3^2)$	$G : h : ♭$
$2^2 \cdot 5(3^2)$	$G : g : h : ♭ : ♭$
$2^3 \cdot 5(3^2)$	$G : g : h : \bar{g} : ♭ : ♭$
$2^4 \cdot 5(3^2)$	$G : g : h : \bar{g} : ♭ : \bar{g} : ♭$
	Si F $=$ 32.
$2^2 \cdot 5(3^2)$	$G : H : h : ♭$
$2^3 \cdot 5(3^2)$	$G : H : g : h : ♭ : ♭$
$2^4 \cdot 5(3^2)$	$G : H : g : h : \bar{g} : ♭ : ♭$
$2^5 \cdot 5(3^2)$	$G : H : g : h : \bar{g} : ♭ : \bar{g} : ♭$

Variat.	*Formae.*
$2^n \cdot 5(3 \cdot 5)$	Si F $=$ 8.
Species.	
$5(3 \cdot 5)$	$e : \bar{g}s$
$2 \cdot 5(3 \cdot 5)$	$e : \bar{e} : \bar{g}s$
$2^2 \cdot 5(3 \cdot 5)$	$e : \bar{e} : \bar{\bar{e}} : \bar{g}s$
	Si F $=$ 16.
$5(3 \cdot 5)$	$E : \bar{g}s$
$2 \cdot 5(3 \cdot 5)$	$E : e : \bar{g}s : \bar{g}s$
$2^2 \cdot 5(3 \cdot 5)$	$E : e : \bar{e} : \bar{g}s : \bar{g}s$
$2^3 \cdot 5(3 \cdot 5)$	$E : e : \bar{e} : \bar{g}s : \bar{e} : \bar{g}s$

S_1

	Si F $=$ 32.
$2.5(3.5)$	E : gs : $\bar{g}s$
$2^2.5(3.5)$	E : e : gs : $\bar{g}s$: $\bar{g}s$
$2^3.5(3.5)$	E : e : gs : $\bar{e}$: $\bar{g}s$: $\bar{g}s$
$2^4.5(3.5)$	E : e : gs : $\bar{e}$: $\bar{g}s$: $\bar{e}$: $\bar{g}s$
	Si F $=$ 64.
$2^2.5(3.5)$	E : Gs : gs : $\bar{g}s$
$2^3.5(3.5)$	E : Gs : e : gs : $\bar{g}s$: $\bar{g}s$
$2^4.5(3.5)$	E : Gs : e : gs : $\bar{e}$: $\bar{g}s$: $\bar{g}s$
$2^5.5(3.5)$	E : Gs : e : gs : $\bar{e}$: $\bar{g}s$: $\bar{e}$: $\bar{g}s$

Variat. $2^n.5(3^3)$ Species	Formae.
	Si F $=$ 16.
$5(3^3)$	d : $\bar{J}s$
$2.5(3^3)$	d : $\bar{d}$: $\bar{J}s$
$2^2.5(3^3)$	d : $\bar{d}$: $\bar{d}$: $\bar{J}s$
	Si F $=$ 32.
$5(3^3)$	D : Js
$2.5(3^3)$	D : d : Js : $\bar{J}s$
$2^2.5(3^3)$	D : d : $\bar{d}$: Js : $\bar{J}s$
$2^3.5(3^3)$	D : d : $\bar{d}$: Js : $\bar{d}$: $\bar{J}s$
	Si F $=$ 64.
$2.5(3^3)$	D : fs : Js
$2^2.5(3^3)$	D : d : fs : Js : $\bar{J}s$
$2^3.5(3^3)$	D : d : fs : $\bar{d}$: Js : $\bar{J}s$
$2^4.5(3^3)$	D : d : fs : $\bar{d}$: Js : $\bar{d}$: $\bar{J}s$
	Si F $=$ 128.
$2^2.5(3^3)$	D : Fs : fs : Js
$2^3.5(3^3)$	D : Fs : d : fs : Js : $\bar{J}s$
$2^4.5(3^3)$	D : Fs : d : fs : $\bar{d}$: Js : $\bar{J}s$
$2^5.5(3^3)$	D : Fs : d : fs : $\bar{d}$: Js : $\bar{d}$: Js .

For-

Variat. $2^n.5(3^2.5)$ Species	Formae. Si $F = 32$.
$5(3^2.5)$	H: $\bar{a}s$
$2.5(3^2.5)$	H: b: $\bar{a}s$
$2^2.5(3^2.5)$	H: b: $\bar{b}$: $\bar{a}s$
$2^3.5(3^2.5)$	H: b: $\bar{b}$: $\bar{a}s$: $\bar{b}$
	Si $F = 64$.
$2.5(3^2.5)$	H: $\bar{a}s$: $\bar{a}s$
$2^2.5(3^2.5)$	H: b: $\bar{a}s$: $\bar{a}s$
$2^3.5(3^2.5)$	H: b: $\bar{a}s$: $\bar{b}$: $\bar{a}s$
$2^4.5(3^2.5)$	H: b: $\bar{a}s$: $\bar{b}$: $\bar{a}s$: $\bar{b}$
	Si $F = 128$.
$2^2.5(3^2.5)$	H. ds: $\bar{a}s$: $\bar{a}s$
$2^3.5(3^2.5)$	H: ds: b: $\bar{a}s$: $\bar{a}s$
$2^4.5(3^2.5)$	H: ds: b: $\bar{a}s$: $\bar{b}$: $\bar{a}s$
$2^5.5(3^2.5)$	H: ds: b: $\bar{a}s$: $\bar{b}$: $\bar{a}s$: $\bar{b}$
	Si $F = 256$.
$2^3.5(3^2.5)$	Ds: H: ds: $\bar{a}s$: $\bar{a}s$
$2^4.5(3^2.5)$	Ds: H: ds: b: $\bar{a}s$: $\bar{a}s$
$2^5.5(3^2.5)$	Ds: H: ds: b: $\bar{a}s$: $\bar{b}$: $\bar{a}s$
$2^6.5(3^2.5)$	Ds: H: ds: b: $\bar{a}s$: $\bar{b}$: $\bar{a}s$: $\bar{b}$

Variat. $2^n.5(3^3.5)$ Species.	Formae. Si $F = 64$.
$5(3^3.5)$	fs: $\bar{b}$
$2.5(3^3.5)$	fs: $\mathcal{J}s$: $\bar{b}$
$2^2.5(3^3.5)$	fs: $\mathcal{J}s$: $\mathcal{J}s$: $\bar{b}$
	Si $F = 128$.
$5(3^3.5)$	Fs: $\bar{b}$
$2.5(3^3.5)$	Fs: fs: $\bar{b}$: $\bar{b}$
$2^2.5(3^3.5)$	Fs: fs: $\mathcal{J}s$: $\bar{b}$: $\bar{b}$
$2^3.5(3^3.5)$	Fs: fs. $\mathcal{J}s$: $\bar{b}$: $\mathcal{J}s$: $\bar{b}$

Si

	Si F = 256.
$2.5(3^3.5)$	Fs : b : ♭
$2^2.5(3^3.5)$	Fs : fs : b : ♭ : ♭
$2^3.5(3^3.5)$	Fs : fs : b : Fs : ♭ : ♭
$2^4.5(3^3.5)$	Fs : fs : b . Fs : ♭ : Fs : ♭
	Si F = 512.
$2^2.5(3^3.5)$	Fs : B : b : ♭
$2^3.5(3^3.5)$	Fs : B : fs : b : ♭ : ♭
$2^4.5(3^3.5)$	Fs : B : fs : b : Fs : ♭ : ♭
$2^5.5(3^3.5)$	Fs : B : fs : b : Fs : ♭ : Fs : ♭

Variat.	Consonantiae $2^n.3^2$.
$2^n.3^2(1)$	Formae.
Species.	Si F = 1.
$3^2(1)$	F : $\bar{c}$: $\bar{\bar{g}}$
$2.3^2(2)$	F : f : $\bar{c}$: $\bar{c}$: $\bar{\bar{g}}$
$2^2.3^2(1)$	F : f : $\bar{c}$: F : $\bar{c}$. $\bar{\bar{g}}$: $\bar{c}$
$2^3.3^2(1)$	F : f : $\bar{c}$: F : $\bar{c}$. F : $\bar{\bar{g}}$: $\bar{c}$
	Si F = 2.
$2.3^2(1)$	F : c : $\bar{c}$: $\bar{g}$: $\bar{\bar{g}}$
$2^2.3^2(1)$	F : c : f : $\bar{c}$: $\bar{g}$: $\bar{c}$. $\bar{\bar{g}}$
$2^3.3^2(1)$	F : c : f : $\bar{c}$: F : $\bar{g}$: $\bar{c}$. $\bar{g}$: $\bar{c}$
$2^4.3^2(1)$	F : c : f : $\bar{c}$: F : $\bar{g}$: $\bar{c}$: F : $\bar{g}$: $\bar{c}$
	Si F = 4.
$2^2.3^2(1)$	C : F : c . g : $\bar{c}$: $\bar{g}$: $\bar{\bar{g}}$
$2^3.3^2(1)$	C : F : c : f . g : $\bar{c}$: $\bar{g}$: $\bar{c}$: $\bar{g}$
$2^4.3^2(1)$	C : F : c : f . g : $\bar{c}$: F : $\bar{g}$: $\bar{c}$. $\bar{g}$: $\bar{c}$
$2^5.3^2(1)$	C : F : c : f . g : $\bar{c}$: F : $\bar{g}$: $\bar{c}$. F : $\bar{g}$: $\bar{c}$

Si F $=$ 8.

$2^3.3^2(1)$	C:F:G:c:g:c̄:ḡ:ḡ̄
$2^4.3^2(1)$	C:F:G:c:f:g:c̄:ḡ:c̄:ḡ̄
$2^5.3^2(1)$	C:F:G:c:f:g:c̄:f̄:ḡ:c̄:ḡ̄:c̄
$2^6.3^2(1)$	C:F:G:c:f:g:c̄:f̄:ḡ:c̄:f̄:ḡ̄:c̄

Variat.

$2^n.3^2(3)$

Species.

Formae.

Si F $=$ 4.

$3^2.(3)$	C:g:d̄
$2.3^2(3)$	C:c:g:ḡ:d̄
$2^2.3^2(3)$	C:c:g:c̄:ḡ:d̄:d̄:ḡ̄
$2^3.3^2(3)$	C:c:g:c̄:ḡ:c̄:d̄:ḡ̄

Si F $=$ 8.

$2.3^2(3)$	C:G:c:g:d̄:d̄
$2^2.3^2(3)$	C:G:c:g:d̄:ḡ:d̄
$2^3.3 (3)$	C:G:c:g:c̄:d̄:ḡ:d̄:ḡ̄
$2^4.3^2(3)$	C:G:c:g:c̄:d̄:ḡ:c̄:d̄:ḡ̄

Si F $=$ 16.

$2^2.3^2(3)$	C:G:d:g:d̄:d̄
$2^3.3^2(3)$	C:G:c:d:g:d̄:ḡ:d̄
$2^4.3^2(3)$	C:G:c:d:g:c̄:d̄:ḡ:d̄:ḡ̄
$2.3^2(3)$	C:G:c:d:g:c̄:d̄:ḡ:c̄:d̄:ḡ̄

Si F $=$ 32.

$2^3.3^2(3)$	C:D:G:d:g:d̄:d̄
$2^4.3^2(3)$	C:D:G:c:d:g:d̄:ḡ:d̄
$2^5.3^2(3)$	C:D:G:c:d:g:c̄:d̄:ḡ:d̄:ḡ̄
$2^6.3^2(3)$	C:D:G:c:d:g:c̄:d̄:ḡ:c̄:d̄:ḡ̄

For-

Variat. $2^n.\ 3^2(5)$ Species.	Formae.
	Si $F=4$.
$3^2(5)$	A : $\bar{e}$: ♭
$2^3.\ 3^2(5)$	A : a : $\bar{e}$: $\bar{e}$: ♭
$2^2.\ 3^2(5)$	A : a : $\bar{e}$: $\bar{a}$: $\bar{e}$: ♭
$2^2.\ 3^2(5)$	A : a : $\bar{e}$: $\bar{a}$: $\bar{e}$: $\bar{a}$: ♭
	Si $F=8$.
$2^2.\ 3^2(5)$	A : e : $\bar{e}$: ♭ : ♭
$2^2.\ 3^2(5)$	A : e : a : $\bar{e}$: ♭ : $\bar{e}$: ♭
$2^3.\ 3^2(5)$	A : e : a : $\bar{e}$: $\bar{a}$: ♭ : $\bar{e}$: ♭
$2^4.\ 3^2(5)$	A : e : a : $\bar{e}$: $\bar{a}$: ♭ : $\bar{e}$: $\bar{a}$: ♭
	Si $F=16$.
$2^2.\ 3^2(5)$	E : A : e : ♭ : $\bar{e}$: ♭ : ♭
$2^3.\ 3^2(5)$	E : A : e : a : ♭ : $\bar{e}$: ♭ : $\bar{e}$: ♭
$2^4.\ 3^2(5)$	E : A : e : a : ♭ : $\bar{e}$: $\bar{a}$: ♭ : $\bar{e}$: ♭
$2^5.\ 3^2(5)$	E : A : e : a : ♭ : $\bar{e}$: $\bar{a}$: ♭ : $\bar{e}$: $\bar{a}$: ♭
	Si $F=32$.
$2^3.\ 3^2(5)$	E : A : H : e : ♭ : $\bar{e}$: ♭ : ♭
$2^4.\ 3^2(5)$	E : A : H : e : a : ♭ : $\bar{e}$: ♭ : $\bar{e}$: ♭
$2^5.\ 3^2(5)$	E : A : H : e : a : ♭ : $\bar{e}$: $\bar{a}$: ♭ : $\bar{e}$: ♭
$2^6.\ 3^2(5)$	E : A : H : e : a : ♭ : $\bar{e}$: $\bar{a}$: ♭ : $\bar{e}$: $\bar{a}$: ♭

Variat. $2^n.\ 3^2(3\cdot5)$ Species.	Formae.
	Si $F=16$.
$3^2(3\cdot5)$	E : ♭ : ♯s
$2.\ 3^2(3\cdot5)$	E : e : ♭ : ♭ : ♯s
$2^2.\ 3^2(3\cdot5)$	E : e : ♭ : $\bar{e}$: ♭ : ♯s : ♭
$2^3.\ 3^2(3\cdot5)$	E : e : ♭ : $\bar{e}$: ♭ : $\bar{e}$: ♯s : ♭

Si F = 32.

$2 \cdot 3^2 (3 \cdot 5)$	E:H:b:$\mathcal{J}s$:$\mathcal{J}s$
$2^2 \cdot 3^2 (3 \cdot 5)$	E:H:e:b:$\mathcal{J}s$:$\hbar$:$\mathcal{J}s$
$2^3 \cdot 3^2 (3 \cdot 5)$	E:H:e:b:$\bar{e}$:$\mathcal{J}s$:$\hbar$:$\mathcal{J}s$:$\hbar$
$2^4 \cdot 3^2 (3 \cdot 5)$	E:H:e:b:$\bar{e}$:$\mathcal{J}s$:$\hbar$:$\bar{e}$:$\mathcal{J}s$:$\hbar$

Si F = 64.

$2^2 \cdot 3^2 (3 \cdot 5)$	E:H:fs:b:$\mathcal{J}s$:$\mathcal{J}s$
$2^3 \cdot 3^2 (3 \cdot 5)$	E:H:e:fs:b:$\mathcal{J}s$:$\hbar$:$\mathcal{J}s$
$2^4 \cdot 3^2 (3 \cdot 5)$	E:H:e:fs:b:$\bar{e}$:$\mathcal{J}s$:$\hbar$:$\mathcal{J}s$:$\hbar$
$2^5 \cdot 3^2 (3 \cdot 5)$	E:H:e:fs:b:$\bar{e}$:$\mathcal{J}s$:$\hbar$:$\bar{e}$:$\mathcal{J}s$:$\hbar$

Si F = 128.

$2^3 \cdot 3^2 (3 \cdot 5)$	E:Fs:H:fs:b:$\mathcal{J}s$:$\mathcal{J}s$
$2^4 \cdot 3^2 (3 \cdot 5)$	E:Fs:H:e:fs:b:$\mathcal{J}s$:$\hbar$:$\mathcal{J}s$
$2^5 \cdot 3^2 (3 \cdot 5)$	E:Fs:H:e:fs:b:$\bar{e}$:$\mathcal{J}s$:$\hbar$:$\mathcal{J}s$:$\hbar$
$2^6 \cdot 3^2 (3 \cdot 5)$	E:Fs:H:e:fs:b:$\bar{e}$:$\mathcal{J}s$:$\hbar$:$\bar{e}$:$\mathcal{J}s$:$\hbar$

Variat.
$2^n \cdot 3^2 (5^2)$
Species.

Formae.

Si F = 32.

$3^2 \cdot (5^2)$	Cs:gs:$\bar{d}s$
$2 \cdot 3^2 (5^2)$	Cs:cs:gs:$\bar{g}s$:$\bar{d}s$
$2^2 \cdot 3^2 (5^2)$	Cs:cs:gs:$\bar{c}s$:$\bar{g}s$:$\bar{d}s$:$\bar{g}s$
$2^3 \cdot 3^2 (5^2)$	Cs:cs:gs:$\bar{c}s$:$\bar{g}s$:$\bar{c}s$:$\bar{d}s$:$\bar{g}s$

Si F = 64.

$2 \cdot 3^2 (5^2)$	Cs:Gs:gs:$\bar{d}s$:$\bar{d}s$
$2^2 \cdot 3^2 (5^2)$	Cs:Gs:cs:gs:$\bar{d}s$:$\bar{g}s$:$\bar{d}s$
$2^3 \cdot 3^2 (5^2)$	Cs:Gs:cs:gs:$\bar{c}s$:$\bar{d}s$:$\bar{g}s$:$\bar{d}s$:$\bar{g}s$
$2^4 \cdot 3^2 (5^2)$	Cs:Gs:cs:gs:$\bar{c}s$:$\bar{d}s$:$\bar{g}s$:$\bar{c}s$:$\bar{d}s$:$\bar{g}s$

Si

Si F $=$ 128.

$2^2.3^2(5^2)$	Cs:Gs:ds:gs:$\bar{d}s$:$\bar{d}s$
$2^3.3^2(5^2)$	Cs:Gs:cs:ds:gs:$\bar{d}s$:$\bar{g}s$:$\bar{d}s$
$2^4.3^2(5^2)$	Cs:Gs:cs:ds:gs:$\bar{c}s$:$\bar{d}s$:$\bar{g}s$:$\bar{d}s$:$\bar{g}s$
$2^5.3^2(5^2)$	Cs:Gs:cs:ds:gs:$\bar{c}s$:$\bar{d}s$:$\bar{g}s$:$\bar{c}s$:$\bar{d}s$:$\bar{g}s$

Si F $=$ 156.

$2^3.3^2(5^2)$	Cs:Ds:Gs:ds:gs:$\bar{d}s$:$\bar{d}s$
$2^4.3^2(5^2)$	Cs:Ds:Gs:cs:ds:gs:$\bar{d}s$:$\bar{g}s$:$\bar{d}s$
$2^5.3^2(5^2)$	Cs:Ds:Gs:cs:ds:gs:$\bar{c}s$:$\bar{d}s$:$\bar{g}s$:$\bar{d}s$:$\bar{g}s$
$2^6.3^2(5^2)$	Cs:Ds:Gs:cs:ds:gs:$\bar{c}s$.$\bar{d}s$:$\bar{g}s$:$\bar{c}s$:$\bar{d}s$:$\bar{g}s$

Variat.	*Formae.*
$2^n\ 3^2(3.5^2)$	Si F $=$ 64.
Species.	
$3^2(3.5^2)$	Gs:$\bar{d}s$:$\flat$
$2.\ 3^2(3.5^2)$	Gs:gs.$\bar{d}s$:$\bar{d}s$:$\flat$
$2^2.3^2(3.5^2)$	Gs:gs:$\bar{d}s$:$\bar{g}s$:$\bar{d}s$:$\flat$
$2^3.3^2(3.5^2)$	Gs:gs:$\bar{d}s$:$\bar{g}s$:$\bar{d}s$:$\bar{g}s$:$\flat$

Si F $=$ 128.

$2.\ 3^2(3.5^2)$	Gs:$\dot{a}s$:$\bar{d}s$:$\flat$:$\flat$
$2^2.3^2(3\ 5^2)$	Gs:ds:gs:$\bar{d}s$:$\flat$:$\bar{d}s$:$\flat$
$2^3.3^2(3.5^2)$	Gs:ds:gs:$\bar{d}s$:$\bar{g}s$:$\flat$:$\bar{d}s$:$\flat$
$2^4.3^2(3.5^2)$	Gs:ds:gs:$\bar{d}s\bar{g}s$:$\flat$:$\bar{d}s$:$\bar{g}s$:$\flat$

Si F $=$ 256.

$2^2.3^2(3.5^2)$	Ds:Gs:ds:b:$\bar{d}s$:$\flat$:$\flat$
$2^3.3^2(3.5^2)$	Ds:Gs:ds:gs:b:$\bar{d}s$:$\flat$:$\bar{d}s$:$\flat$
$2^4.3^2(3.5^2)$	Ds:Gs:ds:gs:b:$\bar{d}s$.$\bar{g}s$:$\flat$:$\bar{d}s$:$\flat$
$2^5.3^2(3.5^2)$	Ds:Gs:ds:gs:b:$\bar{d}s$:$\bar{g}s$:$\flat$:$\bar{d}s$:$\bar{g}s$:$\flat$

Si F $=$ 512.

$2^3.3^2(3.5^2)$	Ds:Gs:B:ds:b:$\bar{d}s$:$\flat$:$\flat$
$2^4.3^2(3.5^2)$	Ds:Gs:B:ds:gs:b:$\bar{d}s$:$\flat$:$\bar{d}s$:$\flat$
$2^5.3^2(3\ 5^2)$	Ds:Gs:B:ds:gs.b:$\bar{d}s$:$\bar{g}s$:$\flat$:$\bar{d}s$:$\flat$
$2^6\ 3(3^2.5^2)$	Ds:Gs:B:ds:gs:b:$\bar{d}s$:$\bar{g}s$:$\flat$:$\bar{d}s$:$\bar{g}s$:$\flat$

Con-

Consonantiae 2^n. 3. 5.
Formae.

Variat. $2^n.3.5\,(1)$ Species.	
	Si F = 1.
$3\ 5\,(1)$	$F:\bar{c}:\bar{a}$
$2.3.5\,(1)$	$F:f:\bar{c}:\bar{a}:\bar{c}:\bar{a}$
$2^2.3.5\,(1)$	$F:f:\bar{c}:\bar{f}:\bar{a}:\bar{c}:\bar{a}$
$2^3.3.5\,(1)$	$F:f:\bar{c}:\bar{f}:\bar{a}:\bar{c}:\bar{f}:\bar{a}:\bar{c}$
	Si F = 2.
$3.5\,(1)$	$c:a:\bar{e}$
$2.3.5\,(1)$	$F:c:a:\bar{c}:\bar{a}:\bar{e}$
$2^2.3.5\,(1)$	$F:c:f:a:\bar{c}:\bar{a}:\bar{c}:\bar{e}:\bar{a}$
$2^3.3.5\,(1)$	$F:c:f:a:\bar{c}:\bar{f}:\bar{a}:\bar{c}:\bar{e}:\bar{a}:\bar{c}$
$2^4.3.5\,(1)$	$F:c:f:a:\bar{c}:\bar{f}:\bar{a}:\bar{c}:\bar{e}:\bar{f}:\bar{a}:\bar{c}$
	Si F = 4.
$3.5\,(1)$	$C:A:\bar{e}$
$2.3.5\,(1)$	$C:A:c:a:\bar{e}:\bar{\bar{e}}$
$2^2.3.5\,(1)$	$C:F:A:c:a:\bar{c}:\bar{e}:\bar{a}:\bar{\bar{e}}$
$2^3.3.5\,(1)$	$C:F:A:c:f:a:\bar{c}:\bar{e}:\bar{a}:\bar{c}:\bar{e}:\bar{a}$
$2^4.3.5\,(1)$	$C:F:A:c:f:a:\bar{c}:\bar{e}:\bar{f}:\bar{a}:\bar{c}:\bar{e}:\bar{a}:\bar{c}$
$2^5.3.5\,(1)$	$C:F:A:c:f:a:\bar{c}:\bar{e}:\bar{f}:\bar{a}:\bar{c}:\bar{e}:\bar{f}:\bar{a}:\bar{c}$
	Si F = 8.
$2.3.5\,(1)$	$C:A:e:\bar{\bar{e}}$
$2^2.3.5\,(1)$	$C:A:c:e:a:\bar{e}:\bar{\bar{e}}$
$2^3.3.5\,(1)$	$C:F:A:c:e:a:\bar{c}:\bar{e}:\bar{a}:\bar{\bar{e}}$
$2^4.3.5\,(1)$	$C:F:A:c:e:f:a:\bar{c}:\bar{e}:\bar{a}:\bar{c}:\bar{e}:\bar{a}$
$2^5.3.5\,(1)$	$C:F:A:c:e:f:a:\bar{c}:\bar{e}:\bar{f}:\bar{a}:\bar{c}:\bar{e}:\bar{a}:\bar{c}$
	Si F = 16.
$2^2.3.5\,(1)$	$C:E:A:e:\bar{e}$
$2^3.3.5\,(1)$	$C:E:A:c:e:a:\bar{e}:\bar{\bar{e}}$
$2^4.3.5\,(1)$	$C:E:F:A:c:e:a:\bar{c}:\bar{e}:\bar{a}:\bar{e}$
$2^5.3.5\,(1)$	$C:E:F:A:c:e:f:a:\bar{c}:\bar{e}:\bar{a}:\bar{c}:\bar{e}:\bar{a}$

Variet. $2^n.3.5(3)$	Formae.
Species.	**Si F = 2.**
$3.5(3)$	$c:\bar{g}:\bar{c}$
$2.3.5(3)$	$c:\bar{c}:\bar{g}:\bar{c}:\bar{\bar{g}}$
$2^2.3.5(3)$	$c:\bar{c}:\bar{g}:\bar{c}:\bar{\bar{c}}:\bar{\bar{g}}$
	Si F = 4.
$3.5(3)$	$C:g:\bar{e}:♭$
$2.3.5(3)$	$C:c:g:\bar{e}:\bar{g}:\bar{e}:♭$
$2^2.3.5(3)$	$C:c:g:\bar{c}:\bar{e}:\bar{g}:\bar{e}:\bar{\bar{g}}:♭$
$2^3.3.5(3)$	$C:c:g:\bar{c}:\bar{e}:\bar{g}:\bar{c}:\bar{e}:\bar{\bar{g}}:♭$
	Si F = 8.
$3.5.(3)$	$G:e:♭$
$2.3.5(3)$	$C:G:e:g:\bar{e}:♭:♭$
$2^2.3.5(3)$	$C:G:a:e:g:\bar{e}:\bar{g}:♭:\bar{e}:♭$
$2^3.3.5(3)$	$C:G:c:e:g:\bar{c}:\bar{e}:\bar{g}:♭:\bar{e}:\bar{g}:♭$
$2^4.3.5(3)$	$C:G:c:e:g:\bar{c}:\bar{e}:\bar{g}:♭:\bar{c}:\bar{e}:\bar{\bar{g}}:♭$
	Si F = 16.
$2.3.5(3)$	$E:G:e:♭:♭$
$2^2.3.5(3)$	$C:E:G:e:g:♭:\bar{e}:♭:♭$
$2^3.3.5(3)$	$C:E:G:c:e:g:♭:\bar{e}:\bar{g}:♭:\bar{e}:♭$
$2^4.3.5(3)$	$C:E:G:c:e:g:♭:\bar{c}:\bar{e}:\bar{g}:♭:\bar{e}:\bar{g}:♭$
$2^5.3.5(3)$	$C:E:G:c:e:g:♭:\bar{c}:\bar{e}:\bar{g}:♭:\bar{c}:\bar{e}:\bar{g}:♭$
	Si F = 32.
$2^2.3.5(3)$	$E:G:H:e:♭:♭$
$2^3.3.5(3)$	$C:E:G:H:e:g:♭:\bar{e}:♭:♭$
$2^4.3.5(3)$	$C:E:G:H:e:g:♭:\bar{e}:\bar{g}:♭:\bar{e}:♭$
$2^5.3.5(3)$	$C:E:G:H:c:e:g:♭:\bar{c}:\bar{e}:\bar{g}:♭:\bar{e}:\bar{g}:♭$

Variat.	*Formae.*
$2^2 . 5 (3 . 5)$	Si $F = 4$.
Species.	

$3 . 5 (5)$	$A : \bar{e} : \bar{c}s$
$2. \quad 3 . 5 (5)$	$A : a : \bar{e} : \bar{c}s : \bar{e}$
$2^2 \; 3 . 5 (5)$	$A : a : \bar{e} : \bar{a} : \bar{c}s : \bar{e}$
$2^3 . \; 3 . 5 (5)$	$A : a : \bar{c} : \bar{a} : \bar{c}s : \bar{e} : \bar{a}$

Si $F = 8$.

$3 . 5 (5)$	$e : \bar{c}s : \bar{g}s$
$2. \quad 3 . 5 (5)$	$A : e : \bar{c}s : \bar{e} : \bar{c}s : \bar{g}s$
$2^2 . 3 . 5 (5)$	$A : e : a : \bar{c}s : \bar{e} : \bar{c}s : \bar{e} : \bar{g}s$
$2^3 . 3 . 5 (5)$	$A : e : a : \bar{c}s : \bar{e} : \bar{a} : \bar{c}s : \bar{e} : \bar{g}s$
$2^4 . 3 . 5 (5)$	$A : e : a : \bar{c}s : \bar{e} : \bar{a} : \bar{c}s : \bar{e} : \bar{g}s : \bar{a}$

Si $F = 16$.

$3 . 5 (5)$	$E : cs : \bar{g}s$
$2. \quad 3 . 5 (5)$	$E : cs : e : \bar{c}s : \bar{g}s : \bar{g}s$
$2^2 . 3 . 5 (5)$	$A : cs : e : \bar{c}s : \bar{e} : \bar{g}s : \bar{c}s : \bar{g}s$
$2^3 . 3 . 5 (5)$	$A : cs : e : a : \bar{c}s : \bar{e} : \bar{g}s : \bar{c}s : \bar{e} : \bar{g}s$
$2^4 . 3 . 5 (5)$	$A : cs : e : a : \bar{c}s : \bar{e} : \bar{g}s : \bar{a} : \bar{c}s : \bar{e} : \bar{g}s$
$2^5 . 3 . 5 (5)$	$A : cs : e : a : \bar{c}s : \bar{e} : \bar{g}s : \bar{a} : \bar{c}s : \bar{e} : \bar{g}s : \bar{a}$

Si $F = 32$.

$2. \quad 3 . 5 (5)$	$Cs : E : cs : gs : \bar{g}s$
$2^2 . 3 . 5 (5)$	$Cs : E : cs : e : gs . \bar{c}s : \bar{g}s : \bar{g}s$
$2^3 . 3 . 5 (5)$	$Cs : E : A : cs : e : gs : \bar{c}s : \bar{e} : \bar{g}s : \bar{c}s : \bar{g}s$
$2^4 . 3 . 5 (5)$	$Cs : E . A : cs : e : gs : a : \bar{c}s : \bar{e} : \bar{g}s : \bar{c}s : \bar{e} : \bar{g}s$
$2^5 . 3 . 5 (5)$	$Cs : E : A : cs : e : gs : a : \bar{c}s : \bar{e} . \bar{g}s : \bar{a} : \bar{c}s : \bar{e} : \bar{g}s$

Si

Si $F=64$.

$2^2.3.5\,(5)$	Cs:E:Gs:cs:gs:$\bar{g}$s
$2^3.3.5\,(5)$	Cs:E:Gs:cs:e:gs:$\bar{c}$s:$\bar{g}$s:$\bar{g}$s
$2^4.3.5\,(5)$	Cs:E:Gs:A:cs:e:gs:$\bar{c}$s:$\bar{e}$:$\bar{g}$s:$\bar{g}$s
$2^5.3.5\,(5)$	Cs:E:Gs:A:cs:e:gs:a:$\bar{c}$s:$\bar{e}$:$\bar{g}$s:$\bar{c}$s:$\breve{e}$:$\bar{g}$s

Variat.	Formae.
$2^n.3.5\,(3^2)$	
Species.	

Si $F=4$.

$3.5\,(3^2)$	g:$\bar{d}$:♄
$2.3.5\,(3^2)$	g:$\bar{g}$:$\bar{d}$:♄
$2^2.3.5\,(3^2)$	g:$\bar{g}$:$\bar{d}$:$\bar{g}$:♄

Si $F=8$.

$3.5\,(3^2)$	G:$\bar{d}$:♄
$2.3.5\,(3^2)$	G:g:$\bar{d}$:♄:$\bar{d}$:♄
$2^2.3.5\,(3^2)$	G:g:$\bar{d}$:$\bar{g}$:♄:$\bar{d}$:♄
$2^3.3.5\,(3^2)$	G:g:$\bar{d}$:$\bar{g}$:♄:$\bar{d}$:$\bar{g}$:♄

Si $F=16$.

$3.5\,(3^2)$	d:h:$\bar{J}$s
$2.3.5\,(3^2)$	G:d:h:$\bar{d}$:h:$\bar{J}$s
$2^2.3\ 5\,(3^2)$	G:d:g:h:$\bar{d}$.h:$\bar{d}$:$\bar{J}$s:♄
$2^3.3.5\,(3^2)$	G:d:g:h:$\bar{d}$:$\bar{g}$:h:$\bar{d}$:$\bar{J}$s:♄
$2^4.3.5\,(3^2)$	G:d:g:♭:$\bar{d}$:$\bar{g}$:h:$\bar{d}$.$\bar{J}$s:$\bar{g}$:♄

Si $F=32$.

$3.5\,(3^2)$	D:H:$\bar{J}$s
$2.3.5\,(3^2)$	D:H:d:h:$\bar{J}$s:$\bar{J}$s
$2^2.3.5\,(3^2)$	D:G:H:d:h:$\bar{d}$:$\bar{J}$s:h:$\bar{J}$s
$2^3.3.5\,(3^2)$	D:G:H:d:g:h:$\bar{d}$:$\bar{J}$s:h:$\bar{d}$:$\bar{J}$s:♄
$2^4.3.5\,(3^2)$	D:G:H:d:g:h:$\bar{d}$:$\bar{J}$s:$\bar{g}$:h:$\bar{d}$:$\bar{J}$s:♄
$2^5.3.5\,(3^2)$	D:G:H·d:g:h:$\bar{d}$:$\bar{J}$s:$\bar{g}$:h:$\bar{d}$:$\bar{J}$s:$\bar{g}$:♄

Si F $=$ 64.

2 . 3 . 5 (3²)	D : H : fs : Js
2² . 3 . 5 (3²)	D : H : d : fs : h : Js : Js
2³ . 3 . 5 (3²)	D : G : H : d : fs : h : d : Js : h : Js
2⁴ . 3 . 5 (3²)	D : G : H : d : fs : g : h : d : Js : h : d : Js : b
2⁵ . 3 . 5 (3²)	D : G : H : d : fs : g : h : d : Js : ḡ : h : d : Js : b

Si F $=$ 128.

2² . 3 . 5 (3²)	D : Fs : H : fs : Js
2³ . 3 . 5 (3²)	D : Fs : H : d : fs : h : Js : Js
2⁴ . 3 . 5 (3²)	D : Fs : G : H : d : fs : h : d : Js : h : Js
2⁵ . 3 . 5 (3²)	D : Fs : G : H : d : fs : g : h : d : Js : h : d : Js : b

Variat.

2ⁿ . 3 . 5 (3 . 5)

Formae.

Species.   Si F $=$ 8.

3 . 5 (3 . 5)	e : h : ḡs
2 . 3 . 5 (3 . 5)	e : ē : h : ḡs : b
2² . 3 . 5 (3 . 5)	e : ē : h : ē : ḡs : b

Si F $=$ 16.

3 . 5 (3 . 5)	E : h : ḡs
2 . 3 . 5 (3 . 5)	E : e : h : ḡs : h : ḡs
2² . 3 . 5 (3 . 5)	E : e : h : ē : ḡs : h : ḡs : b
2³ . 3 . 5 (3 . 5)	E : e : h : ē : ḡs : h : ē : ḡs : b

Si F $=$ 32.

3 . 5 (3 . 5)	H : gs : ds
2 . 3 . 5 (3 . 5)	E : H : gs : h : ḡs : ds
2² . 3 . 5 (3 . 5)	E : H : e : gs : h : ḡs : h : ds : ḡs
2³ . 3 . 5 (3 . 5)	E : H : e : gs : h : ē : ḡs : h : ds : ḡs : b
2⁴ . 3 . 5 (3 . 5)	E : H : e : gs : h : ē : ḡs : h : ds : ē : ḡs : b

Si F

Si F=64.

2 . 3.5(3.5)	Gs:H:gs:ds:ās
2².3.5(3.5)	E:Gs:H.gs:b:ds:g̅s:ās
2³.3.5(3.5)	E:Gs:H:e:gs:b:ds:g̅s:ḃ:ās:g̅s
2⁴.3.5(3.5)	E:Gs:H:e:gs:b:ds:ē.g̅s:ḃ:ās:g̅s:ḃ
2⁵.3.5(3.5)	E:Gs:H:e:gs:b:ds:ē:g̅s:ḃ:ās:ē:g̅s:ḃ

Si F=128.

2².3.5(3.5)	Gs:H:ds:gs:ās:ās
2³.3.5(3.5)	E:Gs:H:ds:gs:b:ds:g̅s:ās
2⁴.3.5(3.5)	E:Gs:H:ds:e:gs:b:ds:g̅s:ḃ:ās:g̅s
2⁵.3.5(3.5)	E:Gs:H:ds:e:gs:b:ds:ē.g̅s:ḃ:ās:g̅s:ḃ

Si F=256.

2³.3.5(3.5)	Ds:Gs:H:ds:gs:ās:ās
2⁴.3.5(3.5)	Ds:E:Gs:H:ds:gs:b:ds:g̅s:ās
2⁵.3.5(3.5)	Ds:E:Gs:H:ds:e:gs:b:ds:g̅s:ḃ:ās:g̅s

Variat.	*Formae.*
2ⁿ.3.5(3².5	
Species.	Si F=32.
3.5(3².5	H: Js:ās
2 . 3.5(3².5	H:b:Js:ās:Js
2².3.5(3².5	H:b:Js:ḃ:ās:Js
2³.3.5(3.5²	H:b:Js:ḃ:ās:Js:ḃ

Si F=64.

3.5(3².5	fs:ās:ḃ
2 . 3.5(3².5	H:fs:ās:Js:ās:ḃ
2².3.5(3².5	H:fs:b:ās:Js:ās:Js:ḃ
2³.3.5(3².5	H:fs:b:ās:Js:ḃ:ās:Js:ḃ
2⁴.3.5(3².5	H:fs:b:ās:Js:ḃ:ās:Js:ḃ:ḃ

    Si F

Si F = 128.

3.5(3².5)	Fs: ds: b
2. 3.5(3².5)	Fs: ds: fs: ds: b: b
2². 3 5(3².5)	Fs: H: ds: fs: ds: Js: b: ds: b
2³. 3.5(3².5)	Fs: H: ds: fs: b: ds: Js: b: ds: Js: b
2⁴. 3.5(3².5)	Fs: H: ds: fs: b: ds: Js: b: b: ds: Js: b
2⁵. 3.5(3².5)	Fs: H: ds: fs: b: ds: Js: b: b: ds. Js: b: b

Si F = 256.

2. 3.5(3².5)	Ds: Fs: ds: b: b
2². 3.5(3².5)	Ds: Fs: ds: fs: b: ds: b: b
2³. 3.5(3².5)	Ds: Fs: H: ds: fs: b: ds: Js: b: ds: b
2⁴. 3.5(3².5)	Ds: Fs: H: ds: fs: b: b. ds: Js: b: ds: Js: b
2⁵. 3.5(3².5)	D: Fs: H: ds: fs: b: b: ds: Js: b: b: ds: Js: b

Si F = 512.

2². 3.5(3² 5)	Ds: Fs: B: ds: b: b
2³. 3.5(3².5)	Ds: Fs: B: ds: fs: b: ds: b: b
2⁴. 3.5(3².5)	Ds: Fs: B: H: ds: fs: b: ds: Js: b: ds: b
2⁵. 3.5(3².5)	Ds: Fs: B: H: ds: fs: b: b: ds: Js: b: ds: Js: b

---

Variat.	Confonantiae 2.ᵃ 5².
2ⁿ. 5²(1)	Formae.
Species.	Si F = 4.
2². 5²(2)	F: A: a: $\bar{a}$: $\bar{c}$s
2³. 5²(1)	F: A: f: a: $\bar{a}$: $\bar{c}$s: $\bar{a}$
	Si F = 8.
2³. 5²(1)	F: A: a: $\bar{c}$s: $\bar{a}$: $\bar{c}$s

Variat.	Formae.
$2^n . 5^2 (3)$	**Si F = 8.**
Species.	
$2 . 5^2 (3)$	$C : e : \bar{e} : \bar{\bar{g}}s$
$2^2 . 5^2 (3)$	$C : c : e : \bar{e} : \bar{\bar{e}} : \bar{\bar{g}}s$
$2^3 . 5^2 (3)$	$C : E : c : e : \bar{c} : \bar{e} : \bar{\bar{e}} : \bar{\bar{g}}s$
	Si F = 16.
$2^2 . 5^2 (3)$	$C : E : e : \bar{e} . \bar{g}s : \bar{\bar{g}}s$
$2^3 . 5^2 (3)$	$C : E : c : e : \bar{e} : \bar{g}s : \bar{\bar{e}} : \bar{\bar{g}}s$
	Si F = 32.
$2^3 . 5^2 (3)$	$C : E : e : gs : \bar{e} : \bar{g}s : \bar{\bar{g}}s$

Variat.	Formae.
$2^n . 5^2 (3^2)$	**Si F = 32.**
Species.	
$2^2 . 5^2 (3^2)$	$G : H : b : \bar{b} : \bar{d}s$
$2^3 . 5^2 (3^2)$	$G : H : g : b : \bar{b} : \bar{d}s : \bar{b}$
	Si F = 64.
$2^3 . 5^2 (3^2)$	$G : H : b : \bar{b} : \bar{d}s : \bar{b}$

Variat.	Formae.
$2^n . 5^2 (3^3)$	**Si F = 64.**
Species.	
$2 . 5^2 (3^3)$	$D : fs : \bar{f}s : \bar{b}$
$2^2 . 5^2 (3^3)$	$D : d : fs : \bar{f}s : \bar{f}s : \bar{b}$
$2^3 . 5^2 (3^3)$	$D : d : fs : \bar{d} : \bar{f}s : \bar{f}s : \bar{b}$
	Si F = 128.
$2^2 . 5^2 (3^3)$	$D : Fs : fs : \bar{f}s : b : \bar{b}$
$2^3 . 5^2 (3^3)$	$D : Fs : d : fs : \bar{f}s : b : \bar{f}s : \bar{b}$
	Si F = 256.
$2^3 . 5^2 (3^3)$	$D : Fs : fs : b : \bar{f}s : b : \bar{b}$

Con-

Variat. $2^n 3^3 (1)$ *Species.*	Consonantiae $2^n . 3^3$. *Formae.* Si $F = 4$.
$2^2 . 3^3 (1)$	C:F:c:g:$\bar{c}$:$\bar{d}$:$\bar{g}$
$2^3 . 3^3 (1)$	C:F:c:f:g:$\bar{c}$:$\bar{g}$:$\bar{c}$:$\bar{d}$:$\bar{g}$
$2^4 . 3^3 (1)$	C:F:c:f:g:$\bar{c}$:$\bar{f}$:$\bar{g}$:$\bar{c}$:$\bar{d}$:$\bar{g}$:$\bar{c}$
$2^5 . 3^3 (1)$	C:F:c:f:g:$\bar{c}$:$\bar{f}$:$\bar{g}$:$\bar{c}$:$\bar{g}$:$\bar{f}$:$\bar{g}$:$\bar{c}$
	Si $F = 8$.
$2^3 . 3^3 (1)$	C:F:G:c:g:$\bar{c}$:$\bar{d}$:$\bar{g}$:$\bar{d}$:$\bar{g}$
$2^4 . 3^3 (1)$	C:F:G:c:f:g:$\bar{c}$:$\bar{d}$:$\bar{g}$:$\bar{c}$:$\bar{d}$:$\bar{g}$
$2^5 . 3^3 (1)$	C:F:G:c:f:g:$\bar{c}$:$\bar{d}$:$\bar{f}$:$\bar{g}$:$\bar{c}$:$\bar{d}$:$\bar{g}$:$\bar{c}$
	Si $F = 16$.
$2^4 . 3^3 (1)$	C:F:G:c:d:g:$\bar{c}$:$\bar{d}$:$\bar{g}$:$\bar{d}$:$\bar{g}$
$2^5 . 3^3 (1)$	C:F:G:c:d:f:g:$\bar{c}$:$\bar{d}$:$\bar{g}$:$\bar{c}$:$\bar{d}$:$\bar{g}$
	Si $F = 32$.
$2^5 . 3^3 (1)$	C:D:F:G:c:d:g:$\bar{c}$:$\bar{d}$:$\bar{g}$:$\bar{d}$:$\bar{g}$

Variat. $2^n . 3^3 (5)$ *Species.*	*Formae.* Si $F = 16$.
$2^2 . 3^3 (5)$	E:A:e:b:$\bar{e}$:b:$\bar{fs}$:b
$2^3 . 3^3 (5)$	E:A:e:a:b:$\bar{e}$:b:$\bar{e}$:$\bar{fs}$:b
$2^4 . 3^3 (5)$	E:A:e:a:b:$\bar{e}$:$\bar{a}$:b:$\bar{e}$:$\bar{fs}$:b
$2^5 . 3^3 (5)$	E:A:e:a:b:$\bar{e}$:$\bar{a}$:b:$\bar{e}$:$\bar{fs}$:$\bar{a}$:b
	Si $F = 32$.
$2^3 . 3^3 (5)$	E:A:H:e:b:$\bar{e}$:$\bar{fs}$:b:$\bar{fs}$:b
$2^4 . 3^3 (5)$	E:A:H:e:a:b:$\bar{e}$:$\bar{fs}$:b:$\bar{e}$:$\bar{fs}$:b
$2^5 . 3^3 (5)$	E:A:H:e:a:b:$\bar{e}$:$\bar{fs}$:$\bar{a}$:b:$\bar{e}$:$\bar{fs}$:b

Si

Si F = 64.

$2^4 . 3^3 (5)$	E:A:H:e:fs:b:$\bar{e}$:$\mathcal{J}s$:$\hbar$:$\mathcal{J}s$:$\hbar$
$2^5 . 3^3 (5)$	E:A:H:e:fs:a:b:$\bar{e}$:$\mathcal{J}s$:$\hbar$.$\bar{e}$:$\mathcal{J}s$:$\hbar$

Si F = 128.

$2^5 . 3^3 (5)$	E:Fs:A:H:e:fs:b:$\bar{e}$:$\mathcal{J}s$:$\hbar$:$\mathcal{J}s$:$\hbar$

Variat.

$2^n . 3^3 (5^2)$

Species.

Formae.

Si F = 64.

$2 . 3^3 (5^2)$	Cs:Gs:gs:ds:$\bar{d}s$:$\hbar$
$2^2 . 3^3 (5^2)$	Cs:Gs:cs:gs:ds:$\bar{g}s$:$\bar{d}s$:$\hbar$
$2^3 . 3 (5^2)$	Cs:Gs:cs:gs:$\bar{c}s$:ds:$\bar{g}s$:$\bar{d}s$:$\bar{g}s$:$\hbar$
$2^4 . 3 (5^2)$	Cs:Gs:cs:gs:$\bar{c}s$:ds:$\bar{g}s$:$\bar{c}s$:$\bar{d}s$:$\bar{g}s$:$\hbar$

Si F = 128.

$2^2 . 3^3 (5^2)$	Cs:Gs:ds:gs:$\bar{d}s$:$\hbar$:$\bar{d}s$:$\hbar$
$2^3 . 3^3 (5^2)$	Cs:Gs:cs:ds:gs:ds:$\bar{g}s$:$\hbar$:$\bar{d}s$:$\hbar$
$2^4 . 3^3 (5^2)$	Cs:Gs:cs:ds:gs:$\bar{c}s$:ds.$\bar{g}s$:$\hbar$:$\bar{d}s$:$\bar{g}s$:$\hbar$
$2^5 . 3^3 (5^2)$	Cs:Gs:cs:ds:gs:$\bar{c}s$:ds:$\bar{g}s$:$\hbar$:$\bar{c}s$:$\bar{d}s$:$\bar{g}s$:$\hbar$

Si F = 256.

$2^3 . 3^3 (5^2)$	Cs:Ds:Gs:ds:gs:b:$\bar{d}s$:$\hbar$.$\bar{d}s$:$\hbar$
$2^4 . 3^3 (5^2)$	Cs:Ds:Gs:cs:ds:gs:b:$\bar{d}s$:$\bar{g}s$:$\hbar$:$\bar{d}s$:$\hbar$
$2^5 . 3^3 (5^2)$	Cs:Ds:Gs:cs:ds:gs:b:$\bar{d}s$:$\bar{g}s$:$\hbar$:$\bar{d}s$:$\bar{g}s$:$\hbar$

Si F = 512.

$2^4 . 3^3 (5^2)$	Cs:Ds:Gs:B:ds:gs:b:$\bar{d}s$:$\hbar$:$\bar{d}s$:$\hbar$
$2^5 . 3^3 (5^2)$	Cs:Ds:Gs:B:cs:ds:gs:b:$\bar{d}s$.$\bar{g}s$:$\hbar$:$\bar{d}s$:$\hbar$

Con-

Variat. $2^n 3^2 . 5 (1)$ *Species.*	Confonantiae $2^n. 3^2.5$, *Formae.*
	Si F $=$ 1.
$3^2.5(1)$	F : $\bar{c}$: $\bar{a}$: $\bar{\bar{g}}$
2. $3^2.5(1)$	F : f : $\bar{c}$: $\bar{a}$: $\bar{\bar{c}}$: $\bar{\bar{g}}$: $\bar{\bar{a}}$
$2^2. 3^2.5(1)$	F : f : $\bar{c}$: $\bar{f}$: $\bar{a}$: $\bar{\bar{c}}$: $\bar{\bar{g}}$. $\bar{\bar{a}}$: $\bar{\bar{c}}$
$2^3. 3^2.5(1)$	F : f : $\bar{c}$: $\bar{f}$: $\bar{a}$: $\bar{\bar{c}}$: $\bar{\bar{f}}$: $\bar{\bar{g}}$: $\bar{\bar{a}}$: $\bar{\bar{c}}$
	Si F $=$ 2.
$3^2.5(1)$	c : a : $\bar{\bar{g}}$: $\bar{\bar{c}}$
2. $3^2.5(1)$	F : c : a : $\bar{c}$: $\bar{g}$: $\bar{\bar{a}}$: $\bar{\bar{e}}$. $\bar{\bar{g}}$
$2^2. 3^2.5(1)$	F : c : f : a : $\bar{c}$: $\bar{g}$: $\bar{a}$: $\bar{\bar{c}}$. $\bar{\bar{e}}$: $\bar{\bar{g}}$: $\bar{\bar{a}}$
$2^3. 3^2.5(1)$	F : c : f : a : $\bar{c}$: $\bar{f}$: $\bar{g}$: $\bar{a}$: $\bar{\bar{c}}$: $\bar{\bar{e}}$: $\bar{\bar{g}}$: $\bar{\bar{a}}$: $\bar{\bar{c}}$
	Si F $=$ 4.
$3^2.5(1)$	C : A : g : $\bar{e}$: $\flat$
2. $3^2.5(1)$	C : A : c : g : a : $\bar{e}$: $\bar{g}$: $\bar{e}$: $\flat$
$2^2. 3^2.5(1)$	C : F : A : c : g : a : $\bar{c}$: $\bar{e}$: $\bar{g}$: $\bar{a}$: $\bar{e}$: $\bar{g}$: $\flat$
$2^3. 3^2.5(1)$	C : F : A : c : f : g : a : $\bar{c}$: $\bar{e}$: $\bar{g}$: $\bar{a}$: $\bar{c}$: $\bar{e}$: $\bar{g}$: $\bar{a}$: $\flat$
	Si F $=$ 8.
2. $3^2.5(1)$	C : G : A : e : g : $\bar{e}$: $\flat$: $\flat$
$2^2. 3^2.5(1)$	C : G : A : c : e : g : a . $\bar{e}$: $\bar{g}$: $\flat$: $\bar{e}$: $\flat$
$2^3. 3^2.5(1)$	C : F : G . A : c : e : g : a : $\bar{c}$. $\bar{e}$. $\bar{g}$: $\bar{a}$: $\flat$: $\bar{e}$: $\bar{g}$: $\flat$
	Si F $=$ 16.
$2^2. 3^2.5(1)$	C : E : G : A : e : g : b : $\bar{e}$: $\flat$: $\flat$
$2^3. 3^2.5(1)$	C : E : G : A : c : e : g : a : b : $\bar{e}$: $\bar{g}$: $\flat$: $\bar{e}$: $\flat$
	Si F $=$ 32.
$2^3. 3^2.5(1)$	C : E : G : A : H : e : g : b : $\bar{e}$: $\flat$: $\flat$

For-

Variat.	Formae.
$2^n.\ 3^2\ 5(3)$	Si F = 4.
Species.	
$3^2.5(3)$	C : g : $\bar{e}$: $\bar{d}$: ♭
$2.\ 3^2.5(3)$	C : c : g : $\bar{e}$: $\bar{g}$: $\bar{d}$: $\bar{e}$: ♭
$2^2.\ 3^2.5(3)$	C : c : g : $\bar{c}$: $\bar{e}$: $\bar{g}$: $\bar{d}$: $\bar{e}$: $\bar{g}$: ♭
$2^3.\ 3^2.5(3)$	C : c : g : $\bar{c}$: $\bar{e}$: $\bar{g}$: $\bar{c}$: $\bar{d}$: $\bar{e}$: $\bar{g}$: ♭
	Si F = 8.
$3^2.5(3)$	G : e : $\bar{d}$: ♭
$2.\ 3^2 5(3)$	C : G : e : g : $\bar{d}$: $\bar{e}$: ♭ : $\bar{d}$: ♭
$2^2.\ 3^2.5(3)$	C : G : c : e : g : $\bar{d}$: $\bar{e}$: $\bar{g}$: ♭ : $\bar{d}$: $\bar{e}$: ♭
$2^3.\ 3^2.5(3)$	C : G : c : e : g : $\bar{c}$: $\bar{d}$: $\bar{e}$: $\bar{g}$: ♭ : $\bar{d}$: $\bar{e}$: $\bar{g}$: ♭
	Si F = 16.
$3^2.5(3)$	E : d : b : $\bar{Js}$
$2.\ 3^2.5(3)$	E : G : d : e : b : $\bar{d}$: ♭ : $\bar{Js}$
$2^2.\ 3^2.5(3)$	C : E : G : d : e : g : b : $\bar{d}$: $\bar{e}$: ♭ : $\bar{d}$: $\bar{Js}$: ♭
$2^3.\ 3^2.5(3)$	C : E : G : c : d : e : g : b : $\bar{d}$: $\bar{e}$: $\bar{g}$: ♭ : $\bar{d}$: $\bar{e}$: $\bar{Js}$: ♭
	Si F = 32.
$2.\ 3^2.5(3)$	D : E : H : d : b : $\bar{Js}$: $\bar{Js}$
$2^2.\ 3^2.5(3)$	D : E : G : H : d : e : b : $\bar{d}$: $\bar{Js}$: ♭ : $\bar{Js}$
$2^2.\ 3^2.5(3)$	C : D : E : G : H : d : e : g : b : $\bar{d}$: $\bar{e}$: $\bar{Js}$: ♭ : $\bar{d}$: $\bar{Js}$: ♭
	Si F = 64.
$2^2.\ 3^2.5(3)$	D : E : H : d : fs : b : $\bar{Js}$: $\bar{Js}$
$2^3.\ 3^2.5(3)$	D : E : G : H : d : e : fs : b : $\bar{d}$: $\bar{Js}$: ♭ : $\bar{Js}$
	Si F = 128.
$2^3.\ 3^2.5(3)$	D : E : Fs : H : d : fs : b : $\bar{Js}$: $\bar{Js}$

Variet. $2^n.3^2.5(5)$ *Species.*	*Formae.*
	Si F = 4.
$3^2.5(5)$	A $: \bar{e} : \bar{c}s : \flat$
$2.\ 3^2.5(5)$	A $: a : \bar{e} : \bar{c}s : \bar{e} : \flat$
$2^2.3^2.5(5)$	A $: a : \bar{e} : \bar{a} : \bar{c}s : \bar{e} : \flat$
$2^3.3^2.5(5)$	A $: a : \bar{e} : \bar{a} : \bar{c}s : \bar{e} : \bar{a} : \flat$
	Si F = 8.
$3^2.5(5)$	$e : \bar{c}s : \flat : \bar{\bar{g}}s$
$2.\ 3^2.5(5)$	A $: e : \bar{c}s : \bar{e} : \flat : \bar{c}s : \bar{\bar{g}}s : \flat$
$2^2.3^2.5(5)$	A $: e : a : \bar{c}s : \bar{e} : \flat : \bar{c}s : \bar{e} : \bar{\bar{g}}s : \flat$
$2^3.3^2.5(5)$	A $: e : a : \bar{c}s : \bar{e} : \bar{a} : \flat : \bar{c}s : \bar{e} : \bar{\bar{g}}s : \flat$
	Si F = 16.
$3^2.5(5)$	E $: cs : e : h : \bar{\bar{g}}s$
$2.\ 3^2.5(5)$	E $: cs : e : h : \bar{c}s : \bar{\bar{g}}s : \flat : \bar{\bar{g}}s$
$2^2.3^2.5(5)$	E : A $: cs : e : h : \bar{c}s : \bar{e} : \bar{\bar{g}}s : \flat : \bar{c}s : \bar{\bar{g}}s : \flat$
$2^3.3^2.5(5)$	E : A $: cs : e . a : h : \bar{c}s : \bar{e} . \bar{\bar{g}}s : \flat : \bar{c}s : \bar{e} : \bar{\bar{g}}s : \flat$
	Si F = 32.
$3^2.5(5)$	Cs : H $: gs : \bar{d}s$
$2.\ 3^2.5(5)$	Cs : E : H $: cs : gs : h : \bar{\bar{g}}s : \bar{d}s$
$2^2.3^2.5(5)$	Cs : E : H $: cs : e : gs : h : \bar{c}s : \bar{\bar{g}}s : \flat : \bar{d}s : \bar{\bar{g}}s$
$2^3.3^2.5(5)$	Cs : E : H $: cs : e : gs : h : \bar{c}s : \bar{e} : \bar{\bar{g}}s : \flat : \bar{c}s : \bar{d}s : \bar{\bar{g}}s : \flat$
	Si F = 64.
$2.\ 3^2.5(5)$	Cs : Gs : H $: gs : \bar{d}s : \bar{d}s$
$2^2.3^2.5(5)$	Cs : E : Gs : H $: cs : gs : h : \bar{d}s : \bar{\bar{g}}s : \bar{d}s$
$2^3.3^2.5(5)$	Cs : E : Gs : H $: cs : e : gs . h : \bar{c}s : \bar{d}s : \bar{\bar{g}}s : \flat : \bar{d}s : \bar{\bar{g}}s$
	Si F = 128.
$2^2.3^2.5(5)$	Cs : Gs : H $: ds : gs : \bar{d}s : \bar{d}s$
$2^3.3^2.5(5)$	Cs : E : Gs : H $: cs : ds : gs : h : \bar{d}s : \bar{\bar{g}}s : \bar{d}s$
	Si F = 256.
$2^3.3^2.5(5)$	Cs : Ds : Gs : H $: ds : gs : \bar{d}s : \bar{\bar{g}}s$

Variat.	Formae.
$2^n \cdot 3^2 \cdot 5 (3 \cdot 5)$	**Formae.**
Species.	Si F = 16.
$3^2 \cdot 5 (3 \cdot 5)$	E : ♭ : $\bar{g}$s : Js
$2 \cdot 3^2 \cdot 5 (3 \cdot 5)$	E : e : ♭ : $\bar{g}$s : ♭ : Js : $\bar{g}$s
$2^2 \cdot 3^2 \cdot 5 (3 \cdot 5)$	E : e : ♭ : $\bar{e}$: $\bar{g}$s : ♭ : Js : $\bar{g}$s : ♭
$2^3 \cdot 3^2 \cdot 5 (3 \cdot 5)$	E : e : ♭ : $\bar{e}$: $\bar{g}$s : ♭ : $\bar{e}$: Js : $\bar{g}$s : ♭
	Si F = 32.
$3^2 \cdot 5 (3 \cdot 5)$	H : gs : Js : ♯ds
$2 \cdot 3^2 \cdot 5 (3 \cdot 5)$	E : H : gs : ♭ : Js : $\bar{g}$s : ♯ds : Js
$2^2 \cdot 3^2 \cdot 5 (3 \cdot 5)$	E : H : e : gs : ♭ : Js : $\bar{g}$s : ♭ : ♯ds : Js : $\bar{g}$s
$2^3 \cdot 3^2 \cdot 5 (3 \cdot 5)$	E : H : e : gs : ♭ : $\bar{e}$: Js : $\bar{g}$s : ♭ : ♯ds : Js : $\bar{g}$s : ♭
	Si F = 64.
$3^2 \cdot 5 (3 \cdot 5)$	Gs : fs : ♯ds : ♭
$2 \cdot 3^2 \cdot 5 (3 \cdot 5)$	Gs : H : fs : gs : ♯ds : Js : ♯ds : ♭
$2^2 \cdot 3^2 \cdot 5 (3 \cdot 5)$	E : Gs : H : fs : gs : ♭ : ♯ds : Js : $\bar{g}$s : ♯ds : Js : ♭
$2^3 \cdot 3^2 \cdot 5 (3 \cdot 5)$	E : Gs : H : e : fs : gs : ♭ : ♯ds : Js : $\bar{g}$s : ♭ : ♯ds : Js : $\bar{g}$s : ♭
	Si F = 128.
$2 \cdot 3^2 \cdot 5 (3 \cdot 5)$	Fs : Gs : ♯ds : fs : ♯ds : ♭ : ♭
$2^2 \cdot 3^2 \cdot 5 (3 \cdot 5)$	Fs : Gs : H : ♯ds : fs : gs : ♯ds : Js : ♭ : ♯ds : ♭
$2^3 \cdot 3^2 \cdot 5 (3 \cdot 5)$	E : Fs : Gs : H : ♯ds : fs : gs : ♭ : ♯ds : Js : $\bar{g}$s : ♭ : ♯ds : Js : ♭
	Si F = 256.
$2^2 \cdot 3^2 \cdot 5 (3 \cdot 5)$	Ds : Fs : Gs : ♯ds : fs : ♭ : ♯ds : ♭ : ♭
$2^3 \cdot 3^2 \cdot 5 (3 \cdot 5)$	Ds : Fs : Gs : H : ♯ds : fs : gs : ♭ : ♯ds : Js : ♭ : ♯ds : ♭
	Si F = 512.
$2 \cdot 3^2 \cdot 5 \cdot (3 \cdot 5)$	Ds : Fs : Gs : B : ♯ds : fs : ♭ : ♯ds : ♭ : ♭

Variat.

et omnes soni vna octaua acutiores accipiantur; vel quod perinde est, sumatur forma consonantiae E(i) pro systemate $F = 2^{n-1}$.

§. 13. Simili modo si consonantia exprimenda fuerit E($4i$) et $F = 2^n$; tum sumatur ex tabula vel consonantia E(i) pro $F = 2^n$, et singuli soni duabus octauis acutiores capiantur, vel quaesito etiam satisfiet sumendo consonantiam E(i) pro systemate $F = 2^{n-2}$. Pariter etiam consonantia E($2^m i$) ope tabulae exhiberi poterit pro casu $F = 2^n$; sumendo ex tabula consonantiam E(i) pro casu $F = 2^{n-m}$; vel si iste casus $F = 2^{n-m}$ in tabula non reperiatur, tum sumatur consonantia E(i) pro systemate $F = 2^n$ et singuli soni m octauis acutiores capiantur.

§. 14. Quoties ergo consonantia exprimenda ocurrit, cuius index est numerus par, tum index per tantam binarii potestatem diuidatur, quoad quotus prodeat impar, deinde valor ipsius F in systemate assumto per eandem potestatem binarii diuidatur, atque pro isto systemate consonantia cum indice impari quoto scilicet ex priore orto exprimatur: sic si pro systemate in quo est $F = 32$ requiratur ista consonantia 2^3. 3. 5 (12), diuido 12 et 32 per 4 et quotos 3 et 8 loco illorum numerorum substituo, ita vt consonantia desiderata sit proditura, si sub valore $F = 8$ quaeratur consonantia 2^3. 3. 5 (3), quae erit ex tabula C: G : c : e : g : $\bar{c}$: $\bar{e}$: $\bar{g}$: $\bar{\bar{e}}$: $\bar{\bar{g}}$: $\flat$.

§. 15. Sin autem in tabula exponenti consonantiae cum indice tantus valor ipsius F non respondeat, quantus habetur in systemate, in quo compositio suscipitur, tum

etiam

etiam ista confonantia omnino exprimi nequit ob fonos nimis graues in inftrumentis non obuios. Quo vero fimilis faltem confonantia tamen exprimi poffit, oportet indicem vel per 2 vel aliam binarii poteftatem multiplicare, donec valor ipfius F ex fyftemate affumto per illam binari poteftatem diuifus in tabula reperiatur. Vt fi $F = 64$, confonantia 2^5. 3. 5 (1) fonis confuetis exprimi nequit, hanc ob caufam fubftitui poterit confonantia 2^3. 3. 5 (4) quae congruet cum confonantia 2^5. 3. 5 (1) fyftema $F = 16$ relata, quaeque erit $C : E : A : c : e : a : \bar{e} : \bar{e}$.

§. 16. His de formatione confonantiarum expofitis ad ipfam componendi rationem in dato fyftemate erit progrediendum. Quemadmodum autem exponens fyftematis omnes fonos fimplices determinat, qui in eo fyftemate locum inueniunt, ita etiam ifte ipfe exponens omnes confonantias ad fyftema pertinentes definit. Aliae enim confonantiae ocurrere non poffunt, nifi quarum exponentes per fuos indices multiplicati in exponente fyftematis fint contenti, feu qui fint huius exponentis fyftematis diuifores; unde facile erit omnes confonantias, quae in dato fyftemate locum habent, affignare.

§. 7. Ante omnia autem definiendum eft utrum vnico confonantiarum genere an diverfis uti conueniat, quo facilius omnes confonantiae in fyftemate propofito locum inuenientes enumerari queant. Habentur vero fequentia decem confonantiarum genera.

I.	2^n		VI.	$2^n . 5^2$	
II.	$2^n . 3$		VII.	$2^n . 3^3$	
III.	$2^n . 5$		VIII.	$2^n . 3^3 . 5$	
IV.	$2^n . 3^2$		IX.	$2^n . 3 . 5^2$	
V.	$2^n . 3 . 5$		X.	$2^n . 3^3 . 5$	

excluduntur enim duo reliqua confonantiarum genera fcilicet $2^n . 3^2 . 5^2$ et $2^n . 3^3 . 5^2$, cum ea nullas praebeant confonautias, quae duodecimum gradum non transgrediantur.

§. 18. Vno igitur vel pluribus horum generum electis inquirendum eft, quot eorum fpecies quotque variationes in exponente fyftematis contineantur. Species autem cuiusque generis determinantur potentia definita loco indefinitae 2^n fubftituenda: variationes vero per indices cum exponentibus coniunctos determinantur. Enumeratio igitur ita inftituetur, vt primo exponens fyftematis per exponentes fingularum fpecierum confonantiarum diuidatur, quotorumque omnes diuifores quaerantur; deinde hi diuifores fucceffiue pro indicibus fubftituantur.

§. 19 Solent autem mufici in plurium vocum concentibus potiffimum genere quinto, cuius exponens eft $2^n . 3 . 5$ vti, quippe in quo non folum omnes triades harmonicae, fed etiam plures diffonantiae ita dictae continentur. Praeter has vero diffonantias etiam faepiffime confonantias ex generibus IV; VIII et X tanquam diffonantias ufurpant, vix autem unquam genera VI, VII et IX adhibent. Genera vero fimpliciora fcilicet I, II et III ipfis tantum in biciniis vel triciniis inferuiunt, cum reliqua his

casicafibus plerumque fiant inepta ob nimis magnum fonorum numerum , qui in confonantias neceffario ingrediuntur.

§. 20. Quo rem exemplo illuftremus fit nobis propofitum fyftema, cuius exponens eft 2^5. 3^3. 5 et $F = 8$: in hoc ergo exponente fequentes confonantiarum generis quinti fpecies et variationes continentur.

$3 \cdot 5 (1)$	$3 \cdot 5 (3)$	$3 \cdot 5 (3^2)$
$3 \cdot 5 (2)$	$3 \cdot 5 (2 \cdot 3)$	$3 \cdot 5 (2 \cdot 3^2)$
$3 \cdot 5 (2^2)$	$3 \cdot 5 (2^2 \cdot 3)$	$3 \cdot 5 (2^2 3^2)$
$3 \cdot 5 (2^3)$	$3 \cdot 5 (2^3 \cdot 3)$	$3 \cdot 5 (2^3 3^2)$
$3 \cdot 5 (2^4)$	$3 \cdot 5 (2^4 \cdot 3)$	$3 \cdot 5 (2^4 3^2)$
$3 \cdot 5 (2^5)$	$3 \cdot 5 (2^5 \cdot 3)$	$3 \cdot 5 (2^5 \cdot 3^2)$
$2 \cdot 3 \cdot 5 (1)$	$2 \cdot 3 \cdot 5 (3)$	$2 \cdot 3 \cdot 5 (3^2)$
$2 \cdot 3 \cdot 5 (2)$	$2 \cdot 3 \cdot 5 (2 \cdot 3)$	$2 \cdot 3 \, 5 (2 \cdot 3^2)$
$2 \cdot 3 \cdot 5 (2^2)$	$2 \cdot 3 \, 5 (2^2 \cdot 3)$	$2 \, 3 \cdot 5 (2^2 \cdot 3^2)$
$2 \cdot 3 \cdot 5 (2^3)$	$2 \cdot 3 \cdot 5 (2^3 \cdot 3)$	$2 \cdot 3 \cdot 5 (2^3 \cdot 3^2)$
$2 \cdot 3 \cdot 5 (2^4)$	$2 \cdot 3 \cdot 5 (2^4 \cdot 3)$	$2 \cdot 3 \cdot 5 \cdot (2^4 \cdot 3^2)$
$2^2 \cdot 3 \cdot 5 (1)$	$2^2 \cdot 3 \cdot 5 (3)$	$2^2 \cdot 3 \cdot 5 (3^2)$
$2^2 \cdot 3 \cdot 5 (2)$	$2^2 \cdot 3 \cdot 5 (2 \cdot 3)$	$2^2 \cdot 3 \cdot 5 (2 \, 3^2)$
$2^2 \cdot 3 \cdot 5 (2^2)$	$2^2 \cdot 3 \cdot 5 (2^2 \cdot 3)$	$2^2 \cdot 3 \cdot 5 (2^2 \cdot 3^2)$
$2^2 \cdot 3 \cdot 5 (2^3)$	$2^2 \cdot 3 \, 5 (2^3 \cdot 3)$	$2^2 \cdot 3 \cdot 5 (2^3 \cdot 3^2)$
$2^3 \cdot 3 \cdot 5 (1)$	$2^3 \cdot 3 \cdot 5 (3)$	$2^3 \cdot 3 \cdot 5 (3^2)$
$2^3 \cdot 3 \cdot 5 (2)$	$2^3 \cdot 3 \cdot 5 (2 \cdot 3)$	$2^3 \cdot 3 \, 5 (2 \, 3^2)$
$2^3 \cdot 3 \cdot 5 (2^2)$	$2^3 \cdot 3 \cdot 5 (2^2 \cdot 3)$	$2^3 \cdot 3 \, 5 (2^2 \, 3^2)$
$2^4 \, 3 \cdot 5 (1)$	$2^4 \cdot 3 \cdot 5 (3)$	$2^4 \cdot 3 \cdot 5 (3^2)$
$2^4 \cdot 3 \cdot 5 (2)$	$2^4 \cdot 3 \, 5 (2 \, 3)$	$2^4 \cdot 3 \cdot 5 (2 \cdot 3^2)$
$2^5 \cdot 3 \cdot 5 (1)$	$2^5 \cdot 3 \cdot 5 (3)$	$2^5 \cdot 3 \cdot 5 \; 3^2)$

Tr. de Muf.   **Hh**

§. 21. Ex genere autem quarto sequentes in hoc systemate habebuntur consonantiae, quae a musicis tanquam dissonantiae vsurpari possunt.

$3^2(1)$	$3^2(3)$	$3^2(5)$	$3^2(3.5)$
$3^2(2)$	$3^2(2.3)$	$3^2(2.5)$	$3^2(2.3.5)$
$3^2(2^2)$	$3^2(2^2.3)$	$3^2(2^2.5)$	$3^2(2^2.3.5)$
$3^2(2^3)$	$3^2(2^3.3)$	$3^2(2^3.5)$	$3^2(2^3.3.5)$
$3^2(2^4)$	$3^2(2^4.3)$	$3^2(2^4.5)$	$3^2(2^4.3.5)$
$3^2(2^5)$	$3^2(2^5.3)$	$3^2(2^5.5)$	$3^2(2^5.3.5)$
$2.3^2(1)$	$2.3^2(3)$	$2.3^2(5)$	$2.3^2(2.5)$
$2.3^2(2)$	$2.3^2(2.3)$	$2.3^2(2.5)$	$2.3^2(2.3.5)$
$2.3^2(2^2)$	$2.3^2(2^2.3)$	$2.3^2(2^2.5)$	$2.3^2(2^2.3.5)$
$2.3^2(2^3)$	$2.3^2(2^3.3)$	$2.3^2(2^3.5)$	$2.3^2(2^3.3.5)$
$2.3^2(2^4)$	$2.3^2(2^4.3)$	$2.3^2(2^4.5)$	$2.3^2(2^4.3.5)$
$2^2.3^2(1)$	$2^2.3^2(3)$	$2^2.3^2(5)$	$2^2.3^2(3.5)$
$2^2.3^2(2)$	$2^2.3^2(2.3)$	$2^2.3^2(2.5)$	$2^2.3^2(2.3.5)$
$2^2.3^2(2^2)$	$2^2.3^2(2^2.3)$	$2^2.3^2(2^2.5)$	$2^2.3^2(2^2.3.5)$
$2^2.3^2(2^3)$	$2^2.3^2(2^3.3)$	$2^2.3^2(2^3.5)$	$2^3.3^2(3.5)$
$2^3.3^2(1)$	$2^3.3^2(3)$	$2^4.3^2(5)$	$2^3.3^2(2.3.5)$
$2^3.3^2(2)$	$2^3.3^2(2.3)$	$2^3.3^2(2.5)$	$2^3.3^2(2^2.3.5)$
$2^5.3^2(2^2)$	$2^3.3^2(2^2 3)$	$2^3.3^2(2^2.5)$	$2^4.3^2(3.5)$
$2^4.3^2(1)$	$2^4.3^2(3)$	$2^4.3^2(5)$	$2^4.3^2(2.3.5)$
$2^4.3^2(2)$	$2^4.3^2(2.3)$	$2^4.3^2(2.5)$	$2^5.3^2(3.5)$
$2^5.3^2(1)$	$2^5.3^2(3)$	$2^5.3^2(5)$	$2^5.3^2(3.5)$

§. 22.

§. 22. **Ex** generibus porro VII , VIII et X sequentes habebuntur consonantiae.

$3^3(1)$	$3^3(5)$	$3^2.5(1)$	$2.3^2.5(3)$
$3^3(2)$	$3^3(2.5)$	$3^2.5(2)$	$2.3^2.5(2.3)$
$3^3(2^2)$	$3^3(2^2.5)$	$3^2.5(2^2)$	$2.3^2.5(2^2.3)$
$3^3(2^3)$	$3^3(2^3.5)$	$3^2.5(2^3)$	$2.3^2.5(2^3.3)$
$3^3(2^4)$	$3^3(2^4.5)$	$3^2.5(2^4)$	$2.3^2.5(2^4.3)$
$3^3(2^5)$	$3^3(2^5.5)$	$3^2.5(2^5)$	$2^2.3^2.5(2)$
$2.3^3(1)$	$2.3^3(5)$	$2.3^2.5(1)$	$2^2.3^2.5(2.3)$
$2.3^3(2)$	$2.3^3(2.5)$	$2.3^2.5(2)$	$2^2.3^2.5(2^2.3)$
$2.3^3(2^2)$	$2.3^3(2^2.5)$	$2.3^2.5(2^2)$	$2^2.3^2.5(2^3.3)$
$2.3^3(2^3)$	$2.3^3(2^3.5)$	$2.3^2.5(2^3)$	$2^3.3^2.5(3)$
$2.3^3(2^4)$	$2.3^3(2^4.5)$	$2.3^2.5(2^4)$	$2^3.3^2.5(2.3)$
$2^2.3^3(1)$	$2^2.3^3(5)$	$2^2.3^2.5(1)$	$2^3.3^2.5(2^2.3)$
$2^2.3^3(2)$	$2^2.3^3(2.5)$	$2^2.3^2.5(2)$	
$2^2.3^3(2^2)$	$2^2.3^3(2^2.5)$	$2^2.3^2.5(2^2)$	$3^3.5(1)$
$2^2.3^3(2^3)$	$2^2.3^3(2^3.5)$	$2^2.3^2.5(2^3)$	$3^3.5(2)$
$2^3.3^3(1)$	$2^3.3^3(5)$	$2^3.3^2.5(1)$	$3^3.5(2^2)$
$2^3.3^3(2)$	$2^3.3^3(2.5)$	$2^3.3^2.5(2)$	$3^3.5(2^3)$
$2^3.3^3(2^2)$	$2^3.3^3(2^2.5)$	$2^3.3^2.5(2^2)$	$3^3.5(2^4)$
$2^4.3^3(1)$	$2^4.3^3(5)$		$3^3.5(2^5)$
$2^4.3^3(2)$	$2^4.3^3(2.5)$	$3^2.5(3)$	$2.3^3.5(1)$
$2^5.3^3(1)$	$2^5.3^3(5)$	$3^2.5(2.3)$	$2.3^3.5(2)$
		$3^2.5(2^2.3)$	$2.3^3.5(2^2)$
		$3^2.5(2^3.3)$	$2.3^3.5(2^3)$
		$3^2.5(2^4.3)$	$2.3^3.5(2^4)$
		$3^2.5(2^5.3)$	

§. 23. Si nunc hæ consonantiae pro valore F=8, quot quidem exprimi possunt ex tabula consonantiarum desumantur, prodibit sequens tam consonantiarum quam dissonantiarum copia.

$3 \cdot 5\,(2)$ — C:A:$\bar{e}$

$3 \cdot 5\,(2^2)$ — c:a:$\bar{e}$

$3 \cdot 5\,(2^3)$ — F:$\bar{c}$:$\bar{a}$

$3 \cdot 5\,(2^4)$ — f:$\bar{c}$:$\bar{a}$

$2 \cdot 3 \cdot 5\,(1)$ — C:A:e:$\bar{e}$

$2 \cdot 3 \cdot 5\,(2)$ — C:A:c:a:$\bar{e}$:$\bar{e}$

$2 \cdot 3 \cdot 5\,(2^2)$ — F:c:a:$\bar{c}$:$\bar{a}$:$\bar{e}$

$2 \cdot 3 \cdot 5\,(2^3)$ — F:f:$\bar{c}$:$\bar{a}$:$\bar{c}$:$\bar{a}$

$2 \cdot 3 \cdot 5\,(2^4)$ — f:$\bar{f}$:$\bar{c}$:$\bar{a}$

$2^2 \cdot 3 \cdot 5\,(1)$ — C:A:e:e:a:$\bar{e}$:$\bar{e}$

$2^2 \cdot 3 \cdot 5\,(2)$ — G:F:A:c:a:$\bar{c}$:$\bar{e}$:$\bar{a}$:$\bar{e}$

$2^2 \cdot 3 \cdot 5\,(2^2)$ — F:c:f:a:$\bar{c}$:$\bar{a}$:$\bar{c}$:$\bar{e}$:$\bar{a}$

$2^2 \cdot 3 \cdot 5\,(2^3)$ — F:f:$\bar{c}$:$\bar{f}$:$\bar{a}$:$\bar{c}$:$\bar{a}$

$2^3 \cdot 3 \cdot 5\,(1)$ — C:F:A:e:e:a:$\bar{c}$:$\bar{e}$:$\bar{a}$:$\bar{e}$

$2^3 \cdot 3 \cdot 5\,(2)$ — C:F:A:c:f:a:$\bar{c}$:$\bar{e}$:$\bar{a}$:$\bar{c}$:$\bar{e}$:$\bar{a}$

$2^3 \cdot 3 \cdot 5\,(2^2)$ — F:c:f:a:$\bar{c}$:$\bar{f}$:$\bar{a}$:$\bar{c}$:$\bar{e}$:$\bar{a}$:$\bar{c}$

$2^4 \cdot 3 \cdot 5\,(1)$ — C:F:A:c:e:f:a:$\bar{c}$:$\bar{e}$:$\bar{a}$:$\bar{c}$:$\bar{e}$:$\bar{a}$

$2^4 \cdot 3 \cdot 5\,(2)$ — C:F:A:c:f:a:$\bar{c}$:$\bar{e}$:$\bar{f}$:$\bar{a}$:$\bar{c}$:$\bar{e}$:$\bar{a}$:$\bar{e}$

$2^5 \cdot 3 \cdot 5\,(1)$ — C:F:A:c:e:f:a:$\bar{c}$:$\bar{e}$:$\bar{f}$:$\bar{a}$:$\bar{c}$:$\bar{e}$:$\bar{a}$:$\bar{c}$

$3 \cdot 5\,(3)$ — G:e:$\flat$

$3 \cdot 5\,(2 \cdot 3)$ — C:g:$\bar{e}$:$\flat$

$3 \cdot 5\,(2^2 \cdot 3)$ — c:$\bar{g}$:$\bar{e}$

$2 \cdot 3 \cdot 5\,(3)$ — C:G:e:g:$\bar{e}$:$\flat$:$\flat$

2. 3.

$1 . 3 . 5 (2 . 3)$	$C : c : g : \bar{e} : \bar{g} : \bar{\bar{e}} : \natural$
$1 . 3 . 5 (2^2 . 3)$	$. . \bar{c} : \bar{g} : \bar{\bar{e}} : \bar{\bar{g}}$
$1^2 . 3 . 5 (3)$	$C : G : c : e : g : \bar{e} : \bar{g} : \natural : \bar{\bar{e}} : \natural$
$1^2 . 3 . 5 (2 . 3)$	$C : c : g : \bar{c} : \bar{e} : \bar{g} : \bar{\bar{e}} : \bar{\bar{g}} : \natural$
$1^2 . 3 . 5 (2^2 . 3)$	$c : \bar{c} : \bar{g} : \bar{\bar{e}} : \bar{\bar{g}}$
$2^3 . 3 . 5 (3)$	$C : G : c : e : g : \bar{c} : \bar{e} : \bar{g} : \natural : \bar{\bar{e}} : \bar{\bar{g}} : \natural$
$1^3 . 3 . 5 (2 . 3)$	$C : c : g : \bar{c} : \bar{e} : \bar{g} : \bar{\bar{c}} : \bar{\bar{e}} : \bar{\bar{g}} : \natural$
$1^4 . 3 . 5 (3)$	$C : G : c : e : g : \bar{c} : \bar{e} : \bar{g} : \natural : \bar{\bar{c}} : \bar{\bar{e}} : \bar{\bar{g}} : \natural$

$3 . 5 (3^2)$	$G : \bar{d} : \natural$
$3 . 5 (2 . 3^2)$	$g : \bar{d} : \natural$
$1 . 3 . 5 (3^2)$	$G : g : \bar{d} : \natural : \bar{\bar{d}} : \natural$
$1 . 3 . 5 (2 . 3^2)$	$g : \bar{g} : \bar{d} : \natural$
$2^2 . 3 . 5 (3^2)$	$G : g : \bar{d} : \bar{g} : \natural : \bar{\bar{d}} : \natural$
$2^2 . 3 . 5 (2 . 3^2)$	$g : \bar{g} : \bar{d} : \bar{\bar{g}} : \natural$
$2^3 . 3 . 5 (3^2)$	$G : g : \bar{d} : \bar{g} : \natural : \bar{\bar{d}} : \bar{\bar{g}} : \natural$

$3^2 (2^3)$	$F : \bar{c} : \bar{\bar{g}}$
$1 . 3^2 (2^2)$	$F : c : \bar{c} : \bar{g} : \bar{\bar{g}}$
$1 . 3^2 (2^3)$	$F : f : \bar{c} : \bar{\bar{c}} : \bar{\bar{g}}$
$2^2 . 3^2 (2)$	$C : F : c : g : \bar{c} : \bar{g} : \bar{\bar{g}}$
$2^2 . 3^2 (2^2)$	$F : c : f : \bar{c} : \bar{g} : \bar{\bar{c}} : \bar{\bar{g}}$
$2^2 . 3^2 (2^3)$	$F : f : \bar{c} : \bar{f} : \bar{\bar{c}} : \bar{\bar{g}} : \bar{\bar{c}}$
$2^3 . 3^2 (1)$	$C \cdot F : G : c : g : \bar{c} : \bar{g} : \bar{\bar{g}}$
$1^3 . 3^2 (2)$	$C : F : c : f : g : \bar{c} : \bar{g} : \bar{\bar{c}} : \bar{\bar{g}}$
$2^3 . 3^2 (2^2)$	$F : c : f : \bar{c} : \bar{f} : \bar{g} : \bar{\bar{c}} : \bar{\bar{g}} : \bar{\bar{c}}$
$2^4 . 3^2 (1)$	$C : F : G : c : f : g : \bar{c} : \bar{g} : \bar{\bar{c}} : \bar{\bar{g}}$
$1^4 . 3^2 (2)$	$C : F : c : f : g : \bar{c} : \bar{f} : \bar{g} : \bar{\bar{c}} : \bar{\bar{g}} : \bar{\bar{c}}$
$1^5 . 3^2 (1)$	$C : F : G : c : f : g : \bar{c} : \bar{f} : \bar{g} : \bar{\bar{c}} : \bar{\bar{g}} : \bar{\bar{c}}$

$3^2(2.3)$	C : g : ď
$2.3^2(3)$	C : G : g : ď : ď
$2.3^2(2.3)$	C : c : g : ḡ : ď
$2^2.3^2(3)$	C : G : c : g : ď : ḡ : ď
$2^2.3^2(2.3)$	C : c : g : ē : ḡ : ď : ḡ
$2^3.3^2(3)$	C : G : c : gc̄ : ď : ḡ : ď : ḡ̄
$2^3.3^2(2.3)$	C : c : g : c̄ : ḡ : c̄ : ď : ḡ
$2^4.3^2(3)$	C : G : c : gc̄ : ď : ḡ : c̄ : ď : ḡ̄

$3^2(2.5)$	A : ē : ♭
$2.3^2(5)$	A : e : ē : ♭ : ♭
$2.3^2(2.5)$	A : a : ē : ē : ♭
$2^2.3^2(5)$	A : e : a : ē : ♭ : ē̄ : ♭
$2^2.3^2(2.5)$	A : a : ē : ā : ē̄ : ♭
$2^3.3^2(5)$	A : e : a : ē : ā : ♭ : ē̄ : ♭
$2^3.3^2(2.5)$	A : a : ē : ā : ē̄ : ā : ♭
$2^4.3^2(5)$	A : e : a : ē : ā : ♭ : ē̄ : ā : ♭

$2^2.3^3(2)$	C : F : c : g : c̄ : ḡ : ď : ḡ̄
$2^3.3^3(1)$	C : F : G : c : g : c̄ : ď : ḡ : ď : ḡ̄
$2^3.3^3(2)$	C : F : c : f : g : c̄ : ḡ : c̄ : ď . ḡ̄
$2^4.3^3(1)$	C : F : G : c : f : g : c̄ : ď : ḡ : c̄ : ď : ḡ̄
$2^4.3^3(2)$	C : F : c : f : g : c̄ : ſ : ḡ̄ : c̄ : ď : ḡ̄ : c̄̄
$2^5.3^3(1)$	C : F : G : c : f : g : c : ď : ſ : ḡ̄ : c̄ : ď : ḡ̄ : c̄̄

$3^2 . 5 (2)$	$C : A : g : \bar{e} : \flat$
$3^2 . 5 (2^2)$	$c : a : \bar{g} : \bar{e}$
$3^2 . 5 (2^3)$	$F : \bar{c} : \bar{a} : \bar{g}$
$2 . 3^2 . 5 (1)$	$C : G : A : e : g : \bar{e} : \flat : \flat$
$2 . 3^2 , 5 (2)$	$C : A : c : g : a : \bar{e} : \bar{g} : \bar{e} : \flat$
$2 . 3^2 . 5 (2^2)$	$F : c : a : : \bar{c} : \bar{g} : \bar{a} : \bar{e} : \bar{g}$
$2 . 3^2 . 5 (2^3)$	$F : f : \bar{c} : \bar{a} : \bar{c} : \bar{g} : \bar{a}$
$2^2 . 3^2 . 5 (1)$	$C : G : A : c : e : g : a : \bar{e} : \bar{g} : \flat : \bar{e} : \flat$
$2^2 . 3^2 . 5 (2)$	$C : F : A : c : g : a : \bar{c} : \bar{e} : \bar{g} : \bar{a} : \bar{e} : \bar{g} : \flat$
$2^2 . 3^2 . 5 (2^2)$	$F : c : f : a \bar{c} : \bar{g} : \bar{a} : \bar{c} : \bar{e} : \bar{g} : \bar{a}$
$2^2 . 3^2 . 5 (2^3)$	$F : f : \bar{c} : \bar{f} : \bar{a} : \bar{c} : \bar{g} : \bar{a} : \bar{c}$
$2^3 . 3^2 . 5 (1)$	$C : F : G : A : c : e : g : a : \bar{c} : \bar{e} : \bar{g} : \bar{a} : \flat \bar{e} : \bar{g} : \flat$
$2^3 . 3^2 . 5 (2)$	$C : F : A : c : f : g : a : \bar{c} : \bar{e} : \bar{g} : \bar{a} . \bar{c} : \bar{e} : \bar{g} : \bar{a} . \flat$
$2^3 . 3^2 . 5 (2^2)$	$F : c : f : a : \bar{c} : \bar{f} : \bar{g} : \bar{a} : \bar{c} : \bar{e} : \bar{g} : \bar{a} : \bar{c}$

$3^2 . 5 (3)$	$G : e : \bar{d} : \flat$
$3^2 . 5 (2 . 3)$	$C : g : \bar{e} \cdot \bar{d} : \flat$
$2 . 3^2 . 5 (3)$	$C : G : e : g : \bar{d} : \bar{e} : \flat : \bar{d} : \flat$
$2 . 3^2 . 5 (2 . 3)$	$C : c : g : \bar{e} : \bar{g} : \bar{d} : \bar{e} : \flat$
$2^2 . 3^2 . 5 (3)$	$C : G : c : e : e : g \; \bar{d} : \bar{e} : \bar{g} : \flat : \bar{d} : \bar{e} : \flat$
$2 . 3^2 . 5 (2 . 3)$	$C : c : g : \bar{c} : \bar{e} : \bar{g} : \bar{d} : \bar{e} : \bar{g} : \flat$
$2^3 . 3^2 . 5 (3)$	$C : G : c : e : g : \bar{c} : \bar{d} : \bar{e} : \bar{g} : \flat : \bar{d} : \bar{e} : \bar{g} : \flat$
$2^3 . 3^2 . 5 (2 . 3)$	$C : c : g : \bar{c} : \bar{e} : \bar{g} : \bar{c} : \bar{d} : \bar{e} : \bar{g} : \flat$

$3^3 . 5 (2)$	$C : A : g : \bar{e} : \bar{d} : \flat$
$2 . 3^3 . 5 (1)$	$C : G : A : e : g : \bar{d} : \bar{e} : \flat : \bar{d} : \flat$
$2 . 3^3 . 5 (2)$	$C : A : c . g : a : \bar{e} : \bar{g} : \bar{d} : \bar{e} : \flat$

§. 24o

§. 24. En igitur ingentem tam confonantiarum quam diffonantiarum, prout quidem mufici loqui folent, copiam, quibus in hoc folo fyftemate vti licet; confonantiarum vero numerus multo adhuc fit maior, fi etiam confonantiae trium priorum generum adhibeantur, quas in hac recenfione omifimus. Ex hoc ergo fumma varietas compofitionum, quae in vnico fyftemate exhiberi poffunt, abunde intelligitur; maior vero etiam varietas locum habebit in fyftematibus magis compofitis, quae fcilicet magis compofitos habeant exponentes, quemadmodum reliqua fyftemata eodem modo euoluenti facile patebit.

§. 25. Poft talem autem confonantiarum et diffonantiarum in dato fyftemate enumerationem non difficile erit compofitionem in eo fyftemate exhibere, confonantiis et diffonantiis pro lubitu inter fe commifcendis. Suauitati vero maxime confuletur, fi fucceffiones confonantiarum nimis durae euitentur, quarum fcilicet exponentes parum fint fimpliciores ipfo fyftematis exponente: id quod praecipue in iis fyftematibus erit tenendum, quorum exponentes funt admodum compofiti.

§. 26. Cum autem mufica varietate maxime delectetur, confultum erit confonantias plurimum permutare neque plures affines fucceffiue collocare; cuiusmodi funt eae, quarum exponentes et indices non nifi binarii poteftatibus inter fe differunt. Obtinebitur autem hoc, fi nusquam tres pluresue confonantiae fucceffiue ponantur, quarum fucceffionis exponens multum ab exponente fyftematis difcrepet. Hoc etiam requirit natura fyftematis ipfa; nifi enim in quauis compofitionis parte totius fyftematis exponens

nens contineretur, compositio facile in systema simplicius
delapsa videri posset.

§. 27. Quod autem hic de qualibet compositionis parte est monitum, id in prima parte potissimum est obser-
uandum, quo auditor mox ex prima parte systematis exponentem cognoscat. Statim ergo ab initio tales constituendae
erunt consonantiae, quarum coniunctim sumtarum exponens exhauriat ipsum systematis exponentem. Haecque
eadem regula maxime quoque in compositionis vltima parte
est tenenda, quo ex ipso fine intelligatur, ex quonam systemate compositio sit facta.

§. 28. Regulam hanc musici hodierni etiam in suis
operibus vbique sollicite obseruant, dum suas clausulas finales
ita instituunt, vt ex iis totius systematis exponens, quo in
extrema saltem parte sunt vsi, percipi queat. Ad hoc
clarius ostendendum iuuabit clausulam finalem in systemate
ante euoluto, cuius exponens erat $2^5.3^3. 5$ et $F = 8$, quod
quidem ad musicorum modum C durum refertur, more recepto adornatam considerasse. Patet autem, nisi in secunda

consonantia sonus f, qui est septima ad bassum G, adesset, exponentes harum trium consonantiarum
successiuarum futuros esse $2^3.$ 3^2
$(2.3) : 2^2.3.5(3^2): 2^3.3.5(2.3)$
Foret ergo harum consonantiarum
coniunctim consideratarum exponens communis $2^4. 3^2.5$, ob indices omnes per 3 diuisibiles, qui vtique

multo simplicior esset exponente systematis $2^5.3^3.5.$ Hanc

ob rem ad regulam datam congrue fonus f cuius exponens eſt 2^5 intermiſcetur, quo totius clauſulae exponens
prodeat $2^5 . 3^3 . 5$, atque auditus per hanc clauſulam tota
ſyſtematis indole et natura impleatur.

§. 29. Interim tamen haec licentia muſicorum nimis
audax regulisque harmoniae hactenus ſtabilitis contraria videri poſſet, cum ſolius mediae conſonantiae exponens adiecto ſono f fiat $2^5 . 3^3 . 5$, atque adeo ad gradum 16 pertineat, quod vix tolerari poteſt. Sed praeterquam quod
ratio huius iam ſit indicata, alio inſuper nititur fundamento, quod circa diſſonantias a muſicis obſeruari ſolet, atque
a nobis hactenus nondum eſt tactum. Hucusque enim tantum conſonantias principales, quarum quaeque per ſe con-
ſideratur, tractauimus, minus principales autem nondum at-
tigimus.

§. 30. Diſcrimen autem hoc potiſſimum ex natura tactus
ortum habet, cuius aliae partes principales cenſentur aliae minus principales, quae poſteriores conſonantiis minus principalibus replentur. Tales igitur conſonantiae multis gradibus
principales ſuperare poſſunt, ſine vllo harmoniae damno,
dum modo cum ratione adhibeantur: neque enim in iis
tam gradus ſuauitatis quàm connexio conſonantiarum principalium ſpectatur.

§. 31. Fit autem connexio haec inter binos ſonos
conſonantiarum principalium mediis interpolandis ; vt ſi
inter ſonos $\bar{g}$ et $\bar{e}$ medius f inſeritur, et cum priore conſonantia adhuc coniungitur, quemadmodum etiam in exem-
plo allato eſt factum. Tales ſonorum inſertiones, qui
proprie ad conſonantias non pertinent, tranſitus gratia fiunt,

unt, atque ideo etiam tolerantur. Deinde quoque in diminutionibus notarum muficarum frequenter foni in confonantiis non contenti adhibentur, quibus tamen harmonia non turbatur.

§. 32. Quanquam autem ratio horum fonorum ad compofitionem ligatam et floridam pertinet, tamen hic obiter notari conuenit, eiusmodi fonos infertos in fyftemate contentos effe, atque in locis tactus minus principalibus adhiberi debere. Quod autem iis harmonia non turbetur, ratio eft, quia in fyftemate continentur, iisque idea fyftematis auditui continuo plenius, quam per folas confonantias fieret, repraefentatur. Ipfae vero regulae, quas in hoc negotio obferuari oportet, a muficis abunde funt expofitae.

CA-

CAPVT DECIMVM QVARTVM.
DE
MODORVM ET SYSTEMATVM
PERMVTATIONE.

§. 1.

Qvantumuis etiam multiplex fit varietas, quae in vnico fyftemate locum habet, tamen fi idem fyftema diutius retineatur, faftidium potius quam delectationem pariat neceffe eft. Cum enim mufica tam varietatem quam fuauitatem in fonis et confonantiis requirat, faepius obiectum auditus permutandum eft. Quemadmodum igitur per compofitionem in capite praecedente traditam exponens fyftematis auditui repraefentatur, ita cum is iam fatis fuerit perfpectus, ad aliud fyftema tranfitus fieri debebit.

§. 2. Mutatio autem haec plurimis modis fieri poteft: primo enim fyftema folum varias mutationes admittit, manentibus modo eiusque fpecie inuariatis. Deinde fenfibilior fiet mutatio, fi in aliam fpeciem modi vel alium etiam modum tranfitus fiat; cuiusmodi mutationes ex fuperiori tabula modorum et fyftematum abunde colligi poffunt. Praeterea vero ipfi modi atque adeo etiam fingulae eorum fpecies et fyftemata plures admittunt variationes in tabula data non exhibitas, quae oriuntur fi indices cum exponentibus coniungantur; vnde maxima varietas in muficam inducitur.

§. 3.

§. 3. Quemadmodum enim diuerfarum confonantiarum compratio inter fe non per folos exponentes fed etiam per indices inftituitur, ita etiam idem modus diuerfis indicibus adiungendis diuerfas formas induit, quae in tabula fuperioris capitis non funt expreffae, vbi perpetuo vnitas indicum locum tenet. Hic igitur vbi diuerfos modos diuerfaque fyftemata inter fe comparare atque tranfitiones ex aliis in alia exponere inftituimus, ad exponentem cuiusque modi et fyftematis indicem annectemus.

§. 4. Quo autem intelligatur, quomodo compofitio in fyftemate, cuius exponens cum indice eft coniunctus, fieri debeat, ab indicibus qui funt binarii poteftates ordiemur, fit igitur $E(2^n)$ exponens fyftematis, pro quo eft $F = 2^m$; manifeftum eft compofitionem pro exponente E fieri poffe, eamque tum n octauis acutiorem reddi debere. Hoc autem cum pluribus incommodis fit obnoxium, compofitio fiat in fyftemate exponentis E pro valore $F = 2^{m-n}$; quae pariter ad propofitum fyftema pertinebit.

§. 5. Si autem index non fuerit poteftas binarii, fed quiuis alius numerus p, compofitio in fyftemate cuius exponens eft $E(p)$ pro cafu $F = 2^m$ fiet, componendo in fyftemate exponentis E, tumque fingulos fonos interuallo $1:p$ eleuando. Cum autem hoc modo plerumque ad fonos nimis acutos perueniatur, fumatur potentia binarii ipfi p proxima, quae fit 2^k, atque compofitio fiat in fyftemate exponentis $E(2^k)$ fecundum cafum priorem, quo facto tota compofitio transponatur interuallo $2^k:p$. Hac itaque ratione fecundum praecepta praecedentis capitis in quolibet fyftemate, cuius exponens cum indice eft coniunctus, compofitio mufica formari poterit.

Li 3 §. 6.

§. 6. Si igitur opus muficum ex pluribus partibus conftet, quarum quaeque ad peculiare fyftema referatur, tum ante omnia exponens totius operis mufici eft confiderandus, qui eft minimus communis diuiduus omnium exponentium fyftematum, quae vfurpantur. Ex hoc itaque exponente pro lubitu affumto ipfa fyftemata eorumque exponentes viciffim deducentur, pari modo, quo ante ex exponente fyftematis fingularum confonantiarum exponentes funt deriuati.

§. 7. Electo autem pro arbitrio exponente, quo integrum opus muficum componendum contineatur, fimul quoque poteftatem binarii determinatam effe oportet, qua fonus F indicatur; quaeque in omnibus fyftematibus inuariata manere debet. Neque tamen ideo ea fyftemata fola, in quibus F eadem binarii poteftate defignatur, in tali opere mufico locum inueniunt; fed praeter ea etiam omnia illa, in quibus valor ipfius F eft minor. Accidit autem hoc propter indices cum exponentibus fyftematum coniunctos, qui, fi pares fuerint, ad fyftemata reducuntur, in quibus minores binarii poteftates fonum F exprimunt; quemadmodum ex ante tradita ratione componendi in fyftematibus, quorum exponentes cum indicibus funt coniuncti, intelligitur.

§. 8. Antequam autem ipfa fyftemata, quae in operis mufici exponente continentur, definiantur, modos in eo exponente contentos enumerari conuenit. Non folum vero ipfi modi in fe fpectati, quatenus exponentibus exhibentur, funt recenfendi, fed fingulae etiam eiusdem modi variationes, quae per indices indicantur. Ex mo-

dis

dis porro deriuabuntur species, quae simul ob valorem ipsius F datum, systemata praebent, pro quorum quolibet compositio, prout iam est praeceptum, instituenda est.

§. 9. Modi vero, si simpliciores excipiantur, praecipue sunt duo exponentibus $2^n.3^3.5$ et $2^n.3^2.5^2$ expressi; nam ille modus, cuius exponens est $2^n.3^3.5^2$, ex his duobus compositus est censendus. Horum modorum prior $2^n.3^3.5$, a musicis modus durus, posterior vero $2^n.3^2.5^2$ modus mollis appellatur; hisce fere solis musici in suis operibus vtuntur. Vterque autem horum modorum plures variationes indicibus adiungendis complectitur, quae a musicis peculiares denominationes obtinuerunt, quas ex subiuncta tabella videre licet.

Modi Duri.

$2^n.3^3.5(2^m)$	Modus C durus.
$2^n.3^3.5(2^m.3)$	Modus G durus.
$2^n.3^3.5(2^m.5)$	Modus E durus.
$2^n.3^3.5(2^m.3^2)$	Modus D durus.
$2^n.3^3.5(2^m.3\ 5)$	Modus H durus.
$2^n.3^3.5(2^m.3^3)$	Modus A durus.
$2^n.3^3.5(2^m.3^2.5)$	Modus Fs durus.
$2^n.3^3.5(2^m.3^4)$	Modus E durus.
$2^n.3^3.5(2^m.3^3.5)$	Modus Cs durus.
$2^n.3^3.5(2^m.3^4.5)$	Modus Gs durus.

Modi molles.

$2^n.3^2.5^2(2^m)$	Modus A mollis.
$2^n.3^2.5^2(2^m.3)$	Modus E mollis.

$2^n.3^2.$

$$2^n. 3^2. 5^2 (2^m. 3^2) \qquad \text{Modus H mollis.}$$
$$2^n. 3^2. 5^2 (2^m. 3^3) \qquad \text{Modus Fs mollis.}$$
$$2^n. 3^2. 5^2 (2^m. 3^4) \qquad \text{Modus Cs mollis.}$$
$$2^n. 3^2. 5^2 (2^m. 3^5) \qquad \text{Modus Gs mollis.}$$

§. 10. Hic eas tantum modorum variationes recen-
fuimus, quae in exponente $2^n. 3^7. 5^2$ continentur, ad
quem genus diatonico-chromaticum nunc vfu receptum
fatis commode et fine notabili harmoniae detrimento adhiberi poffe adnotauimus. Ideo autem haec nomina iftis
modorum variationibus tribuimus; quia pleraque cuiusque
horum modorum fyftemata eos ipfos fonos complectuntur, qui a muficis ambitus modorum nominatorum conftituere cenfentur. Ita qui modi $2^x. 3^x. 5 (2^m)$ pleraque
fyftemata in tabula expofita contemplatur, deprehendet,
iis ambitum modi C duri a muficis ita vocati contineri;
pariterque modum $2^n. 3^2. 5^2 (2^m)$ cum ambitu modi A
mollis congruere.

§, 11. Quo igitur appareat, cuius modi binorum
horum modorum variationes in quolibet opere mufico locum inueniant, exponentes, qui ad integra opera mufica
exprimenda accipi poffunt, confideremus, quos exponentem $2^n. 3^7. 5^2$ generis diatonico-chromatici latiori fenfu
accepti non fuperare debere, iam fupra oftendimus. Erit
itaque $2^n. 3^3. 5^2$ fimpliciffimus exponens, ex quo opera
mufica, in quibus quidem modorum variationes infunt,
componi poffunt; hincque fequentes quatuor modos in fe
complectitur.

$2^n. 3^s. 5 (2^m)$ Modus C durus.
$2^n. 3^s. 5 (2^m. 5)$ Modus E durus.
$2^n. 3^s. 5^2 (2^m)$ Modus A mollis.
$2^n. 3^s. 5^2 (2^m. 3)$ Modus E mollis.

Species vero omnes horum modorum eorumque variationum prodibunt, si loco n et m succeſſiue ſinguli numeri integri ſubſtituantur , quae aggregatum $m + n$ non maius reddant quam k.

§. 12. In huius ergo generis operibus muſicis iam ſumma varietas in permutandis ſyſtematibus inter ſe locum habere poteſt, vt vix opus eſſe videatur, opera muſica magis compoſitorum exponentium requirere. Praeterquam enim , quod ſufficiens varietas in hoc exponente contineatur, omnibus etiam huiusmodi operibus genus diatonicochromaticum receptum apprime congruit , ſine vlla aberratione , ſecus ac contingit in operibus magis compoſitis. A muſicis etiam hodiernis horum modorum permutatio frequenter adhibetur, in quorum operibus ſolennes ſunt tranſitus ex modo E duro in E mollem , ex hocque in C durum et A mollem et viciſſim.

§. 13. Hoc genus operum muſicorum, quod vti eſt ſimpliciſſimum, ita perfectiſſimum ſpectari meretur: ſequitur hoc cuius exponens eſt $2^k. 3^+. 5^2$, in quo omnes modorum et ſyſtematum permutationes comprehenduntur, quae quidem a muſicis plerumque adhiberi ſolent; ita vt in hoc exponente fere omnia opera muſica contineantur. ſi ſcilicet debito modo transponantur. Non enim , qui opera muſica ad hanc normam examinare cupit, ipſos

Tr. de Muſ.   K k   modos per se permutatos consideret, sed eorum relationem mutuam, quam cum mutua relatione modorum hic exhibitorum conferat.

§. 14. Complectitur autem iste exponens $2^k. 3^t. 5^r$ in se sequentes septem modorum duri et mollis variationes.

$2^x. 3^t. 5 (2^m)$	Modus C durus.
$2^x. 3^t. 5 (2^m. 3)$	Modus G durus.
$2^m. 3^t. 5 (2^m. 5)$	Modus E durus.
$2^x. 3^t. 5 (2^m. 3. 5)$	Modus H durus.
$2^x. 3^t. 5^t (2^m)$	Modus A mollis.
$2^x. 3^t. 5^t (2^m. 3)$	Modus E mollis.
$2^x. 3^t. 5^t (2^m. 3^t)$	Modus H mollis.

Qui nunc contempletur, quanta specierum et systematum copia in his modis contineatur, summam varietatem in hoc genere non solum admirabitur, sed etiam agnoscet, alias modorum permutationes a musicis nequidem vsurpari; ita vt superfluum foret exponentes magis compositos considerare.

§. 15. Enumeratis autem variis modis et systematibus, quibus in componendo integro opere musico vti licet, exponendum est, quinam modi commodissime inter se permutentur, et quomodo transitus ex vno modo in alium fieri debeat. Quemadmodum enim in eodem modo non licet omnes consonantias eo pertinentes promiscue inter se coniungere, sed eas tantum, quae sibi sunt affines atque successiones gratas efficiant; ita simili modo in compositione variorum modorum transitus inter ipsos gratus esse debet.

§. 16.

§. 16. Hinc intelligitur binos modos se inuicem sub-
sequentes ita esse oportere comparatos, vt vnam pluresue
consonantias inter se habeant communes. Quando enim ad
talem consonantiam, quae vtrique modo communis est, peruenitur, tum commode prior modus finiri, posterior vero in-
choari poterit, neque saltus seu lacuna intolerabilis hoc pacto
sentietur. Praeterea etiam pausa interposita, vel principali operis parte finita nouus modus incipi potest ; tum
enim pausa consonantiae communis locum implere
censetur.

§. 17. Cum igitur triades harmonicae, quae exponente $2^n. 3. 5$ continentur, a musicis sint potissimum receptae, quarum successione opera musica constant; viden-
dum est, quinam modi communes habeant eius modi consonantias, quinamque minus, quo perspiciatur, in quos nam
modos ex modo dato transitus fieri queat. Negligemus
autem in hac disquisitione breuitatis gratia binarii potestates, tam in exponentibus quam indicibus, quia iis tantum
species variantur.

$2^n. 3^3. 5 (2^m)$ Modus C durus.
Triades harmonicae.
$3.5(1) : 3.5(3) : 3.5(3^2)$

$2^n. 3^3. 5 (2^m. 3)$ Modus G durus.
Triades harmonicae.
$3.5(3) : 3.5(3^2) : 3.5(3^3)$

$2^n.3^1.5(2^m.5)$ Modus E durus.

Triades harmonicae.

$$3.5(5) : 3.5(3.5) : 3.5(3^2.5)$$

$2^n.3^3.5(2^m.3.5)$ Modus H durus.

Triades harmonicae.

$$3.5(3.5) : 3.5(3^2.5) : 3.5(3^3.5)$$

$2^n.3^2.5^2(2^m)$ Modus A mollis.

Triades harmonicae.

$$3.5(1) : 3.5(3) : 3.5(5) : 3.5(3.5)$$

$2^n.3^2.5^2(2^m.3)$ Modus E mollis.

Triades harmonicae.

$$3.5(3) : 3.5(3^2) : 3.5(3.5) : 3.5(3^2.5)$$

$2^n.3^2.5^2(2^m.3^2)$ Modus H mollis.

Triades harmonicae.

$$3.5(3^2) : 3.5(3^3) : 3.5(3^2.5) : 3.5(3^3.5)$$

§. 18. His inter fe comparatis patebit primo ex modo C duro facile effe in modum G durum transire, atque viciffim, cum duas habeant triades communes fcilicet $3.5(3)$ et $3.5(3^2)$: fecundo ex modo C duro neque in modum E durum neque H durum transitum dari, neque viciffim, cum nulla adfit confonantia communis. Tertio facilis erit quoque tranfitus ex modo C duro in modum A mollem, quia duae confonantiae $3.5(1)$ et $3.5(3)$ vtrique funt communes. Quarto aeque facilis erit tranfitus ex modo C duro in

E mol-

E mollem, quia etiam duae triades 3.5(3) et 3.5(3²) ipſis ſunt communes. Quinto intelligitur tranſitum ex modo C duro in H mollem difficiliorem eſſe, cum vnica tantum conſonantia communis nempe 3·5(3²) inter eos intercedat.

§. 19. Similiter quod ad modum G durum attinet, perſpicitur primo ex eo neque in modum E durum, neque H durum tranſitum dari, ob nullam conſonantiam communem. Secundo difficilem eſſe tranſitum ex modo G duro in A mollem, ob vnicam conſonantiam 3.5(3) vtrique communem. At tertio transitus facilis euadet ex modo G duro in E et H molles, ob duas vtrinque conſonantias communes. Modus porro E durus facilem habet tranſitum in modum H durum, pariter quoque in modos A et E molles; quia vbique duae conſonantiae ſunt communes: difficilis vero erit tranſitus ex modo E duro in modum H mollem propter vnicam conſonantiam communem.

§. 20. Ex modo autem H duro difficilis admodum eſt tranſitus in modum A mollem tam ob vnicam conſonantiam communem, quam ob ſyſtemata nimis diuerſa, quorum ratio mox fuſius exponetur. At in modos E et H molles facilius ex modo H duro transibitur, ob duas conſonantias communes. Porro facilis eſt tranſitus ex modo A molli in E mollem, nullus vero in modum H mollem: facilis denique habebitur tranſitus ex modo E molli in H mollem. Haec vero omnia vno conspectu in tabula hac repraesentantur:

	C dur.	G dur.	E dur.	H dur.	A moll.	E moll.	H moll.
C dur.	——	facilis	nullus	nullus	facilis	facilis	difficilis
G dur.	facilis	——	nullus	nullus	difficilis	facilis	facilis
E dur.	nullus	nullus	——	facilis	facilis	facilis	difficilis
H dur.	nullus	nullus	facilis	——	difficilis	facilis	facilis
A moll.	facilis	difficilis	facilis	difficilis	——	facilis	nullus
E moll.	facilis	facilis	facilis	facilis	facilis	——	facilis
H moll.	difficilis	facilis	difficilis	facilis	nullus	facilis	——

Perspicuum ergo est ex modo E molli in omnes reliquos transitum esse facilem.

§. 21. Hinc autem tantum intelligitur quotnam eiusdem generis consonantiarum variationes bini modi habeant communes, vnde quidem satis tuto iudicium de transitu ex alio modo in alium formari potest. Verum si accidat, vt duo modi etiamsi consonantiarum genera habeant communia, tamen species communes non admittant, tum superius iudicium cessare debebit. Hanc ob rem non solum modi in genere vt hic fecimus, sed ipsorum species et systemata sunt consideranda, quo pateat vtrum in iis consonantiae eaedem locum habeant. Hocque facto demum concludatur quales transitus admittantur et quomodo.

§. 22.

§. 22. Qui haec omnia cum muficorum hodiernorum ratione componendi ipforumque operibus conferre dignabitur, eo maiorem congruentiam deprehendet, quo plus ftudii in comparationem impendet. Quamobrem non dubito, quin haec noftra de mufica theoria expertis artificibus occafionem fit praebitura hanc fcientiam ope verae theoriae etiamnum ignoratae ad maiorem perfectionis gradum euehendi.

FINIS.

CPSIA information can be obtained
at www.ICGtesting.com
Printed in the USA
BVHW081040301018
531655BV00011B/499/P

9 781295 869213